마음이 무기가 될 때

마음이 무기가 될 때

무너지지 않는 멘탈을 소유하는 8가지 방법

스티븐 클레미치 · 마라 클레미치 지음 | 이영래 옮김

한국경제신문

ABOVE THE LINE

나름의 방식으로 최선의 자아를 발견하고
주변을 바꾸기 위해 용기 있는 걸음을 뗀
여러분 모두에게 이 책을 바칩니다.

마음 혁명으로 최상의 나와 만나라

몇 년 전, 나는 한 고객사로부터 강연 요청을 받았다. 텍사스 본사에서 '마음으로 이끄는 리더(Heart-Led Leader)'라는 내 메시지를 고위 경영진과 공유하는 강연이었다. 강연이 끝나고 그 회사의 CEO가 나에게 두 사람을 소개해주었다. 지난 3년간 이 다국적 조직의 문화를 개발하는 데 없어서는 안 될 역할을 해준 사람들이었다. 이 두 사람이 평생의 친구이자 멘토가 되고, 더 나아가 나의 개인적, 직업적 삶을 모두 바꾸어 놓으리라는 것을 그때는 알지 못했다.

스티븐 클레미치와 마라 클레미치는 30년 이상 사람들이 최선의 자기 모습을 찾는 데 도움을 주는 사업을 해왔다. 그동안 그들은 두려움에 갇혀 있는 사람들, 그 때문에 뛰어난 잠재력을 깨닫지 못하는 사람들을 거듭해서 관찰했다. 그러다 자신들의 지혜를 공유해서 사람들이 그들의 행동 패턴을 주도하는 것이 무엇인지 확실히 이해하도록 도우면 어떨까 하는 생각을 하게 되었다.

18년간의 연구와 개발 끝에 그들은 우리가 지금처럼 행동을 하는 이유를 진단했다. 사랑으로부터 분리되면, 진정한 자신이 주는 안정감으로부터 분리되면 우리에겐 어떤 일이 생길까? 자기 보호와 자기 과시의 행동을 유발하는 대응 전략을 기반으로 삶을 산다면 어떤 일이 생길까? 자기 보호와 자기 과시를 기반으로 움직일 때 우리의 관계, 승진 기회, 리더십, 양육 스타일, 기업 문화에는 어떤 일이 생길까?

그들의 목표는 사람들이 직관적으로 이해하는 현상에 구조와 언어를 끌어들이는 수단을 설계하는 것이었다. 우리 행동의 중심에는 용기 있는 겸손, 성장 중심의 사랑, 자아 중심의 자존심, 자기 제한적 두려움이라는 네 가지 보편적 삶의 원리에 기반한 동기가 있다. 오랜 기간 축적된 통계 자료를 통해 그들은 '마음유형분석지표(the Heartstyles Indicator)'를 개발했다. 획기적 전환점이었다.

스티븐과 마라는 네 가지 보편적 삶의 원리가 문화와 신념 체계에 관계없이 두루 적용되고 있음을 목격했다. CEO부터 일선 근로 자들까지 지위나 계급과도 관계가 없었다. 조직이 이 지혜를 문화에 도입하면, 참여도와 성과에 긍정적인 영향이 나타났다. 판매량이 증가하고, 이직률이 낮아지고, 고객 만족도가 높아졌다. 개인 생활에도 적용 가능하며, 스포츠, 교육, 가족 관계에도 적용할 수 있었다.

스티븐과 마라의 책은 첫 페이지부터 당신에게 변화를 가져다줄 것이다. 이런 예측에는 충분한 이유가 있다. 당신이 이 책을 읽고 있는 지금까지 10만 명 이상의 사람들이 마음유형분석 프로그램에 참여해왔다. 마음유형분석 프로그램은 25개 언어로 제공되며, 다양한 문화, 경제, 신념 체계를 막론하고 러시아부터 중국, 루마니아, 인도까지 전 세계에서 공인 치료사들이 사용하고 있다. 이 원리들이 정말로 보편적이고 보다 인간적인 존재가 되는 데에 중심을 두고 있기 때문이다.

지난 2년 동안 나는 스티븐과 마라를 '마음으로 이끄는 리더 수련회(Heart-Led Leader Retreats)'에 초청해 마음유형분석의 메시지와 지표를 공유해달라고 요청했다. 그리고 마음유형분석이 리더와 크고 작은 조직의 문화에 어떤 영향을 미치는지 목격했다. 마음유형분석이 나의 삶, 결혼 생활, 가족, 직장에서의 인간관계에 미친 영향을 직접 경험했다. 스티븐과 마라는 뛰어난 교사일 뿐 아니라 내가 만나 본 그 누구보다 진정성 있고 진실한 사람들이다.

나는 스티븐과 마라의 책, 연구, 마음유형분석지표가 전 세계의 조직에 '마음 혁명'을 일으킬 것이라고 믿는다. 누구나 '선 아래'로 내려갈 수 있고 두려움과 자아에 사로잡혀 살 수 있다. 하지만 마음으로 이끄는 리더들은 '선 위'에서 살아가도록, 사랑과 겸손으로 살아가도록 자신을 독려할 수 있다. 우리 모두는 이 여정을 같이하고 있다. 그러니 이제 마음 혁명에 함께 나서보자. 자신이 가진 최선의 모습을 찾고 다른 사람들의 삶에 긍정적인 영향을 주자.

토미 스폴딩
《〈뉴욕타임스〉 베스트셀러 《마음으로 이끄는 리더》 저자》

1부
우리 마음속에 숨어 있는 비밀

2부
마음은 어떻게 무기가 되는가

삶의 원리를 형성하는 네 가지 마음

우리 마음속에는 선이 하나 있다

2000년 시드니 올림픽 개막식 날, 거리에는 수천수만의 사람들이 겹겹이 늘어서 있었다. 올림픽 성화가 그들 앞을 지나치는 단 몇 초의 순간을 보기 위해서였다. 주자가 치켜든 성화가 다가오면서 응원과 박수 소리가 커졌다. 그곳에서 인종, 종교, 국가는 문제가 되지 않았다. 사람들의 마음은 올림픽 정신 아래 하나가 되었다. 구경꾼들은 예의 바르고 친절했으며 전혀 모르는 사람들과 즐겁게 이야기를 나누면서 한껏 고조된 분위기를 즐겼다. 성화가 전달될 때는 통합의 정신이 전해지는 듯했다. 성화 봉송 주자들은 자신의 구간을 마치고 다음 주자의 성화봉에 불꽃을 옮겨준 뒤, 포옹을 하고, 손을 마주치고, 흥에 겨워 춤을 췄다. 임무를 마친 주자들은 들뜬 가족과 친구들과 축하하는 자리를 갖기 위해 사람들이 모인 곳에서 벗어났다. 올림픽 역사상 처음으로 주자들은 성화를 보관할 수 있었다(자선단체에 기부하는 방식으로 구입했다). 사람들이 성화를 만져보고 싶어 하는 모습이 눈길을 끌었다. 성화에 손을 대면 그 기운을 받을 수 있다고 생각하는 듯했다.

스티븐은 개막식 날 캐서린 프리먼(Catherine Freeman)이 성화대에 불을 붙일 올림픽 경기장까지 성화를 봉송하는 주자로 선발되는 큰 행운을 잡았다. 인류 전체의 유대감을 확인하는 자리에 함께하는, 보통 사람이 쉽게 경험하지 못하는 영예였다. 그날, 인류의 마음은 균형과 조화 속에 있었다.

하지만 사람들이 흩어져 일상으로 돌아가면서, 그런 고양된 정신과 결속감은 매우 쉽게 사라졌다. 차로 돌아갈 길을 찾고, 교통 체증으로부터 벗어나려는 법석과 부산스러움 속에서 참을성 있고 정중했던 모습은 얼마나 빨리 성급하고 불평 많은 모습으로 전환되던지. 올림픽과 인류의 단결에 박수를 보내고 환호하던 우리는 바로 다음 순간, 어서 이곳에서 벗어나야 한다는 생각에 마음이 급해져서 모두 함께 교통 체증에 짜증을 내며 고함을 내지르고 있었다. 두 상황에서 우리의 마음은 그 경험을 즐거워하다가 이내 불만스러워했다.

당신 마음속 깊은 곳에는 선이 하나 있다. 대단히 얇은 선이다. 너무나 얇아서 대개의 경우에는 있는지조차 모른다. 하지만 우리가 삶을 사는 방식은 이 선을 따라 균형을 이룬다. 우리의 마음(우리가 성품이라고 말하는 것)은 선의 한쪽에서 다른 쪽으로 순식간에 옮겨가곤 한다.

정말 다행스럽게도 '최선의 자신'은 우리 안에, 우리의 DNA 안에, 우리의 마음 안에, 우리의 성품(character) 안에 존재한다. 우리는 가족, 일터, 자신이 속한 스포츠팀에서 긍정적이고 조화로운 환경을 만드는 데 일조할 수 있다. 이른바 '올림픽 정신'을 만들어낼 수 있다. 이 정신은 우리의 마음자세, 생각, 나아가 행동을 변화시켜 세상을 더 나은 곳으로 만든다.

마음은 가장 깊은 곳으로부터 표현되는 성품이자, 사랑, 두려움, 불안, 흥분, 분노, 우울 등 인간적 경험이 갖가지 소용돌이를 느끼는 장소다. 감정의 파수꾼이며, 지혜의 원천이고, 가치관과 영성의 가장 깊숙한 저장소다.

우리의 외적 행동은 마음의 내적 현실을 반영한다. 마음을 가장 강렬한 욕망과 바람이 생겨나는 곳으로 인식하기 시작하면, 바로 마음이 우리의 삶을 인도하는 원료를 만들어낸다는 점을 깨닫게 된다. 우리의 이성은 마음이 보내는 메시지를 해체해 선택안들을 비교하고, 사실을 분석하고, 사회적 · 논리적으로 수용 가능해 보이는 일련의 길잡이를 만들어낼 것이다. 하지만 당신의 행동은 언제나 당신 마음이 욕망하고 확신하는 쪽을 향할 것이다.

마음은 진정한 자신, 최선의 자신이 가진 소중한 보석이 발견되고 방출되는 곳이다. 이 책을 따르는 여정 동안, 우리는 당신의 안내자가 되어 당신이 삶의 '정상'에 이르도록, 스스로의 힘으로 당신 그리고 주변 사람들의 마음속 보석을 발견하도록 이끌 것이다. 당신이 그 선 위에서 살고 지도하며, 잠재력을 활용해 스스로 원하는 모습 그대로의 사람이 될 수 있도록 도울 것이다.

삶의 선은 양쪽을 가르고 있다. 당신 마음의 '선 위'에는 용기 있는 겸손, 성장 중심의 사랑이 가득하다. 이들은 우리 안에서 최고의 것을 끄집어낸다. 다른 쪽, '선 아래'에는 자기 제한적인 두려움과 자아 중심의 자존심이 있다. 이들은 아무리 의도가 좋아도 우리 안에서 최악의 것을 끄집어내고 만다. 우리 모두는 선의 한쪽에서 다른 쪽으로 순식간에 옮겨갈 수 있다. 한마디의 말, 하나의 행동으로도 말이다.

지적으로도 본능적으로도 당신은 이미 그 선에 대해 알고 있다. 우리가 프로그램 참가자에게 종이를 한 장 꺼내 중앙에 평행선을 그은 뒤, 선 위와 선 아래에 각기 해당되는 행동들을 적어달라고 하면 두 종류의 특질로 채워진 종이를 얻게 된다. 선 위의 특질에는 친절, 연민, 관대함, 수용이 있고, 선 아래의 특질에는 공격성, 적대감, 회피, 비난이 있다. 성별, 나이, 직업, 국적에 관계없이 참가자들은 본능적으로 우리가 의미하는 바를 '이해'한다.

당신은 이 실험이 얼마나 자연스럽게 진행되는지에 놀라겠지만 또 한편으로는 무의식적으로 선에 대해 알고 있다고 해서 지속적으로 선 위의 삶을 살지는 않는다는 점도 의식하게 될 것이다. 당신이 원하는 일과 당신이 결국 취하는 행동 사이의 차이를 고려해보면 이런 생각이 들 것이다.

- 왜 나는 계속 이렇게 할까? 그것도 매번?

- 최선의 나와 최악의 내가 전투를 벌이고 있다는 느낌이 왜 이렇게 자주 들까?
- 나와 주위 사람들에게는 정말 어떤 일이 일어나고 있을까?

우리 두 사람이 전 세계의 팀, 개인들과 더불어 답을 찾기 위해 일생을 보낸 질문이 바로 이것들이다. 30년간의 연구와 코칭을 통해서 우리는 변하지 않는 하나의 진실을 찾아냈다. 선 위의 행동과 선아래의 행동은 겸손, 사랑, 자존심, 두려움, 이렇게 네 가지 보편적 삶의 원리에 기반하고 있다.

정말 간단해 보이지 않는가? 하지만 부정적인 두려움과 자존심이 발로한 일이 너무나 많이 벌어지는 이 세상에서 살아가기 위해 우리는 종종 선 아래로 내려가 전혀 효과적이지 못한 자신 쪽으로 나아간다.

다행히 우리는 탁월함을 목표로 만들어졌다. 선 위에서 살고 지도하도록, 그리고 삶을 영위하는 방식, 이를테면 자녀를 키우고 인간관계를 맺고 사업을 하고 가족들과 유대를 맺고 경쟁적인 스포츠를 하고 주위 사람들과 세상에 영향을 주는 방식에서 가장 좋은 버전의 내가 되도록 창조되었다.

우리가 이야기하고 있는 것은 성품이다. 선 위의 특질들은 삶을 건전하게 이끌어나갈 성품을 키우고 강화한다. 반면에 선 아래의 특질들은 우리를 대응 전략과 방어 전략에 가둔다. 안전하고 확실하다는 기분은 느낄 수 있겠지만 그것은 거짓 안정감일 뿐, 우리의 성품을 키워주지는 못한다.

우리의 마음에는 좋은 의도, 좋은 욕구, 좋은 꿈이 가득하다. 좋은 의도를 저버렸을 때 기가 꺾이는 이유도 그 때문이다. 거친 반응, 날카로운 언사, 솔직함과는 거리가 먼 순간이 지나면 후회와 함께 다시 기회가 왔으면 하는 바람이 우리를 덮쳐온다. 컴퓨터를 다룰 때처럼 'ctrl+Z(실행 취소)' 기능이 있다면 얼마나 좋을까? 누구나 한 번쯤은 '더 잘할 수 있었는데'라는 생각을 한다. 그다음에는 이런 의문을 갖는다. '왜 난 그렇게 하지 못했을까? 나는 왜 지난번과 다름없는 짓을 했을까?'

17살부터 70세까지 다양한 연령대의 사람들이 이렇게 후회하는 모습을 우리는 수도 없이 봐왔다. 업무 회의에서, 저녁 식사 자리에서, 이메일이나 문자 메시지를 받았을 때 등 상황은 제각각이다. 하지만 당혹감과 좌절감은 똑같다. 사람들은 자신의 행동이나 가족, 친구, 동료의 행동에 당황한다. 그리고 이렇게 말한다.

"상사에게 '안 돼요'라고 말하고 싶었지만 나는 또 다시 '알겠습니다'라고 해버렸어. 완전히 진이 빠졌어."

"직장에 있는 동료들 몇몇이 나에게 너무 냉소적이라고 말하더군. 하지만 나는 비꼬는 게 아니라 농담을 하는 거라고. 도대체 문제가 뭔지 모르겠어."

"1년 전 볼링을 치면서 여동생과 걔 남자친구의 경쟁심을 두고 언쟁을 했는데 그 이후로는 내게 말을 하지 않아. 난 그 애가 보고 싶어."

"저녁에 아이들과 재밌는 시간을 갖고 싶은데 보통은 아이들에게 잔소리를 하면서 끝나고 말아."

"우리 팀에 있는 한 커플은 도무지 말이 통하지 않아. 그들이 나
아지지 않으면 팀에서 나가라고 할 수밖에 없는데 받아들일 것
같지 않아."

선 앞에 선 것을 환영한다! 이곳은 최선의 자신이 무척이나 자주 최
악의 자신과 맞붙는 곳이다. 우리가 속한 사회, 일터, 삶의 압박은
우리를 선 아래로 밀어 보내는 반면에, 우리의 진정한 자신, 그 안
에 있는 훌륭한 성품은 우리를 선 위로 밀어 올린다. 이렇게 우리는
긍정적인 긴장과 부정적인 긴장 사이에서 살아간다. 부정적인 긴장
안에서 사는 데 익숙해지면 눈치채지 못하는 사이에 효과적이지 못
한 성품과 행동이 우리의 잠재력과 다른 사람들에게 영향을 미치게
된다. 압박과 스트레스, 트리거에 굴복해 우리가 원하지 않는 방식
으로 행동하게 된다. 그러나 삶은 긍정적인 긴장 안에 머물 수 있다.
당신이 그것을 알아보고, 규정하고, 숙달하는 법을 배우기만 한다면
말이다.

성공하는 습관에 대한 모든 책들은 말한다. 어떻게 반응하고 대
응할 것인지에 대한 선택은 늘 자신의 몫이라고. 하지만 내가 이 일
을 왜 하고 있는지, 마음과 두뇌가 어떻게 작용해서 행동을 만들어
내는지 인식해야만 비로소 다른 선택이 가능해질 수 있다. 이 책이
그 이유를 이해하는 데 도움을 주고 당신이 나름의 질문들에 대한
답을 발견하는 데 안내서가 되길 바란다.

선 위의 마음도, 선 아래 마음도 다 내 것

—— 완벽주의는 자기 파괴적이고 중독성이 있는 신념 체계로 다음과 같은 생각에 연료를 공급한다. 내가 완벽해 보이고, 모든 것을 완벽하게 한다면, 나는 수치심, 평가, 비난과 같은 고통스런 감정을 피하거나 최소화할 수 있을 것이다.

브레네 브라운, 《나는 불완전한 나를 사랑한다》 중에서

따뜻하면서 적대적이고, 친절하면서 쉽게 발끈하고, 개방적이면서 쌀쌀맞고⋯ 우리 인간은 매우 모순되는 존재다. 선하기만 하거나 악하기만 한 사람은 없다. 100퍼센트 사랑이 가득한 사람도 100퍼센트 아욕(我欲)으로 똘똘 뭉친 사람도 없다. 우리는 선 위의 삶도 선 아래의 삶도 산다. 같은 날, 같은 시간, 심지어는 말 한마디를 뱉을 때조차!

이것을 우리는 'AND'의 힘이라고 부른다. 우리는 모두 AND다. 우리 모두는 우리가 바라는 사람이 되어가는(becoming) 과정에 있기 때문이다. 이것은 여정이다. 삶 자체가 여정이다! 이 여정 속에는 최고의 자신과 결코 최고라고 할 수 없는 자신이 공존한다. 말할 수 없이 짜증스럽고 성가시고 섬뜩한 사람(솔직해지자. 우리 역시 그렇다)이었다가 다른 상황에서는 다정하고, 친절하고, 사려 깊은 사람이 되는 스스로의 모습이 누구에게나 익숙한 이유가 여기에 있다. 우리는 모두 AND다. 자신과 다른 사람을 그런 식으로 본다면, 똑같이 이런 삶의 길을 걷는 자신과 다른 사람들에게 많은 연민과, 호의와,

인내심을 가질 수 있지 않을까?

우리는 얼마 전 AND의 힘에 대한 놀라운 이야기를 들었다. 우리에게 코칭을 받았던 두 부부가 함께 스키 여행을 떠났다. 첫 3일 동안, 한 남편이 계속해서 자기 자랑을 늘어놨다. 그는 다른 사람의 이야기를 들으려 하지 않았고, 상대 부부에 대해 묻지도 않았으며, 모든 이야기에 끼어들어서 주제를 자신에게로 돌려놨다. '우리'라고는 없는 오로지 '나, 나, 나'의 3일이 흘러갔다. 결국, 저녁 식사 자리에서 상대 남편이 불만을 터뜨렸다. "자네가 최고인 건 알겠으니까 이젠 그만 좀 해. 3일 동안 자네가 한 일이라고는 자네와, 자네 일과, 자네 삶에 대해서 이야기한 것뿐이잖나." 비꼬는 말투에 분위기가 얼마나 싸늘해졌을지 눈에 선하지 않은가? 모두들 거품기로 속을 잔뜩 휘저어놓은 것 같은 기분으로 일찍 잠자리에 들었다. 아내들은 그날 밤 이렇게 입을 모았다. "저녁 식사 때의 대화는 정말 엉망이었어요!" 다음 날 아침, 3일 동안 자기 얘기만 늘어놓았던 남자는 아침 식사 자리에서 사과를 했다. 그는 전날 밤 친구의 말에 기분이 상하기는 했으나 그게 사실임을 깨달았다고 인정했다. 그는 최근 직장 일로 힘든 시간을 보냈고 자신감이 없어진 상태였다. 그 결과 언제나 격려를 해주는 친구들 앞에서 자신을 치켜세우게 된 것이다. 그는 너무 자기 생각에 몰두해서 자기 얘기만 했다고 시인했다. 그러자 친구가 대답했다. "어제 저녁에 좀 더 진심으로 상황을 받아들이고 자네에게 무슨 일이 있었는지 묻지 못하고 비꼬는 말투로 자네를 대했어. 선 아래의 행동이었지. 평소의 배려심 넘치는 자네가 아닌 것을 보고 무슨 일이 있다는 것을 눈치챘어야 했는데. 자네답지 않은 일이었지. 자네 심정이 어떤지 알겠어." 두 사람은 서로를 얼싸안고 우정이 얼마나 쉽게 흔들릴 수 있는지, 그 선은 때로 얼마나 얇은지 이야기하며 웃었다.

삶의 무기가 되는 선 위의 마음

굳은 신념을 가진 젊은이가 있었다. 그는 사회의 반대와 두려움에 부딪혔고 갈등과 긴장 속에서 공격만이 변화를 가져올 수 있는 유일한 길이라고 믿게 되었다. 그는 폭력적인 정치 시위에 관여한 죄로 투옥되었고 거의 30년에 걸친 가혹한 수감 생활을 했다. 석방된 (더 이상 젊지 않은) 그 사람은 자신을 그토록 고문한 정권에 복수하기로 마음먹었을까? 그는 그렇게 하지 않았다. 그 대신 더욱 강인한 성품, 겸손, 사랑을 품고 교도소를 나왔다. 그리고 자신의 힘을 복수가 아닌 국가를 평화로 이끄는 데 이용했다. 그가 바로 넬슨 만델라 (Nelson Mandela)다.

감방 안에서 만델라에게 어떤 일이 일어났던 것일까? 무엇이 그 시간 동안 그의 내면을 변화시켰을까? 그는 어떻게 공격과 분노를 통한 리더십을 용기, 겸손, 사랑을 통한 리더십으로 전환시킬 수 있었을까?

만델라의 앞에는 가느다란 선이 있었다. 인종 간 증오와 모두를 향한 사랑, 이 두 가지를 가르는 선. 부정적이고 폭력적인 공격법과 겸허하면서도 확신에 찬 접근법 사이의 선, 자아를 위해 권력을 좇는 일과 국가를 위해 권력을 좇는 일 사이의 선이었다.

── 우물 안에 갇힌 채로는, 즉 당신이 살 수 있는 수준에 못 미치는
    삶에 안주해서는 열정을 찾을 수 없다. 나는 용기가 두려움의 부
    재가 아니라 두려움을 이겨내는 마음임을 배웠다. 용기 있는 자
    는 두려움을 느끼지 않는 사람이 아니라 그 두려움을 정복하는
    사람이다.
    넬슨 만델라

우리 모두의 안에는 만델라가 있다. 달라지고자 하는 욕망이 타오
르는 그런 사람 말이다.

우리는 스스로를 묶어두는 두려움의 요새나 자아가 주도하는 자
존감의 감옥에 갇힐 수도 있고, 거기에서 걸어 나와 용기 있는 겸손
과 성장 중심의 사랑을 선택하여 우리의 성품을 선한 일에 사용할
수도 있다.

당장 만델라처럼 나라를 구하기는 힘들 것이다. 하지만 선 위의
삶을 산다면 분명 당신을 둘러싼 당신의 세상을 바꿀 수 있다. 선
위의 삶은 어머니와 좀 더 잘 지내는 가정생활일 수도 있고, 압력이
심한 상황에서 팀을 잘 이끄는 직장 생활일 수도 있고, 끼어드는 운
전자에게 경적을 울리지 않거나 분명 12개 이상의 물건을 골라놓고
도 식료품점의 소량 계산대에 서 있는 뻔뻔한 사람에게 시비를 걸
지 않는 일상생활일 수도 있다.

처음에 생각한 이 책의 제목은 '삶의 네 가지 보편 원리'였다. 겸

손, 사랑, 자존심, 두려움이라는 네 가지 원리는 예로부터 이어오는 지혜의 근간이지만 현대의 신경과학적 발견과도 궤를 같이한다. 우리의 18년에 걸친 연구는 행동의 근거가 되는 논리를 이해하고 마음을 통해 살고 지도한다는 것이 무엇인지 파악하는 행동 철학으로 요약된다. 이후 우리는 네 가지 원리를 드러내는 행동 연구에 착수해서 마음유형분석지표라는 모델을 만들었다. 이 지표는 현재 25개 언어로 번역되어 기업의 중역들부터 멀리 떨어진 여러 지역의 일선 노동자, 외진 아프리카 지역사회의 촌장(실제로!)에 이르기까지 전 세계의 다양한 청중들을 교육하는 데 이용되고 있다. 이 원리들은 보편적이고 시대를 초월한다.

이 책의 1부는 '왜'와 '무엇'을 탐구한다. 사람들이 왜 그런 행동을 하는지, 선 위와 아래의 행동에는 무엇이 있는지를 설명해서 당신이 이를 식별하고 '삶의 나침반'을 갖출 수 있도록 돕는다. 2부에서는 다양한 노하우를 공유한다. 4장에서는 당신이 직접 테스트해볼 수 있는 자가 마음유형분석지표(Self-Score Heartsyles Indicator)를 다룬다. 당신도 이 과정을 밟은 10만 명 이상의 응답자들처럼 개인적·직업적 생활에서 선 위의 행동이 발휘하는 효과를 경험하게 될 것이다. 이 지표가 이전에 당신이 해본 성격 테스트들과는 매우 다르다는 것을 알아야 한다. 이것은 유형을 따지는 지표가 아니라 삶에 대한 지표다. 즉 성격을 알려주는 도구가 아니라 성품 개발을 위한 도구인 셈이다. 당신의 마음 자세, 당신의 사고, 당신의 행동, 당신의 삶이 지금 어떤 모습인지를 설명하고, 그것들이 미래에 어떤 모습이길 원하는지, 그 기준점을 만든다. 성격적 특질을 기반으로 '당신이 누구인지'에 고정적인 꼬리표를 만들어 붙이는 테스트들과는 다르다.

'마음을 통해 살고 지도한다'는 메시지는 긴 시간을 두고 진화해 왔다. 1994년을 시작으로 우리는 조직을 위한 리더십 개발, 팀 개발, 자기 계발 프로그램을 만드는 데 수년을 보냈다. 1994년은 우리에게 중요한 해였다. 마음 자세(heart attitude)의 변화로 여정을 시작한 사람들은 예외 없이 성장과 발전을 이룰 수 있었던 반면, 그렇게 하지 않은 사람들은 똑같이 원리를 교육받았으면서도 발전은 하지 못했다. 마치 고혈압 진단을 받은 뒤에 담배를 끊거나, 조직 내에서 엄청난 재정적 손실을 입은 후에 지출을 줄이거나, 이혼 후에 자신의 모습을 되돌아보고 행동을 바꾸는 종류의 사고방식 변화가 필요했다. 이때 우리 두 사람은 성품 계발과 삶에서 효율성을 높이는 능력이 마음에서 시작한다는 것을 깨달았다.

마음유형분석지표를 구상하던 초기에 우리는 리더십 프로그램을 진행하면서 스위스에서 몇몇 고위 경영인들과 함께 시간을 갖게 되었다. 우리는 무엇이 우리를 인간으로 만드는지, 무엇이 우리의 행동을 추진하는지에 대해 철학적인 논의를 하고 있었다. 그들은 고등 교육을 받은 성공한 경영인들로 이슬람교, 힌두교, 불교, 무신론, 불가지론, 뉴에이지, 기독교 등 다양한 영적 신념과 배경, 국적을 갖고 있었다. 스티븐은 우리의 연구, 모델, 행동 철학(우리는 모두 겸손, 사랑, 자존심, 두려움의 네 가지 보편적·영적 원리에 따라 움직인다)을 설명했다. 방법은 각자 달랐지만 모두가 같은 말을 전했다. "마라와 스티븐, 당신들은 아주 특별한 철학을 가졌군요. 우리는 모두 이 철학에 동의합니다. 그것들은 보편적인 원리입니다. 우리는 여태 사람들이 어떻게 행동하는지 보여주는 다른 도구들을 사용해왔습니다만, 결국은 이것이 우리에게 그 이유를 설명해주는군요." 그들은 이 네 가지 보편 원리가 신념 체계, 문화, 언어, 세계관, 종교 등 모든 장벽을 뛰어넘는다는 데 뜻을 같이했다. 그날부터 우리는 모든 문화와 신념을 아우르는 이 모델의 연구·개발을 시작했다.

우리는 선 위의 삶이 충족감을 가져다준다는 데 동의했다. 선 아래의 삶으로도 승리와 성공이 가능하다는 데에도 동의했다. 대가가 무엇이든 밀고 나가거나(공격적인 전략), 관계와 커리어를 끝낼 수도 있는 갈등이나 의견 충돌을 무조건 피하는 방식(수동적인 전략)으로 말이다. 선 아래에 있는 것은 거짓말이다. 당신이 발을 들인 또는 믿게 된 허위만이 삶에서 살아남을 수 있는 유일한 방법이라는 거짓말. 표면적으로는 선 아래의 공격도 효과를 낼 수 있다. 우리가 살고 있는 세상에서는 특히 더 그렇다. 인정사정없는 기업, 사회, 정치…. 학교를 생각해보라. 불량 학생들이 그 세상을 어떻게 지배했는가. 공격에는 나름의 권력, 지위, 안정에 대한 감각, 생존하는 방식이 있다. 마찬가지로 두려움을 바탕으로 하는 수동적 전략도 한동안은 문제를 모면하게 해주는 것처럼 보인다. 하지만 선 아래의 이런 두 전략은 장기적으로 비효과적이다. 그들은 관계를 파괴하고 심지어는 우리의 문화까지 파괴한다. 이혼, 소외, 비통, 피폐, 더 나아가서는 전쟁에까지 이르는 큰 대가가 따른다. 결국 우리에게는 선 아래의 삶과 선 위의 삶이라는 선택지가 있을 뿐이다.

이 책은 당신의 여정을 함께하면서 변혁에 대한 식견을 제공하고, 사람과 사람들의 행동이라는 측면에서 세상이 어떻게 돌아가는지 이해하는 데 도움을 줄 것이다. 당신은 그 선 앞에서, 당신이 가는 길에 놓인 개인적, 직업적 삶의 변화와 도전 앞에서 어떻게 방향을 찾아가야 하는지 알게 될 것이다. 당신과 다른 사람들에게 어떤 일이 일어나고 있는지, 이 세상이 맹렬히 그리고 빠르게 가하는 압력과 스트레스를 어떻게 처리해야 할지 알 수 있을 것이다. 행동을 식별할 수 있는 언어와 체계를 제공받음으로써 당신은 더 많은 사람들을 대상으로, 더 많은 시간 동안, 더 효과적으로 행동을 관리할 수 있게 될 것이다. 사례, 방법을 접함으로써, 우리가 긴 시간 동안 작업해오면서 변화를 지켜보았던 수천의 다른 사람들이 그랬듯이 당신도 변혁을 경험하고 더 자유롭게 믿음과 자신감을 가지고 삶을 살아가게 될 것이다.

우리는 선 위의 행동과 선 아래의 행동의 차이를 보여주고, 선 위의 행동이 발휘하는 효과를 입증하는 전 세계 10만 명 이상의 응답 자료와 거기에서 얻은 식견을 전달해주고자 한다. 이를 통해 당신은 '네 가지 보편 원리'라는 시대를 뛰어넘는 지혜와 선 위의 삶을 가능하게 해줄 실용적인 도구들을 갖추고 여정에 나설 수 있다.

약속한다. 우리의 마음에 일어났던 일, 그 일이 우리의 생각을 바꾼 방식, 매일 우리의 행동이 실제로 보였던 모습을 탐구하면서 우리는 (자극을 받았을 때에도) 효과적인 행동을 선택하는 놀라운 힘을 키울 수 있을 것이다. 거기에 그치지 않는다. 스스로의 성품을 성장시켜가면서 공감, 이해, 지지, 본보기가 되는 탁월함과 성취를 통해

주변 사람들을 돕고 힘을 줄 수 있다. 이렇게 우리 각자가 세상을 더 나은 곳으로 변화시킬 수 있다. 마음에서 비롯된 시대를 초월하는 지혜, 우리는 이것을 마음 혁명(Heart Revolution)이라고 부른다. 이것이 우리의 궁극적인 목표다.

이제 안전벨트를 매라. 당신은 이제 막 장대한 모험으로의 초대장을 받았다. 이 모험에서 당신은 인생을 바꾸고 발전시키는, 생명력을 얻는 경험을 할 수 있을 것이다.

내 마음 들여다보기

삶이라는 산을 오르는 데 필요한 나침반

삶이라는 산을 오르다 길을 잃는 일은 누구에게나 일어난다. 실제로 어딘가로 가고 있는데 길을 찾지 못할 때면, 보통은 길을 멈추고 지도나 휴대 기기에서 '현 위치' 아이콘을 찾거나 당신이 지금 어디 있는지 알려줄 표지판을 찾는다. 그다음, 가고자 하는 곳을 찾고 거기에 이를 방법을 계획한다. 마찬가지로 이 책은 당신에게 지도다. 오래전 우리 고객 중 하나는 지도 대신에 '삶의 나침반'이라는 말을 사용했다. 한 발 한 발 내딛으면서 삶의 깊은 균열들을 피해 방향을 잡고, 가야 할 때와 멈춰서 내가 어디 있는지 가늠해봐야 할 때가 언제인지 배워가다 보면, 결국은 모든 일이 긍정적인 결과를 향해 간다. 당장은 깨닫지 못하더라도 말이다. 우리가 항상 하는 말이 있다. 과정을 신뢰하라(Trust the process, TTP)! 지금 길을 잃은 듯 막막하다고 해서 내일도 꼭 그러란 법은 없다. 성장의 과정에는 오르내림이 있게 마련이니까. 과정이란 그런 것이다. 그러니 TTP!

리더십과 자기 계발 프로그램의 일환으로 우리는 사람들을 이끌고 10개국 이상의 산을 올랐고 안전하게 내려왔다. 암벽 등반이든, 자일을 이용한 하강이든, 고산 등반이든 산악 가이드인 우리는 정상이 어디 있는지 알고 있다. 하지만 삶은 다르다. 삶의 정상은 계속해서 움직이며 심지어는 성장한다. 이런 삶이라는 산을 오르는 길에서도 우리는 산에서와 마찬가지로 당신을 인도할 것이다. 좋은 안내서들이 모두 그렇듯이, 이 책은 효과가 이미 입증된 것들, 즉 우리가 30여 년간 사람들의 변혁을 도우면서 시험해온 아이디어와 방법들을 기반으로 한다.

산을 오르는 데 가장 중요한 것은 한 발 한 발을 내딛는 인내와 끈기다. 삶과 변혁의 여정에서도 마찬가지다. 산을 잘 오르기 위해서는 적절한 장비, 지도, 나침반, 계획, 기술, 그리고 양식(smart)이 있어야 한다. 무엇보다 중요한 것은 마음이다. 용기, 환경에 대한 존중, 이기적 자아를 기꺼이 억누르는 자발성(자아가 주도하는 등산은 사고로 이어진다), 몸이 지쳤을 때에도 할 수 있다는 믿음을 지키는, 회복력과 자제력을 가지는 마음이 필요하다. 다시 한번 말하지만 삶에서도 마찬가지다. 이 책에서 당신을 삶의 정상으로 이끌어줄 마음 자세를 보여주고 그 길에서 당신을 뒷받침해줄 양식과 기술을 가르쳐줄 것이다. 우리는 그것을 '마음+양식' 방정식이라고 부른다.

결코 쉽지 않은, 그러나 용감한 길

20년 전, 에베레스트산과 마주한 히말라야산맥의 한 봉우리에서 스티븐의 등반팀은 정상을 90미터 정도 남겨 두고 있었다. 1년을 계획한 산행이었고 베이스캠프에 이르는 데에도 수 주가 걸렸으며 정상을 향한 지도 이미 며칠이 흐른 상황이었다. 그러나 스티븐은 발길을 돌렸다. 그는 자신의 결정에 확신을 가지고 있었다. 날씨가 빠르게 바뀌고 있었고 산의 상황이 매우 위험해지고 있었다. 자신과 팀원들의 경험치를 고려해 네팔인 셰르파 치어링(Tschering)과 상의한 끝에 결국 결정을 내렸다. "오늘은 정상에 오를 날이 아닙니다."

그 원정에서 스티븐의 팀은 결국 정상에 오르지 못했다. 폭풍이 찾아와서 며칠간 떠나지 않았다. 팀원들 모두가 개인적으로 원정을 준비하는 데 많은 시간과 에너지를 쏟았다(마라는 훈련을 위해서 또 다시 그렇게 큰 가방을 메고 계단을 오르내리려야 한다면 무엇인가 하나는 자기 손에 결딴이 날 것이라고 말하곤 했다). 모두가 정상에 오르기를 간절히 바라면서 나름의 방식으로 노력하고 있었다. 그런 상황에서 정상에 오를 수 없다고 말하는 것은 쉬운 결정이 아니었다. 하지만 현명한 결정이었다. 자아의 욕심을 잠재우면 마음과 정신이 다른 관점과 진실에 눈을 뜨게 된다. 스티븐이 자아의 목소리와 정상에 대한 팀원들의 집착에 휘둘렸다면 눈앞의 위험을 모른 체했을 것이고 결말은 끔찍했을 것이다.

자아를 잠재우고 몸을 돌리는 일은 정상으로 향하는 것만큼이나 용감한 일이다. 그때 뒤돌아 내려오지 않았다면 우리 모두는 주검으로 아직까지 그 위에 있었을지도 모른다. 이후로도 우리는 전 세계에서 수없이 많은 모험을 했고 정상에 올랐을 때는 언제나 감사했다. 20년 후 더 많은 경험을 쌓고 기상 조건이 더 나았을 때 우리는 비로소 눈앞에서 발길을 돌려야 했던 정상에 오를 수 있었다. '최선의 자신'을 추구할 때에는 정상에 오를 날이 아닌 때가 있다는 것을 반드시 알아야 한다. 산은 당신의 생각과 결코 같을 수 없다. 구글에 나오는 정보나 온라인 후기와도 전혀 다르다. 물론 산은 당신이 조사한 만큼 대단한 존재지만 가장 큰 기쁨을 주는 것은 정상이 아니라 그 산에 올라 길을 찾는 당신 자신의 용기다. 과정을 신뢰해야 한다는 점을 기억하라.

당신은 혼자가 아니다

살아가면서 고독이 필요한 때가 있다. 자신을 찾기 위해서, 명상하고 기도하기 위해서, 활력을 돋우기 위해서, 자신에게 생각을 집중하기 위해서 말이다. 그래서 때로는 혼자 산에 오르기도 한다. 하지만 대부분의 경우 동료들과, 적어도 한 명의 동료와 산을 오를 것이다. 혼자서는 가기 어려운 길이니까. 가능하다면 이 책을 가까운 친구와 함께 읽기를 권한다. 발견한 것, 알아낸 것, 찾아낸 것에 대해서 서로 이야기를 나눠라. 소셜 미디어를 통해서 우리와 접촉해 그 여정을 다른 사람들과 함께하라.

스티븐은 산에서 저체온증으로 죽을 뻔한 적이 있었다. 영화나 소설 속 이야기가 아니고 사실이다.

"'웨일스 15개 정상 도전'이라는 자선 모험 행사를 진행하는 중이었습니다. 그 이름대로 24시간 안에 15개 봉우리를 올라야 했죠. 새벽 4시에 어둠 속에서 시작한 등반은 19시간 동안 이어졌습니다. 밤 11시쯤 네 명으로 구성된 우리 팀은 북대서양에서 몰아친 엄청난 폭풍의 눈에 갇혔습니다. 비바람이 너무 강해서 서 있기도 힘들었지만 겨우 한 봉우리의 정상에 도착했습니다. 전력으로 물을 뿜는 소방 호스 바로 앞에 서 있는 것 같았죠. 네 사람 모두 뼛속까지 흠뻑 젖었습니다. 심부 체온이 너무나 많이 떨어졌고 우리는 걷잡을 수 없이 떨고 있었습니다. 한 사람이 웰시산악구조대에 문자 메시지를 보냈습니다. 그들이 자침 방위와 거리를 이용해서 우리의 위치를 파악하는 데에는 20분이 걸렸습니다. 그 조건에서 그 시간은 평생과 같았습니다. 우리는 '오늘밤 여기에서 나갈 방법을 찾지 못한다면 여기에서 다 죽겠구나' 하고 생각했죠."

"거기에서 길을 찾아 나가기 위해서는 우리가 올라왔던 길을 되돌아가야 했습니다. 심리적으로는 불가능한 일이었습니다. 갖은 고생을 해서 여기 와서 겨우 휴대전화가 터지는 곳을 찾았는데 여기에서 왔던 길을 돌아가라고? 하지만 우리는 그 과정을 신뢰해야 했습니다. 나침반과 방향을, 구조대를, 서로를 신뢰해야 했습니다. 적어도 움직이는 동안에는 추진력이 있었고 희망이 있었습니다. 그 정상에 앉아 몸을 떨면서 아무것도 하지 않는다면 희망이 없었습니다. 우리는 아주 천천히 움직였고 한 시간 반 뒤 칠흑 같은 어둠 속에서 비가 우리 몸을 가차 없이 내리치는 가운데, 멀리에서 십여 개의 손전등이 반짝이는 것을 보았습니다. 우리를 안전하게 인도하기 위해서 그 험한 조건에도 나와준 산악구조대였습니다."

당신이 성장의 여정을 계속하길 원하든, 삶의 절박한 상황에 처해 있든 이 책이 당신이 방향을 찾게 도와줄 나침반이 되길 희망한다. 당신이 친구에게 또는 전문가에게 손을 뻗어 당신을 인도해달라고 부탁할 수 있기를 바란다. 산악구조대에 전문적인 도움을 요청할 때 스티븐은 수치심을 느끼지 않았다. 그는 대단히 숙련된 산악인 이었는데도 말이다. 당신의 직업이 무엇이든, 삶의 어떤 위치에 있든 마라와 같은 사람에게 전문적인 심리적 도움을 받는 데 수치심을 느낄 필요는 없다.

우리는 각계각층의 사람들이 과거의 상처로부터 마음을 치유하고, 성품을 키우고, '할 수 없다'에서 '할 수 있다'로 사고방식을 변화시키는 것을 지켜봐왔다. 그들은 무엇이 자신의 삶과 사고와 행동을 형성하는지 배웠고, 그들을 붙잡고 있던 요새가 어떤 것인지 확인했다. 그들은 비효과적인 행동에서 빠져나와 온전하고, 목적의식이 있고, 주변의 세상을 변화시키는 삶으로 나아가는 방법을 배웠다.

모험은 엄청난 에너지를 만들어내고 엄청난 에너지는 더 많은 에너지를 만든다. 그러니 우리와 함께 산을 오르자. 용기를 내고, 모험을 함께하고, 삶을 뒤바꾸는 등반에서 얻는 에너지를 경험하자. 우리와 '로프'를 연결하자. 마음유형분석이라는 산을 등반하는 데 우리가 안내자가 될 것이다. 당신은 자신과 주변 사람들이 삶의 더 높은 고지에 도달하는 기쁨을 얻게 될 것이다.

우리는 당신이 같은 여정에 있는, 같은 산을 오르는 다른 사람들과 연결되는 길을 찾아서 서로를 격려하고, 삶의 성장과 변화를 겪으며 함께 산을 오르고, 세상을 더 나은 곳으로 만드는 가운데 목표와 의미를 찾게 되기를 희망한다. 셰르파 치어링의 말대로, 인생이라는 여정은 "때론 오르막이고, 때론 내리막이고, 때론 평탄하다". 평생의 등반을 즐기는, 그리고 과정을 신뢰하는 이 여정에 당신을 초대한다!

1부

우리 마음속에 숨어 있는 비밀

Above The Line

네 가지 마음이 모든 것을 결정한다

여정을 시작하기에 앞서 한 가지 묻겠다. 마음속에 품고 있는 바람이 있는가? "당연하죠! 이번 분기 매출 목표를 달성하고 싶어요." "살을 5킬로그램 빼고 싶어요." "식기세척기에 그릇을 어떻게 넣는가 따위의 일로 아내와 그만 다투고 싶네요." 잠깐 말을 멈추고 마음의 좀 더 깊은 곳을 들여다본 후에 "나는 성취감을 느끼고 싶어요"라거나 "배우자와의 관계가 더 나아졌으면 좋겠어요", "아이들이 행복하게 자라도록 해주고 싶습니다", "영혼의 단짝을 찾고 싶어요"라고 이야기하는 사람도 있을 것이다. 크건 작건 일상생활과 욕망에 대한 이런 생각들은 우리 모두의 마음속에 있는 더 큰 바람을 투영하고 있다.

누구나 마음속 깊은 곳에 충족감, 목표, 자신감, 만족감에 대한 갈망을 담아두고 있다. 궁극적으로는 모두가 더 많은 사랑을 갈구하고 있다. 우리는 이렇게 사랑을 좇으면서 사랑을 '더 많이' 가져다줄 거라고 생각하는 방식으로 살아간다. 우리는 다른 사람들이 왜 그런 식으로 생각하고 행동하는지, 나는 왜 이런 방식으로 행동하는지 파악하려 애쓴다. 그리고 의아하게 생각한다. 우리 눈에는 다른 사람의 바람직하지 않은 행동이 이렇게 빤히 보이는데 왜 그들은 제대로 된 판단을 하지 못하는 걸까? 물론 스스로도 바람직하지 못한 행동에 의존할 때가 있다. 그럴 때면 이런 의문이 든다. 이런 긍정적이지 못한 행동을 하는 이유는 무엇일까? 어떻게 하면 일이 엉망으로 돌아가는 상황에서도 올바른 결정을 내릴 수 있을까?

이런 과정에서 우리가 정말로 찾는 것은 지혜다. 사람들(자기 자신을 포함한)에게 동기를 부여함으로써 최선의 자신을 찾고 최고의 목표를 달성하게 해줄 지혜 말이다. 그 지혜를 쉽게 찾을 수 있다면, 그러니까 굳이 1년 동안 묵언 수행을 하거나 산속에서 명상을 하지 않아도(시기만 맞다면 산속에서 명상을 하는 일은 꽤나 즐겁지만) 찾을 수 있다면 어떨까? 그 지혜가 코앞에 있다면?

실제로 그렇다. 지혜는 바로 우리 앞에 있다. 선을 인식하고 그 선 위에 무엇이 있고 그 선 아래에 무엇이 있는지 인식하면, 즉 삶의 네 가지 보편 원리를 이해하면 그 지혜가 드러난다. 이런 모든 통찰들은 바라왔고 목표로 두었던 '더 많은' 것들을 달성하게끔 당신을 도와준다. 당신이 최선의 모습으로 불편한 상황들을 훌륭히 헤쳐 나가고, 행복하고 성공적이며 충족감을 주는 삶을 꾸려 나가게 돕는다.

세라가 부사장의 책상 앞에 앉아 카펫의 문양에 시선을 고정한 채 간절히 바랐던 것도 그런 지혜다. '그렇게 앉아만 있을 게 아니라 무슨 말이라도 해보라고!' 마음속의 그녀는 이렇게 소리치고 있었지만 현실 속 그녀는 입을 다물고 앉아 있을 뿐이었다.

지하철을 타기 위해 아침 일찍 집을 나설 때만 해도 그녀는 기분 좋게 하루를 맞이하고 있었다. 그 감정은 사무실에 들어와 복도에서 직속상관이자 제품개발 부문 부사장인 빌을 만나는 순간 바스러졌다. "내 사무실로 좀 와보게." 그의 입에서 나온 한마디와 그 어조가 세라의 즐거운 기분을 바닥으로 끌어내렸다.

그녀는 현재 지금까지 맡았던 다른 어떤 프로젝트보다 규모가 크고 중요한 프로젝트를 진행하고 있다. 부사장이 그에 대해 묻자 심박수가 올라갔다. "일주일 후면 이번 분기가 끝나는 건 알고 있겠지? 이 프로젝트가 이렇게 오래 걸리는 이유가 뭔가? 여러 가지 일을 한꺼번에 진행하고 있는 것도 아니잖나. 우리가 올해 매출 목표를 달성할 수 있는가는 3분기에 제품을 출시하느냐 못하느냐에 달려 있어. 출시가 되기는 하는 건가?"

그녀는 15분 후 부사장실을 나왔다. 정확히 어떤 대답을 했는지조차 기억나지 않았다. 생각나는 것은 피가 머리로 치솟는 소리가 들리는 듯했다는 것뿐이다. 일을 제 궤도에 올려놓겠다고 약속하고 팀이 직면했던 예상치 못한 난관들을 더듬더듬 설명한 것 정도가 흐릿하게 기억났다. 다 내던져버리고 싶은 심정이었다.

쓰러지듯 의자에 앉았을 때 전화벨이 울렸다. 남편 사이먼이었다. 그녀가 전화를 받자마자 사이먼이 말했다. "여보, 미안한데 집에

바로 좀 와줘야겠어. 쓰레기를 버리러 나왔는데 현관문이 잠겨버렸지 뭐야. 이러다가는 회사에 늦겠어."

다른 날이었다면 세라는 조금 짜증을 내다가도 금방 웃어버렸을 것이다. 하지만 이날은 정말 즐거운 구석이라고는 하나도 찾아낼 수가 없었다. 분노가 밀려들었다. 숨을 몰아쉰 그녀는 사이먼에게 모든 화를 퍼부었다. 험악한 단어들이 튀어나왔다. 늘 이런 일을 벌인다며 남편을 비난했다. "언제까지 내가 당신 뒤치다꺼리를 해줘야 해?" 그리고 사이먼에게 그가 일으킨 문제가 곧 닥칠 마감에 어떤 영향을 미치고 있는지 이야기했다. 그의 실수가 그녀의 한 달을 어떻게 망치고 있는지를 말이다.

사이먼은 입을 다물고 있었다. 마침내 입을 연 그는 이렇게 말했다. "장인어른과 얘기하고 있는 것 같군."

세라는 전화를 집어던질 뻔했다. 전화를 던지는 대신 통화 종료 버튼을 두 번 눌러 전화를 끊어버렸다.

막 사무실에 빠져나오던 세라는 시장분석팀에서 자신과 비슷한 직책을 맡고 있는 동료이자 친구이기도 한 앨리스와 마주쳤다. 세라의 어두운 표정을 살피며 앨리스가 물었다. "괜찮아?"

"그럼, 괜찮고말고. 그런데 너희 팀은 왜 시장 보고서를 안 주는 거야? 지난주까지 된다고 말했잖아. 이 프로젝트를 망칠 작정이야?" 이 말이 나오자 앨리스가 눈을 크게 뜨며 한 발자국 물러섰다.

세라는 그녀의 반응을 보았지만 이미 말을 주워 담을 수 없는 상태였다. 분노의 힘에 조종당해 앨리스에게 그런 식으로 말해버렸다는 것을 느꼈다. 후회와 곤혹스런 감정이 밀려들었다. 어떻게 이 일을 만회해야 할지 앞이 깜깜했다. "미안해." 그녀가 불쑥 내뱉었다. "어쨌든 우리는 지금 그 보고서가 필요해. 그게 없으면 빌한테 완전히 깨질 거야."

앨리스는 멍한 표정으로 그 보고서를 퇴근 전까지 주겠다고 이야기하고 자리를 떠났다. 앨리스를 따라가서 진심으로 사과하고 빌과 한 이야기를 들려줄까 하는 생각이 들었지만 발이 움직이지 않았다. 그녀는 생각했다. '집에 가야 하잖아.'

지하철에서 세라는 사이먼이 했던 말을 곱씹었다. '장인어른과 얘기하고 있는 것 같군.' 그녀는 알고 있었다. 그의 말이 옳다는 것을. 그녀가 입을 열기만 하면 아버지는 온갖 비난과 쓴소리를 쏟아냈다. 그렇지만 왜일까? 그녀는 왜 사이먼과 앨리스를, 그녀가 몹시 아끼는 두 사람을 그런 식으로 대했을까? 왜 빌에게 엔지니어링팀이 프로젝트 완수에 가장 큰 장애라는 이야기를 하지 못했을까? 빌이 도움을 줄 수 있는 문제인데도 말이다.

대부분의 사람들이 매일 이런 순간을 맞는다. 그러고서 생각한다. '왜 그렇게 말을 했을까?', '내가 …만 했더라면.' 우리는 작은 문제를 두고 아이들과 배우자를 닦달한다. 다른 사람들 앞에서 자기 팀원을 비난한다. 달성하기 어렵다는 것을 알면서도 마감 시한에 동의한다. 문제가 더 큰 경우도 있다. 비윤리적인 지름길을 택하거나 부정행위를 하거나 거짓말을 하기도 한다.

이런 행동은 우리를 나쁜 사람으로 만들기보다 오히려 인간적으로 만든다. 이런 행동은 우리가 생존하기 위해 사용하는, 우리와 오랜 시간 함께해온 대응 전략이다. 그런 행위도 본래는 좋은 의도에서 비롯되었다. 다만 우리에게 두려움이 있기 때문에 상황이 엉망이 되는 것이다. 당신은 이렇게 말할 것이다. "뭐라고? 그건 내가 두려워해서가 아냐!" 하지만 우리는 모두 두려움을 갖고 있고, 많은 경우 자신이 왜 그런 행동을 하고 있는지는커녕 어떤 행동을 하고 있는지조차 깨닫지 못한다.

다행히도 우리는 매일 최선의 의도 역시 현실로 만든다. 말을 도로 주워 담고 싶다거나 다른 선택을 했다면 하고 생각할 때가 있다. 그 짧은 시간에 우리는 협력적이고, 집중적이고, 솔직하고, 인내심 있고, 헌신적인 사람이 될 수 있다. 마음은 이기적인 상태에서 이타적인 상태로, 비판적인 상태에서 연민 어린 상태로, 동기가 부여된 상태에서 우울한 상태로, 건설적인 상태에서 파괴적인 상태로, 의심으로 가득 찬 상태에서 자신감 있는 상태로 대단히 빨리 전환할 수 있다. 단 1분 안에도 효과적인 상태에서 비효과적인 상태를 오갈 수 있는 것이다.

우리는 모두 AND다. 삶은 AND다. 비효과적인 선 아래의 행동은 효과적인 선 위의 행동과 공존한다. 그래서 우리 모두는 눈 깜짝할 사이에 한쪽에서 다른 쪽으로, 다시 원래의 상태로 돌아갈 수 있다.

AND는 우리 마음과 행동을 추진하는 삶의 네 가지 보편 원리 속에 존재하는 선의 정수다.

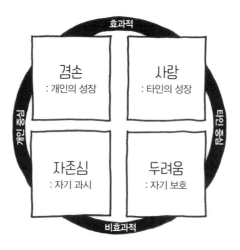

- 용기 있는 겸손: 개인의 성장에 초점을 둔다
- 성장 중심의 사랑: 타인의 성장에 초점을 둔다
- 자아 중심의 자존심: 자기 과시에 초점을 둔다
- 자기 제한적 두려움: 자기 보호에 초점을 둔다

우리 마음은 이 네 가지로 구성되어 있다. 이 모델은 삶의 궤도를 의미한다. 특정한 날, 그 순간, 그 상황에서 우리 마음은 두려움에서 자존심, 겸손, 사랑에 이르는 이 궤도를 돈다. 돌고 또 돈다!
　우리의 삶은 마음의 현실이 외적으로 표명된 것이다.

- 자기 제한적 두려움을 기반으로 작동할 때의 마음은 자기 보호적 사고와 행동을 보이며, 수동성, 의존성, 아부에 근거한 행동으로 우리를 제한한다.
- 자아 중심의 자존심을 기반으로 작동할 때의 마음은 자기 과

시적 사고와 행동을 보인다. 공격성, 우월성, 완벽주의, 어떤 대가를 치르든 반드시 승리해야 한다는 생각에 근거한 행동으로 다른 사람과의 진정한 연결을 막는다. 긍정적인 자존심도 분명히 존재한다. 그것은 사랑의 표현(사람들을 받아들이는 즐거움, 개인적인 성취, 즐거움이나 흥분을 느끼는 일)이기도 하다. 그러나 부정적인 자존심은 증명, 성과, 권력, 통제력 등 자아에 비중을 둔다.

- 용기 있는 겸손을 기반으로 작동할 때의 마음은 진정성, 근면성, 취약성 인정, 성취와 같은 행동을 통해 개인 성장 중심의 사고와 행동을 보인다.
- 성장 중심의 사랑을 기반으로 작동할 때의 마음은 존중, 충실, 연민을 통해 타인의 성장을 돕는 사고와 행동을 보인다.

이 네 가지 보편 원리는 우리가 삶의 궤도를 돌면서 드러내는 엄청난 범위의 행동들에 동력을 공급하는 것이 무엇인지 설명한다. 당신은 아마 당신의 행동 방식이 분노, 시기, 죄책감, 연민, 친절, 관대함 등과 같은 다양한 감정 패턴에 기인한다고 생각할 것이다. 하지만 전 세계에 흩어져 있는 전혀 다른 배경과 삶의 경험을 가진 완전히 다른 상황에 처한 사람들이 같은 행동을 보인다. 역사를 보면 같은 행동이 계속 반복되어왔음을 발견할 수 있다. 일을 하는 방식, 스포츠와 게임을 하는 방식, 아이를 기르는 방식, 인간관계를 구축하는 (또는 인간관계를 무너뜨리는) 방식에도 매일 이런 행동이 드러난다. 그것들이 우리의 가족, 공동체, 팀, 조직의 형태를 만든다.

이 네 가지 보편 원리는 때로 성품의 가장 좋은 측면이 왜 뒤로 밀려나는지(자기 제한적 두려움과 자아 중심의 자존심에 의해), 당신의 성품이 가진 대단한 내적 힘이 어떻게 표출되는지(용기 있는 겸손과 성장 중심의 사랑에 의해), 그래서 어떻게 최선의 자신이 승리를 거둘 수 있는지 설명한다.

겸손에는 여러 측면이 있다.

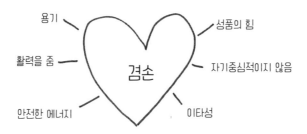

사랑 역시 다양한 방식으로 표현된다.

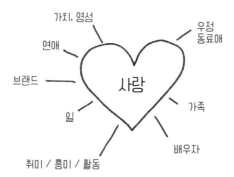

성품은 성격과는 다르다. 성품은 불리한 상황에서도 겸손과 사랑 같은 가치관을 기반으로 살아가고, 스트레스가 많은 상황에서도 침착함을 유지하고, 주위의 모든 것이 부정적일 때에도 긍정적인 자세를 유지하게 하는 내적 힘이다. 또한 성품은 모두가 그리고 다른 모든 것이 선 아래에 있을 때에도 선 위의 사고와 행동을 하게 하는 용기다.

반드시 알아야 할 것이 있다. 감정적으로나 신체적으로나 자신의 안전이 위협을 받으면 누구나 대응 전략으로 되돌아가서 두려움이나 자존심을 기반으로 움직인다. 일자리를 잃었을 때, 누군가에게 거부당했을 때, 누군가의 기분을 상하게 했을 때, 인간관계에서 부정적인 효과를 경험했을 때가 그런 상황이다. 두려움이나 자존심을 기반으로 우리가 하는 일이 전적으로 효과적일 수는 없겠지만 어쨌든 정상적인 반응 방식이다. 단기적으로는 성과가 있고 그 순간에는 기분이 좋아질 수도 있다. 하지만 성품을 도야하는 데에는 도움이 되지 않는다. 두려움이 자존심을 자극하고 자존심이 부정성을 자극해, 부정성에 갇혀 있으면서도 무엇이 당신을 거기로 데려왔는지 당신은 알 수가 없다.

불안 → 두려움 → 자존심 → 부정 → 비효과적
용기 → 겸손 → 사랑 → 진실 → 효과적

우리는 보편적으로 겸손과 사랑 그리고 그것들이 가져오는 모든 내적, 외적 혜택에 가치를 두지만, 항상 그것들을 통해 움직이는 사람은 없다. 그런 완벽한 사람은 존재하지 않는다. 물론 그것이 우리가 선 아래의 삶을 살아야 한다는 의미는 아니다. 두려움의 요새와 자존심의 감옥에 갇힐 필요는 없다는 뜻이다. 우리는 선 위로 옮겨 갈 수 있다.

세라가 최선이 아닌 자신의 모습으로 아침을 맞기 한 달 전, 그녀는 회사의 리더들을 대상으로 한 워크숍에 참가했다. 우리는 그 워크숍에 퍼실리테이터(facilitator, 교육과정 등의 지도자로, 원활한 진행을 촉진하는 사람)로 참여해 네 가지 원리를 탐구했다. 그녀는 지하철에 앉아 있다가 자신의 삶을 움직이는 선 아래의 원리들을 깨달았다. 앨리스와 사이먼에게 감정을 분출하게 했던 자존심, 아니 더 구체적으로는 그녀가 빌의 사무실에서 느꼈던 두려움을 말이다. 그 두려움이 그런 행동을 자극했다. 그녀는 두려움의 감정에서 벗어나고 싶었기 때문에 자신의 마음, 사고, 행동을 바꾸는 데 집중했다. 집에 도착할 때에는 사랑이 두려움을 압도했다. 그녀는 남편에게 바로 사과를 하고 그에게 사랑한다고, 당신은 그런 대접을 받아서는 안 되는 사람이라고 말해주었다. 그리고 아침에 부사장과 있었던 일도 이야기했다. 사이먼은 힘든 날에 스트레스를 더해서 미안하다고 사과했다. 그녀는 단절되어 있다는 느낌을 떨치고 훨씬 평화로운 기분으로 집을 나섰다. 그녀는 직장으로 돌아가 앨리스에게 사과하고 알차게 하루를 보낼 만반의 준비를 갖췄다.

　누구나 그날 아침의 세라와 비슷한 상황에 빠졌던 경험이 있을 것이다. 다음에는 그런 상황이 와도 두려움이나 자아 중심의 자존심에 휘둘릴 필요가 없다. 내가 왜 지금 이런 일을 하고 있는지 이해하는 첫 단계는 우리 삶에서 이 네 가지 원리가 가지는 힘을 이해하고 이것들이 내 행동 그리고 다른 사람의 행동의 뿌리를 어떻게 형성하는지 이해하는 것이다. 그러면 우리는 자기를 좀 더 잘 인식하게 되고, 긍정적인 선택을 통해서 좀 더 강해지고, 배우자, 부모, 전문가, 리더, 친구의 역할을 하는 더 많은 시간 동안 최선의 자기 모습일 수 있다.

문제는 언제나 마음이다

마음은 대화에 늘 등장한다. '마음을 따라라.' '그녀는 진심이다.' '마음을 바꾸었다.' '마음이 콩밭에 가 있다.' '온 마음을 다하고 있다.' '그들은 마음을 터놓고 이야기했다.' '그에게 마음이 쓰인다.' '그가 그녀의 마음을 아프게 했다.' '마음이 내키지 않는 일이다.' '정말 마음에서 우러나서 하는 말이다.'

우리는 매일 마음에 대해 이야기한다. 수천 년 동안 우리는 마음(heart, 심장)을 단순히 혈액을 펌프질 하는 장기 이상의 뜻으로 이야기해왔다. 그런데 그 의미를 진지하게 생각해본 적이 있는가? 누군가가 마음을 다해 이야기한다고 말할 때 그것은 그 사람이 의미, 통찰, 진정성을 가지고 이야기한다는 의미다. 달리 표현하자면 우리가 마음을 따를 때는 우리의 깊이 있는 현실이 반영된다는 의미다.

우리가 문제의 중심은 언제나 마음이며, 네 가지 보편 원리가 중심선의 위와 아래에서 짝을 이루며 마음속에 살고 있다고 말하는 이유도 거기에 있다. 그 원리는 우리 성품, 사고, 행동의 더 깊은 현실이다. 그것들은 우리 각자가 일하고, 사랑하고, 사는 방식에 대한 통찰의 원천이다. 누군가의 마음에서 어떤 일이 일어나는지 이해함으로써 우리는 연민이나 공감을 느낀다.

사랑은 우리가 가장 필요로 하는 것이다. 거부는 우리가 가장 두려워하는 것이다. 사랑을 추구하고 거부를 피하는 데 우리는 인생을 소비한다. 존 레넌(John Lennon)이 말했듯이, "동기를 부여하는 두 가지 기본적인 힘이 있다. 두려움과 사랑이다. 두려울 때 우리는 삶으로부터 물러난다. 사랑 안에 있을 때 우리는 열정과 기대와 수용을 통해 삶이 주는 모든 것에 마음을 연다". 우리는 이 두 가지 동인을 자신의 행동 안에서 느끼고 다른 사람의 행동 안에서 인식한다. 이 지혜를 파악한다면, 우리는 효과적인 인간관계와 성공적인 리더십을 가질 수 있다.

선 위의 산을 오르기 시작한 당신을 위해 우리는 베이스캠프에서 당신과 잠시 시간을 보내면서 마음 챙김 활동을 통해 당신의 마음이 사랑의 자리에 있을 때와 두려움의 자리에 있을 때 어떤 일이 일어나는지 그 차이를 경험하도록 안내해주려 한다. 바쁜 생활 때문에 우리는 하던 일을 멈추고 내가 지금 어디에 있는지 숙고하는 시간을 갖지 못할 때가 많다. 그러니 자신에게 단 1분만이라도 할애해서 이 간단하지만 심오한 활동을 거쳐보길 바란다. 의식적으로 사랑에 초점을 맞추고 그것이 두려움과 얼마나 다른지 인식함으로써 당신은 더 차분한 곳으로 이동하는 당신 자신을 느낄 수 있을 것이다. 이 활동은 우리가 감정적, 신체적 상태를 바꿀 수 있음을 알려준다. 이것은 권한을 부여하는 활동이다!

연습문제 베이스캠프에서의 1분

이 연습문제는 삶의 일상적인 상황 대부분에 적용할 수 있다. 이 책을 어디에서 읽고 있든 당장 이 활동을 할 수 있다.

1. 눈을 감고 20초 동안 당신 마음속의 사랑과 연결한다. 사랑을 받거나 사랑스럽다고 느꼈던 때를 상기한다. 거기에 누가 있는가? 무슨 일이 일어나고 있는가? 진심으로 보고 진심으로 느껴보라. 그 사랑을 어디에서 느꼈는가? 어떤 느낌이었는가? 그 느낌을 받았을 때 당신에게 어떤 일이 일어났는가(이것이 목적, 다른 사람과의 연결, 인간관계의 힘, 자신에 대한 당신의 믿음이다. 그것이 진짜 당신이다)?

2. 다음으로 당신의 마음을 두려움 쪽으로 돌린다. 누구나 두려움을 갖고 있다. 두려움에 면역이 있는 사람은 없다. 당신이 두려움을 느꼈던 때를 상기한다. 20초 동안, 그 기억으로 들어가서 진심으로 보고 진심으로 느껴보라. 그 두려움을 어디에서 느꼈는가? 어떤 느낌이었는가? 그 느낌을 받았을 때 당신에게 어떤 일이 일어났는가? 불안과 의심을 느껴보고, 그것이 어떻게 자신을 보호하거나 증명해야 한다고 느끼게 만들었는지 느

껴본다(그것 역시 진짜 당신이다. 하지만 최선의 당신은 아니다. 두려움과 자존심에 사로잡혔을 때의 당신이다).

3. 마지막으로 20초 동안 다시 사랑에 자신을 맡긴다. 차이를 느낀다. 그 사랑은 당신 자신에 대해서 당신에게 무엇을 보여주는가?

이 책의 여정도 이와 다르지 않다. 우리 모두가 두려움과 자존심을 느끼며 거기에 매일 영향을 받지만, 우리가 가장 원하는 것이자 최선의 내 모습을 이끌어주는 사랑으로 자꾸 나아가야 한다.

선 아래의 마음 : 두려움과 자존심

퍼실리테이터로 전 세계의 사람들과 일을 하는 우리 두 사람은 상당히 많은 시간을 출장지에서 보낸다. 세계 곳곳에 사무실과 고객들이 있기 때문에 일 년에 30주 이상은 호텔 방을 옮겨 다녀야 하고 상당히 긴 시간을 본사(또는 우리 집)에 발도 들이지 못한 채 보낸다. 우리는 본사에서 팀원들과 프로젝트들에 대해 이야기하고, 스케줄과 결과물에 대해 합의하고, 다시 길을 떠난다.

몇 년 전 우리는 고객사의 최고 경영진에게 중요한 프레젠테이션을 해야 했다. 우리 팀원인 테드가 그 프레젠테이션을 맡겠다고 나섰다. "제게 맡겨 두세요. 제가 처리할 수 있습니다." 스티븐은 그에게 자세히 브리핑을 해주고 테드가 절차를 이해하고 일을 진행할 수 있다고 느끼는지 확인한 뒤에 출장을 떠났다. 그다음 3주 동안 스티븐은 테드에게 필요한 것이 없는지를 계속 확인했다. 테드는 그때마다 프레젠테이션 작업이 잘 진행되고 있다며 '자기에게 맡기라고' 스티븐을 안심시켰다. 스티븐이 시차와 피로에 지친 몸을 이끌고 본사로 돌아왔을 때 그의 다이어리에는 그 주의 약속이 빼곡히 적혀 있었다. 그중 하나는 테드와의 약속이었다. 테드는 그가 해놓은 일을 이야기했다. 그의 주장과 달리 그에게는 그런 높은 수준의 프레젠테이션을 맡을 만한 경험이 없다는 점이 확연히 드러났다. 수집된 정보가 거의 없었고 결과물은 그다지 질이 좋지 못했다. 테드는 허둥대고 있었다.

두려움과 자존심의 손아귀에 들어간 스티븐은 스트레스를 받았고 화가 났다. "테드, 이건 그냥 좋지 않은 정도가 아니야! 이 일을 하라고 시간을 3주나 줬잖아." 큰소리는 치지 않았지만 어조는 퉁명스러웠고, 불만이 명백히 드러났다. 그 부정적인 에너지를 1킬로미터 밖에서도 느낄 수 있을 정도였다. 사무실은 칸막이를 최소화한 개방형이었고 다섯 명의 팀원이 그들과 한 방에 있었다. 그 다섯 명은 모두 책상 밑에 숨고 싶은 심정이었다.

테드는 고개를 들지 못했다.

"테드, 나를 좀 봐."

테드는 시선을 들었으나 눈빛에는 생기가 없고 표정은 멍했다.

"사람들에게 이 일을 하는 데 필요한 정보를 물어봤지만 아무도 제 부탁을 들어주지 않았습니다. 아무도 절 도와주지 않았어요."

"이런 상태라면 고객사에서 프레젠테이션을 못하게 될 수도 있어. 우리는 문제를 시정해야 해. 그것도 지금 당장."

스티븐은 상황이 악순환으로 치닫는 것을 느꼈다. 그는 테드에게 관련 자료를 모두 자신에게 보내라고 지시한 뒤에 자기 책상으로 돌아갔다. 기분은 조금도 나아지지 않았다. 자신이 '공개적으로 칭찬하고 개별적으로 코칭하라'는 리더십의 가장 중요하고 기본적인 규칙을 어겼음이 너무나 확실했다. 프레젠테이션 준비라는 과제는 여전히 남아 있었다. 하지만 테드가 이 상황에서 얼마나 효과적으로 일할 수 있을까?

스티븐과 테드는 둘 다 선 아래에 있었다. 두려움이나 자존심에 이끌린 비효과적인 방식으로 행동하고 있었다. 그 상황에서 그들의 마음에는 어떤 일이 일어나고 있었을까?

우리 회사와 우리 브랜드를 크게 성장시킬 중요한 고객을 상대로 한 프레젠테이션이었다. 위기를 느낀 스티븐은 바로 두려움에 빠져들었다. 두려움은 그의 성품을 꽉 죄는 올가미 역할을 해서 그를 자기 보호 모드(마음의 궁극적인 두려움, 즉 거부로부터의 보호)로 밀어넣고 최선의 모습이 되지 못하게 막았다. 누구에게나 일어나는 일이다. 두려움의 요새에 갇히면 우리는 모두 숨는다. 가면 뒤에 내가 누구인지를 숨기고 다른 사람이 보고 싶어 한다고 생각하는 사람인 체하면서 사람들로부터 내 안에 있는 진실하고 멋진 사람을 만날 기회를 뺏는다. 우리는 진실로부터, 어려움으로부터, 솔직한 대화로부터 숨고, 가능성으로부터 숨는다. 그러면서 좁은 시야를 갖게 되고 긍정적인 변화 기회를 보지 못하게 된다. 목표를 최고로 달성하는 방법에 대해 주도적인 선택을 내리는 대신 비효과적인 대응 전략에 의지해서 부정적인 감정과 생각을 처리하는 것이다.

두려움을 처리하기 위한 그런 비효과적인 노력들은 부정적이고 자아 중심적인 자존심을 키우는 경우가 많다. 그 뿌리는 두려움이다. '당신은 나를 거부할 거야! 나는 충분하지 않아. 실패하면 어쩌지? 내가 어떤 사람인지 보여줄 거야.' 우리는 자존심이라는 감옥 속에서 자아에 양분을 공급하기 위해 상황을 조작하는 법을 배운다. 자신의 능력에 대해 솔직하지 못했다는 사실이 드러날까 두려웠던 테드는 자존심의 나락으로 떨어졌고 다른 사람을 탓하면서 자신을 방어하려 했다. 자신감 부족은 우리가 종종 공격으로 감추곤 하는 두려움의 한 형태다(공격 역시 자아 중심적 자존심의 한 형태다). 그의 반응은 스티븐에게서 자존심을 기반으로 하는 대응 전략을 끌어냈다.

자존심에 갇혀 있으면 상황이 문제 뒤편에 가려져서 해결이 더 어렵다. 자존심은 우리가 틀렸거나 실수를 했을 때 자기 회의의 감정을 만들어내고, 자존감을 무너뜨린다. 자존심으로 인해 우리는 테드가 그랬듯이 남을 비난하는 방법을 택할 수도 있고, 스티븐처럼 상대에게 상처를 주며 우월감을 내세우는 방법을 택할 수도 있다. 자존심을 기반으로 움직일 때 우리는 자신과 타인의 잠재력 발휘를 막는다. 성공적으로 목표를 달성한 듯이 보일 때도 마찬가지다. 당신도 알다시피 자존심이 우리를 장악하고 있을 때에는 모든 일이 스트레스로 다가와 우리를 지치게 만든다.

리더나 팀원으로서, 부모나 배우자나 가족 구성원으로서 테드의 입장이나 스티븐의 입장이 되어본 적이 있는가? 솔직하게 답을 한다면 분명 누구나 그렇다고 할 것이다. 삶이란 이렇다. 누구나 선 아래로 내려갈 때가 있다. 누구나 악순환에 말려드는 경험을 한다. 배우자나 가족, 친구와 다퉜을 때를 생각해보라. 상황이 점점 악화되어서 결국 나나 상대방 모두 마음에도 없었던 심한 말을 입에 담게 되었던 때가 있었을 것이다.

우리는 언제나 이런 질문을 한다. "그런다고 상황이 달라질까?" 최고의 예방 전략은 악순환에 빠져들지 말고 우리의 마음과 성품을 강화하는 것이다. 여기에 대해서는 2장과 3장에서 자세히 설명할 것이다.

스트레스를 많이 받거나, 행복을 느끼지 못하거나, 일에서 효율이 떨어지거나, 인간관계의 질이 낮다고 말하는 사람들은 스스로 자존심이 세고 두려움에 기반한 행동을 많이 한다고 평가하며, 360도 다면 설문을 통한 주변 사람들의 평가도 이와 일치한다. 그다지 놀라운 이야기는 아닐 것이다. 4장에서 다루는 마음유형분석지표를 통해 당신은 스스로를 어떻게 보는지에 대한 자기 반응을 알 수 있을 뿐만 아니라, 다른 사람들이 당신을 어떻게 보는지도 알 수 있다. 사람들의 기준점(benchmark, 자신이 바라는 설문 결과)은 그들이 겸손과 사랑을 기반으로 움직이기를 바라는 때가 얼마나 많은지를 보여준다.

선 위의 마음 : 겸손과 사랑

"모른다니 무슨 말이지!? 우리가 자네에게 왜 월급을 주고 있는데? 자네는 알고 있어야만 해!" 폴은 피가 거꾸로 도는 기분이었다. 목소리에는 불만이 가득했다. 그는 영업팀과 이 상황에 대해서 지난 열흘 동안 벌써 세 번째 회의를 이어오고 있다. 매번 폴의 사무실에는 불안이 고조되었다. 사장이 이렇게 목소리를 높이는데 불안감이 높아지지 않을 수가 있겠는가. 결과를 내는 것이 폴의 일이었다. 그러나 폴은 왜 영업 성과가 계속 떨어지는지도 모르는 채 자리에 앉아서 바닥만 보고 있었다.

"그럼 빨리 가서 알아내!" 폴은 브롱크스 억양과 서민층이라는 그의 뿌리를 드러내는 목소리로 영업팀장과 팀원들을 해산시켰다. 팀원 두 사람이 물건을 모아 들고 재빨리 사무실에서 나가자, 폴은 의자에 무너지듯 앉아 도대체 무슨 일이 일어나고 있는지 생각해봤다. 그의 주위에는 왜 무능력한 사람들만 있을까? 왜 소리를 지르지 않으면 아무것도 제대로 되지 않을까? 다음 회의가 예정되어 있지만 그때도 회사의 방향을 어떻게 바꾸어야 할지에 대한 어떤 아이디어도 없을 게 분명했다.

폴은 인생에 성공하고 싶다면 그 과정의 모든 단계를 싸워서 얻어내야 한다는 신념을 가지고 성장한, 대단히 똑똑한 사람이다. 그에게 처음부터 주어진 건 없었다. 앞서길 바란다면 남들을 앞질러야 했고 그는 그렇게 했다. 그는 좋은 성적을 받았고, 운동 경기에서 이겼고, 다른 사람을 제치고 장학금을 얻어냈다. 그의 첫 직장은 경쟁이 심한 맨해튼의 금융업계에 있었다. 항상 승진을 두고 경쟁을 벌여야 했다. 그는 성과를 내기 위해 자신의 팀을 심하게 몰아붙였다.

세계적인 화장품 회사의 CEO라는 현재의 자리에 올랐을 때, 상황은 좋지 않았다. 밖에서 보기에는 그럴듯한 회사였지만 안에서는 실적을 만회하기 위해 필사적이었다. 사람들은 두려움과 자존심을 기반으로 움직이면서 살아남기 위해 애쓰고 있었다. 폴은 이 상황을 반전시키기로 마음먹었다. 직원들에게 더 많은 노력을 요구했고 리더들을 닦달했다. 그는 일터에서 공격적인 전술을 사용하는 일, 결과를 얻기 위해 가혹해지는 일이 잘못되었다고 생각하지 않았다.

문제는 결과를 내지 못하고 있다는 점이었다. 사람들은 더 이상 좋은 아이디어를 내놓지 않았다. 복도에서는 수군대는 소리가, 회의실에서는 서로를 비난하는 소리가 늘어났다. 실패에 대한 두려움이 자리를 잡았고 자아 중심의 자존심이 표준이 되었다. '추진하고, 통제하라. 실수는 절대 용납하지 않는다. 실수를 하면 그것을 감추고 다른 사람이나 다른 것에 책임을 돌려라.' 가장 유능한 인재들이 회사를 떠났다. 몇 년을 싸워도 해결될 것 같지 않은 소송에 휘말렸다. 실적은 곤두박질쳤다. 하지만 폴은 늘 싸울 준비만 하고 있었다. 그가 취한 선 아래의 행동이 다른 사람들까지 선 아래로 끌어내렸다.

어느 날 CPO가 그의 사무실에 나타났다. 폴은 당장 처리해야 할 중요한 운영 문제가 있어서 인사 문제에 대해 이야기하고 싶지 않았지만 인사 담당자는 하고 싶은 말을 다 할 때까지 자리를 뜨지 않을 기세였다. "우리 문화는 하향하고 있습니다. 곧 유해한 문화가 되겠죠. 상황을 바로잡지 않으면 내분으로 큰 타격을 입을 겁니다."

폴은 한숨을 쉬었다. "좋습니다. 당신은 이 문제를 어떻게 처리하고 싶습니까?"

"우리부터 시작해야 합니다. 리더십팀과 함께요."

폴을 비롯한 고위 경영진들과의 작업을 시작한 첫날, 방 안에는 두려움과 긴장감이 가득했다. 경영진은 우리를 의심의 눈초리로 보았다. 하루 전체가 긴 시험 같았다. 폴은 억지로 참여하고 있었다. 하지만 끝 무렵에 나온 몇몇 솔직한 언급과 논의가 작은 변화를 암시했다.

몇몇 부분에서 작은 돌파구들을 본 첫 워크숍 이후 우리는 사업을 호전시키려는 모두의 강한 욕구를 바탕으로 폴의 코칭부터 시작했다. 우리는 곧 집에서의 그와 회사에서의 그가 완전히 다른 사람임을 알게 되었다. 그는 훌륭한 남편이자 아버지였다. 아이들에게 애정이 넘치고 장난기 많은 아버지였다. 11살 아들의 축구팀에서는 인기가 많은 자원봉사 코치였고 참을성 많은 교사였다. 일에 대한 부담이 큰 상태에서도 가족들과 함께 시간을 보내고, 가족들을 지원하고, 얼마나 가족들을 사랑하는지 보여주기 위해 할 수 있는 모든 일을 했다. 우리는 폴에게 일터에서 사람들을 이끌고 팀원들을 대할 때 '아버지의 마음'을 좀 더 끌어들이라고 코칭했다.

폴은 왜 그렇게 다른 두 가지 모습을 가지고 있었을까? 성공으로 향하는 길을 걸으면서 그는 무의식적으로 결심했다. 밖에서(직장에서)는 강인해야 하고 집에서는 사랑을 보여줘야 한다고 말이다. 그는 '진짜 자신'을 사적인 생활에만 분리해두었고, '일하는 자신'

은 다른 사람이 되어야 한다고 믿었다. 우리 대부분이 그렇듯이 그는 동료들 앞에서 의심의 여지를 인정하기를 꺼렸다. 맨해튼의 뉴욕정신분석학회(New York Psychoanalytic Society and Institute) 파셀라연구소(Pacella Research Center)의 공동 소장인 리언 호프먼(Leon Hoffman)은 이렇게 말한다. "우리의 문화는 힘에 가치를 두고 두려움을 보이는 걸 약점으로 여깁니다. 하지만 실제로는 두려움을 인정할 수 있을 때 더 강해집니다." 우리는 폴에게 문화를 바꿔서 사업 결과를 극적으로 변화시킬 수 있기를 바란다면 자신의 리더십 스타일을 재고해야 한다고 말했다. 그는 진짜 자신을 일터에 더 많이 끌어들여야 했다.

폴은 회사의 상황을 호전시키고 싶었다. 단지 실적을 올리기 위해서가 아니라 많은 사람들의 일자리가 걸려 있기 때문이었다. 그는 회사가 과거에 그랬던 것처럼 시장에서 성공을 누리길 바랐으며, 지금처럼 살고 싶지 않았지만 다른 방법을 알지 못했다. 두려움과 자아 중심의 자존심을 기반으로 하는 회사 내 문화가 비효과적이며 실적에 나쁜 영향을 미치고 있다는 점을 이해하기 시작하면서 그는 거기에 자신이 큰 몫을 하고 있다는 점을 인정해야 했다. 회사의 성장을 촉진하는, 지금과 다른 문화를 발전시키고자 한다면 그는 '해내지 못하는 것'에 대한 두려움과 공격적인 자존심 기반의 행동으로부터 벗어나야 했다.

그는 직원들을 자신이 통제해야 할 사람들로 생각하는 대신, 그가 축구팀에서 하듯이 코칭하고 계발해야 하는 사람들로 생각하기로 했다. 폴은 자신이 아들 축구팀의 소년들만큼도 리더십팀에 대해서 알지 못함을 깨달았다. 업무적인 부분에만 한정되었던 동료들과의 관계를 축구팀과 같은 방식으로 생각해야 함을 이해하게 되었다. 모두가 최선을 다하고 있다는 연민, 그들을 지원하고 코칭하는 것이 그의 역할이라는 믿음에서 시작해야 했다. 그래서 그는 사업에 대해, 사업이 그의 리더십과 개인적인 스타일에 어떤 영향을 줄지에 대해 자신이 가지고 있는 두려움을 인정하고 팀원들 각자와 개별적인 유대를 맺기 시작했다. 팀원 각각에게 자신의 비효과적인 행동들을 사과했고, 실적을 내지 못하면 자기 자리가 위태롭다는 두려움에 그렇게 해왔다고 인정했다. 폴의 태도 변화에는 진심이 담겨 있었기 때문에 그의 팀도 각자의 두려움과 걱정을 안심하고 공유할 수 있었다.

그는 작은 것부터 시작했다. 우선 사람들이 말을 할 때 끼어드는 일을 멈췄다. 어조에 신경을 썼고 이야기를 할 때 사람들 앞으로 바짝 다가서거나, 손으로 지적을 하거나, 손날로 자르는 시늉을 하는 습관을 고쳤다. 자신에게 답이 없을 때는 그 점을 인정하고 더 좋은 아이디어를 받아들였다. 시간을 내서 잘한 일을 인정하고 칭찬했다. 가장 중요한 점은 폴이 의도적으로 스스로에게 솔직해지려고 노력했고 두려움이나 자존심에 기반한 사고나 행동에 빠질 때에는 끊임없이 자신을 되찾으려 애썼다는 점이다. 그는 팀원들에게 그가 선 아래의 행동을 할 때면 지적을 해서 그의 성장을 도와달라고 부탁했고 피드백을 받아들였다. 가끔은 이를 갈기도 했다고 고백하긴 했지만.

팀원들, 더 넓게는 회사 전체가 이 배려심 있는 새로운 사람이 폴의 진짜 모습이라고 믿는 데 몇 개월이 걸렸다. 폴과 리더십팀은 천천히 진실과 신뢰의 관계를 구축했고 그 효과는 실무 부서에도 스며들었다. 그들이 두려움을 불러일으키는 사람이 아니라 서로 격려하고 발전을 돕는 사람이 되면서 회사의 운명도 바뀌기 시작했다. 직원들은 브랜드에 대한 주인의식이 커졌고 동료와 리더를 적극적으로 돕게 되었다. 이는 더 혁신적이고 대담한 아이디어들, 더 생산적인 회의, '우리는 모두 하나', '될 것인지 아닌지는 내게 달려 있다'는 보다 효과적인 기업 문화로 이어졌다. 문화가 나아지면서, 그에 정확히 비례해서 회사의 재정 상태도 개선되었다.

폴은 매일 더 행복하고 충만한 사람이 되고 있었다.

이것이 우리가 선 위에 있을 때, 겸손과 사랑에 의해 동력이 공급되는 효과적인 방식으로 행동할 때 우리 자신과 다른 사람에게 생길 수 있는 일이다. 우리가 어디에 있든지, 집에 있든, 일터에 있든, 축구를 하든, 휴가를 즐기든 우리의 마음은 사랑하고 사랑받기를 갈망한다. 우리가 그 점을 인정하고 사랑의 힘을 이해할 때, 우리의 삶은 바뀔 수 있다. 우리 삶이 자유로워지면 다른 사람의 삶까지 달라진다. 일터에서 사랑을 이야기하는 게 이상해 보일 수도 있다. 하지만 '동료애'는 동료들이 서로의 일에, 심지어는 일이 아닌 문제에 관심을 가질 때 생겨나는 특질이다. 이런 종류의 사랑은 기분을 고조시킬 뿐 아니라 직원의 사기와 고객 만족도를 높이고 팀워크를 강화한다.

이것은 시대를 초월하는 지혜다. 사랑을 통해서 존중, 명예, 연민과 같은 가치가 드러난다. 그리고 타인과 좀 더 깊이 있는 유대를 맺을 수 있고 좀 더 충족감 있는 삶을 살 수 있다. 하지만 그렇게 하기 위해서는 자신의 내적 가치를 발견하고 찾아내야 한다. 그 근원은 겸손이다.

요즘에는 겸손에 대해서 이야기하는 사람들이 많지 않다. 겸손은 거짓된 겸양을 떠올리게 하기도 한다. 진정한 겸손을 이야기하자면, 이 특성에 대해서 연구하는 보스턴대학 앨버트앤제시대니얼슨 연구소(Albert and Jessie Danielsen Institute)의 연구소장 스티븐 샌디지(Steven Sandage)의 정의를 지나칠 수 없다. "겸손은 자신의 강점과 한계에 대한 현실적인 자기 인식이며, 수치심과 자존심의 감정을 통제할 수 있는 능력이자, 다른 사람에 대한 염려다."

겸손은 바로 이런 모습이다. 겸손은 당신이 두려움과 자존심에 의해 움직이고 있다고 인정하게 하며 진정한 용기를 발산시킨다. 브레네 브라운은 테드 토크(TED Talk) 〈취약성의 힘〉에서 취약성에 대해, 그녀의 책 《나는 불완전한 나를 사랑한다》에서 진정성에 대해서 설명한다. 이 두 단어는 겸손을 설명하는 또 다른 방식이다. 이런 유형의 겸손을 통해서 우리는 우리에게 개인적 성장이 필요하며 힘과 내적 가치도 필요하다고 솔직하게 인정하는 용기를 낼 수 있다. 겸손은 우리의 삶에서 허튼 자존심을 몰아내며, 어려운 상황에서도 자신을 증명하거나 상황을 통제하려 하기보다는 차분함을 유지할 수 있게 해준다.

겸손과 사랑은 어떻게 무기가 되는가

겸손과 사랑을 통해서, 우리는 '의미를 쫓기'(증명하고, 실적을 올리고, 완벽함을 추구하는 식으로 외적 환경에서 가치를 추구하기)보다는 '의미(우리의 내적 가치)에 기반'한 삶을 산다. 우리 사회에서 겸손과 사랑은 미온적이고, 약하고, 순진하고, 투지와 결단력이 부족하고, 이런 경쟁적인 세계에 적응하기에는 너무 착하고, 정에 약한 사람들을 연상시킨다. 그러나 사실 겸손을 기반으로 움직이는 사람은 다른 사람에게 안전하고 존중과 사랑을 받고 있다는 느낌을 주며, 책임을 통한 신뢰와 유대를 구축한다. 겸손은 성취와 위대함의 토대인 것이다.

지금까지 우리의 설명을 기초로 당신도 예측할 수 있겠지만, 마음유형분석지표를 통해 얻은 자료에 따르면 사랑과 겸손의 행동에서 높은 점수를 기록한 사람들은 직장에서의 행복과 효율 수준이 높고, 인간관계의 질이 높고, 스트레스 수치가 낮았다. 추구할 만한 가치가 있음을 보여주는 결과가 아닌가!

그 순간에 갖고 있는 지혜와 성품의 힘으로 최선을 다해 노력해야 한다. 우리가 우리의 마음, 우리의 생각, 우리의 행동을 변화시킨다면 더 자주 선 위의 삶을 사는 것이 충분히 가능하다. 누구나 마음속 겸손, 사랑과의 연결을 통해서 이 일을 해낼 수 있다. 이미 선 아래에 있는 경우에도 말이다.

지금 내 모습을 인정하는 데서 시작하라

부정(denial)은 자존심의 자연스러운 결과다. 선 위에 이르려면 우리는 그 사실을 인정하기로 마음먹고 다른 선택을 해야 한다. 스티븐이 테드와 상호작용을 통해 하기로 한 일이 바로 그것이다. 스티븐은 사무실에서 나온 뒤 어떻게 선 위로 복귀해야 할지 생각하는 시간을 가졌다. 자신의 행동을 되짚어보고 자신을 그렇게 행동하게 만든 것이 무엇인지 자문했다. 그 행동이 자신의 마음에 의해 추진되었다는 점을 인정하지 않았다면 그런 식의 자문과 숙고는 불가능했을 것이다.

다음 날 아침 스티븐은 팀원들을 불러 모으고 이렇게 말했다. "어제 일은 정말 미안합니다. 여러분도 알다시피, 그 일은 선 아래의 행동이었어요. 제 최선의 모습도 아니었죠." 그에 이어서 자신의 입장을 설명했다. "퍼실리테이터로 빽빽한 출장 일정을 마치고 막 돌아와서 몹시 피곤했고 평정을 잃었죠. 저는 사람들 앞에서 테드를 비난했어요. 옳은 일이 아니었습니다. 테드에게 좀 더 연민을 가졌어야 했어요. 그를 따로 불러서 조용히 그의 일에 대해서 이야기해야 했습니다. 제 불찰입니다. 정말 미안합니다."

그는 진심으로 사과했다. 겸손을 기반으로 적극적인 노력을 하고 있었고 팀원들도 그 점을 알고 있었다. 그들 모두가 알고 있던 스티븐은 이런 사람이니까.

그렇지만 아직 테드에 대한 코칭이 필요했다. 그는 여전히 불만이 있었고 프레젠테이션에 대해서 크게 걱정하고 있었다.

화가 나면 선 아래로 내려가는 게 당연하다고 생각하기 쉽지만 꼭 그렇지만은 않다. 우리는 일이 잘못 돌아갈 때 분노, 실망, 좌절, 상처와 같은 부정적인 감정들을 경험한다. 하지만 그런 순간에도 여전히 최선의 의도와 유대를 맺을 수 있다. 사랑이 있는 곳으로, 마음속으로 가면 우리의 행동을 선 위로 고양시킬 수 있다. 입증하려고 애쓰는 게 아니라 이기적 자아와 사적 이해를 넘어 진정으로 성취하고 싶은 데 초점을 맞출 수 있다. 스티븐은 많은 시간을 할애해 자신이 테드로부터 원하는 게 무엇인지 생각했다. 그것은 테드라는 한 사람에 대한 연민과 존중의 마음으로 테드가 최선의 자신이 되도록 돕고, 계속적인 코칭으로 테드가 자신의 역할을 한층 더 발전시킬 기회를 얻도록 하는 것이었다. 그는 한 인간으로서의 테드에 대해 자신이 알고 있는 것이 무엇인지, 테드를 이전과 같이 행동하게 만든 트리거가 무엇인지 생각해보았다. 그는 어떻게 하면 테드의 성장을 도우면서 우리의 메시지를 확산시킬 수 있을지도 고려했다. 이런 감정과 생각으로 스티븐은 이제 건설적인 코칭 대화를 가질 준비를 마쳤다.

테드와 대화하며 스티븐은 선 아래에 있었던 자신의 행동을 인정하고 사과했다. 이후 테드의 마음속에 어떤 일이 일어났는지 이해하기 위해 질문을 던졌다. 테드는 마침내 두려워하고 있음을 인정했다. 자신의 능력을 과대평가했고 허세를 부렸기 때문이다. 스티븐은 솔직하지만 연민 어린 방법으로 자신이 인식한 바를 이야기한 뒤, 대화의 방향을 과거에 누가 옳았느냐가 아닌 앞으로 어떤 방향으로 나아가야 할까로 돌렸다. 그들은 다음 단계들을 함께 결정했다. 그날 회의를 마치고 테드는 자리에서 일어나 스티븐을 끌어안으며 말했다. "이해해주셔서 감사합니다. 기꺼이 저에게 발전의 기회를 주신 것도요. 정말 감사해요."

우리는 사람이 입을 열기도 전에 그 사람의 에너지가 전해짐을 발견했다. 어떤 사람이 방으로 들어서는 모습만으로 긍정적이거나 부정적인 에너지를 느낀 적이 있지 않은가? 스티븐은 두려움과 자존심에서 비롯된 부정적인 에너지에서 출발했고 그로 인해 부정적인 분위기를 만들었다. 사과를 통해 겸손과 사랑으로 전환하자 그는 분위기를 긍정적이고 안전한 쪽으로 돌릴 수 있었다. 우리는 누구나 자신의 태도와 행동을 바꿀 수 있는, 따라서 자신을 둘러싼 환경에 영향을 줄 수 있는 선택지를 쥐고 있다.

얼마 전 우리는 세라로부터 이메일을 받았다. 그녀는 상사와의 관계에 대해 이야기했다. 빌은 세라의 발전 가능성에 의심을 갖고 있었고 세라는 자신이 두려워 도피하려는 걸 느꼈다. 그런데 그런 감정을 인지하고 인정하자 이야기할 수 있는 용기가 생겼다. 그녀는 침묵을 지키는 대신 자신의 팀이 직면한 문제에 대해서 솔직해지기를 선택하고, 다른 팀이나 다른 프로젝트와 자원을 공유하는 데 존재하는 문제를 밝혔다. 빌은 매우 놀랐다. 전혀 알지 못한 정보였기 때문이었다. 그는 다른 팀의 책임자들과 회의를 하면서 우선순위를 논의했다. 결국 그와 관련한 스트레스는 경감되었고 일의 생산성은 높아졌다.

우리가 감정과 생활의 모든 측면을 통제할 수는 없다. 마음은 하루, 아니 한 시간 만에도 몇 번씩 바뀔 수 있다. 처지, 환경, 상호작용, 어쩌면 그보다 더 큰 인생의 측면이 변화하면서 다양한 원리들이 우리 마음속에서 깨어나 생각에 영향을 주고 행동을 형성한다. 한 순간에는 선 위에 있다가, 다음 순간에는 선 아래로 내몰리기도 한다. 하지만 그것이 우리에게 선택의 여지가 없다는 의미는 아니다.

삶에 작용하는 네 가지 원리를 인식하면, 우리는 굳건한 관계, 더 큰 자신감, 명확한 비전, 목표에 부합하는 성취를 위한 더 나은 선택을 할 수 있다. 더 많은 사람이 매일 이런 유형의 선택을 한다면 당신의 가정, 회사, 공동체가 어떤 모습이 될지 상상해보라. 끝없는 가능성이 펼쳐져 있다.

왜 나는 이런 행동을 반복할까

행동을 추진하는 원리에 이어 이제는 우리의 행동을 유발하는 사고를 형성하는 게 무엇인지 분석해보려 한다. 당신은 우리가 왜 이런 방식으로 행동하는지 그 원인 요소를 좀 더 잘 식별하고 이해할 준비를 갖추게 될 것이다.

에바의 남편과 두 아이는 거실의 커피 테이블 주변에 앉아 에바가 최근 출장에서 겪은 일을 들으면서 보드게임을 하고 있었다. 금요일 저녁이었고 잔잔한 음악이 흐르고 있었다. 하지만 그 저녁의 행복한 분위기는 금방 반전되었다.

　에바의 10살 난 아들 샘은 화가 났다. "엄마, 저는 호텔을 살 돈이 없어요!" 샘은 그들 사이에 있는 모노폴리(Monopoly) 판 앞에서 손을 내저으면서 말했다. 말이 시작 칸(이 칸을 지나면 200달러의 월급을 받는다-옮긴이)으로 돌아가려면 아직 세 칸이 남아 있었다.

"넌 내 땅에 들어왔어. 돈을 내야지." 그녀가 대답했다.

"다음 판에 드리면 안 돼요?"

에바는 그 질문에 짜증이 났다. "이건 게임이야, 샘. 이기려고 하는 거라고."

12살이 된 딸 제시는 불만스러운 듯 눈을 굴렸고 그 모습은 에바를 더욱 자극했다.

"이번 한 번만요. 다음 판에 꼭 드릴게요."

"안 된다니까! 지금 돈을 내야 해."

자신의 뾰족한 목소리, 불만을 넘어 심지어는 분노가 어린 목소리에 에바도 움찔했다. 샘이 울거나 일어나서 방으로 뛰어들어갔다 해도 이상한 상황이 아니었다. 가슴이 철렁했다. '왜? 방금 나는 왜 그랬던 거지?'

그녀는 열흘 동안 출장 때문에 집을 떠나 있었다. 베트남, 캄보디아, 태국을 거쳐 밤새 비행기를 타고 집에 도착했다. 힘든 여정이었지만 성공적이었다. 그녀는 공급 업체와의 협상에서 완강한 태도를 보였고 그 과정에서 상사에게 '점수를 좀 땄다'고 느꼈다. 게다가 이번 분기 실적이 영업팀의 다른 동료들보다 앞섰음을 막 알게 되었다. 집에 오는 택시 안에서 그녀의 머릿속은 아이들을 안아주고, 피로를 풀고, 가족들과 즐거운 저녁 시간을 가지고 싶다는 생각으로 가득했다.

"모노폴리 하자." 저녁 식사를 마친 후 그녀가 제안했다. 그때만 해도 좋은 아이디어로 보였다. 그녀의 좋은 의도가 어떻게 이렇게 짧은 시간 안에 엉망인 상황으로 이어졌을까?

몇 주가 지난 후에도 에바는 여전히 후회하면서 그날의 일을 곱씹고 있었다. 동료들과 함께 우리가 주도하는 워크숍에 참석해서 '우리는 왜 그런 일들을 저지를까' 하는 질문에 대해 생각하던 그녀는 울음을 터뜨렸다. 그녀는 잠시 숨을 고르고 말했다. "아이에게 져줄 수가 없었어요. 그 순간 마음속 깊은 곳에서는 그것이 옳지 않은 일이란 걸, 중요치 않다는 걸 알고 있었죠. 제가 원했던 건 오래 떨어져 있었던 아이들과 친밀한 시간을 보내는 것뿐이었어요. 하지만 내 자신을 제어할 수 없었죠."

아이들에게 져주는 일에 대해 저마다 나름의 의견을 가지고 있다. 하지만 그때 에바는 정말 샘에게 패배를 받아들이는 마음을 가르치려고 했던 것일까? 그것이 진짜 의도였을까? 그렇지 않다. 그녀는 무의식적으로 일할 때의 사고방식으로 돌아갔던 것이다. 그리고 자신의 승리를 10살짜리 아들이 방해한다고 느꼈다. 더 중요한 질문이 있다. 그녀는 즐겁게 저녁 시간을 보내기를 진심으로 바라면서도 아들을 대상으로 왜 그렇게까지, 불만을 터뜨리고 언쟁을 할 정도로까지 경쟁적으로 행동할 것일까? 왜 앞으로 펼쳐질 상황을 생각하지 못하고, 늦기 전에 자신을 멈추지 못할 것일까?

우리는 왜 그런 행동을 하는 것일까?

1장에서 우리는 효과적인 행동과 비효과적인 행동을 가르는 선의 중요성에 대해서 알아봤고 우리의 행동을 추진하는 겸손, 사랑, 자존심, 두려움이라는 삶의 네 가지 보편 원리를 접했다. 그렇다면 그 원리들은 어떻게 그런 일을 할까? 샘과 함께하는 순간에 에바의 마음이 자존심에 기반해 움직였다는 점은 분명하다. 그런데 그녀의 마음에서 일어나고 있던 일이 어떻게 그녀의 행동으로 옮겨졌을까?

리더십, 양육, 결혼, 우리의 모든 인간관계와 모든 노력에서 자기 인식과 정서 지능이 지니는 중요성에 대해 들어보았을 것이다. 우리가 지켜보았던, 자신의 잠재력을 최대로 발휘하는 사람들은 마음(정서)과 머리(사고방식)에 대한 자기 인식이 가능했다. 우리의 행동이 양쪽 모두로부터 나오기 때문이다. 마음(성품의 핵심)이나 머리(사고의 '관제탑') 중 어느 하나라도 인식하지 못하고 산다면 큰 그림을 파악하지 못하고 성장에 어려움을 겪게 된다. 긍정적 변혁의 능력은 무한하다. 다만 긍정적 변혁은 우리를 선 아래로 끌어내리는 것들을 처리할 수 있을 때에만 가능하다.

왜 그런 행동을 하는지 이해할 때 당신은 더 나은 선택을 할 수 있다. 새벽 2시까지 잠을 못 이루는, 수치심과 죄책감에서 비롯된 격렬한 고통의 순간들을 좀 더 쉽게 피할 수 있다. 더 많은 목표를 이루고, 더 굳은 인간관계를 구축하고, 더 행복하고 충족감이 크고 의미 있는 삶을 영위할 수 있다.

에바가 바라는 것도 바로 그런 삶이다. 그 여정을 시작하는 유일한 방법은 이런 질문을 던지는 일이다. '그날 밤 내게 어떤 일이 일어나고 있었을까? 나의 내면에는 어떤 생각이 있었을까? 내 마음속에서는 어떤 일이 일어나고 있었을까?' 이런 질문들을 탐색하고 답을 찾아낼 도구가 주어지자, 그녀는 자기 삶의 행동 패턴을 깨닫고 변화를 시작할 수 있었다.

우리 모두 할 수 있다. 이제 시작해보자.

행동 뒤에 숨어 있는 진짜 내 마음

"다음번엔 그렇게 하지 않을 거야."

스스로에게 이런 말을 얼마나 자주 하는가? 그 '다음'이 오면 똑같은 일을 하고 있는 자신을 발견하는 때는 또 얼마나 많은가? 다른 사람들에게서 이런 패턴을 발견하는 경우도 있다. 매번 연애를 하다가 '진지'해지기 시작하면 관계를 끝내는 친구도 있고 분기 말이 다가오면 당신과 동료에게 잔소리를 해대는 상관도 있을 것이다.

우리는 모두 행동을 반복한다. 특히 중단하고 싶은 행동일수록 더 반복하는 경향이 있다. 다행인 점은 우리가 최선의 행동 역시 반복한다는 것이다. 당신은 도움이 필요한 친구에게 바로 달려가거나 힘든 프로젝트 때문에 고생하는 동료를 망설이지 않고 도와주기도 할 것이다. 비효과적이거나 부정적인 행동을 줄이고 효과적인 행동을 더 많이 반복하면서 스스로 최선의 모습임을 인식하는 순간은 보다 큰 자신감, 안정감, 유대감, 충족감을 느끼는 열쇠다. 하지만 그런 일이 일어나려면 우리 일상 속 행동 패턴을 인식하고 그 행동이 어디에서 비롯되는지 이해하는 지혜를 배워야 한다.

에바는 그런 지혜를 얻기 위해 노력했다. 그녀의 마음은 어떤 변화가 필요한지를 말해주고 있었다. 모노폴리를 하던 그 운명의 저녁 시간을 통해서 그녀는 그런 상황의 반복을 원치 않음을 깨달았다. 하지만 막상 그렇게 하기 위해 무엇을 해야 할지 확실히 알지 못했다. 에바는 아직 자신의 행동 패턴들을 연결해서 유의미한 결론을 도출하지 못했고 그것이 단순한 공식에서 나온다는 걸 알지 못했다.

$$상황(Situation) + 사고(Thinking) = 행동(Behavior)$$

$$S + T = B$$

이 공식의 진짜 의미는 무엇일까?

잭과 질은 센트럴파크를 걷고 있다. 개 한 마리가 그들을 향해 짖으면서 다가오고 있다. 잭은 길을 멈추고 뒤돌아 도망치면서 자신을 방어할 막대를 집어 든다. 질은 그대로 개에게 다가가 쓰다듬으면서 주인을 잃어버린 것은 아닌지 살핀다. 잭과 질은 같은 상황에 있지만 행동은 완전히 다르다. 잭은 어린 시절에 개에게 물렸기 때문에 개를 무서워한다. 그는 '저 개가 나를 물 거야!'라고 생각했다. 질은 평생 개를 키웠고 10살 때는 키우던 강아지를 일주일간 잃어버린 적이 있다. 그녀는 '저 개에게는 도움이 필요할지도 몰라'라고 생각했다. 두 사람은 같은 상황에 있었지만 개에 대한 자신의 생각에 기초해서 다른 행동을 했다.

간단하고 기초적인 공식처럼 보이지 않는가? 그렇다. 무척이나 간단하다. 하지만 그것은 최선의 자신으로 삶을 살아가기 위한 중요한 열쇠다. 우리는 어떤 상황에 자신이 한 행동에 많은 설명(심지어는 비난)을 갖다 붙인다. 그런데 이런 접근법을 택하면 매우 다르게 보이는 상황에서도 반복해서 나타나는 동일한 기본 패턴이 있다는 점을 깨닫지 못한다.

또 한 가지 사실은 삶에는 정황이 있다는 것이다. 정황은 우리의 과거가 우리를 형성하는 방식과 관련이 있다. 우리 각자에게는 개별적 정황이 있고 따라서 나름의 독특한 세계관을 갖고 있다. S + T = B는 이전 사고와 현재 사고의 정황을 파악하는 데 도움을 주고, 그것을 파악하면 반응을 수정할 수 있다.

우리의 마음은 정신이 설명하지 못하는 것들을 알고 있다. 우리의 정신은 부정 속에서 살 수 있지만, 마음은 언제나 진리를 추구한다. 질과 그녀의 친구 잭은 각자의 반응에 얽매인 게 아니다. 그들에게는 선택의 여지가 있다. 저명한 심리학자 롤로 메이(Rollo May)가 말했듯이, "인간의 자유에는 자극과 반응 사이에 잠깐의 휴지(休止)를 두고, 그 휴지 사이에 자신이 비중을 두고자 하는 쪽의 반응을 선택할 수 있는 능력이 포함된다". 우리의 진짜 의도에 부합하는 선택을 할 기회를 활용하기 위해서는 세 가지 T의 조합인 우리의 생각을 탐구할 필요가 있다.

내가 만들어온 나만의 사고 패턴

상황이 주어지면 트리거(Trigger), 마음의 틀(Template), 진실(Truth)은 사고를 형성하고 나아가 행동을 유도한다. 달리 표현하면, 사고는 트리거, 마음의 틀, 진실로부터 나오며 정황을 창조한다.

상황 + 사고 = 행동
트리거
마음의 틀
진실

트리거는 특정한 사고 패턴(긍정적, 부정적)을 자극하는 환경 속의 단서(오감에 의해 알게 되는)다. 그러한 사고 패턴은 마음의 틀을 기반으로 한다. 각 틀은 과거의 경험에서 비롯되어 저장된 기억과 감정, 감각의 조합으로 두뇌에 보관되어 있다가 현재 일어나는 일을 빠르게 처리하도록 돕는다. 그런 경험을 근거로 우리는 진실, 즉 우리 자신, 타인, 세상이 돌아가는 방식에 대해 깊이 간직한 믿음을 발전시킨다. 잭과 질은 저마다의 독특한 트리거, 마음의 틀, 진실을 기반으로 매우 다른 의식적 사고를 했다. 잭은 '개는 문다 = 조심하라!'라는 생각을, 질은 '개는 주인을 잃어버렸을 수 있다 + 내가 도와야 한다 = 가서 개를 쓰다듬어라!'라는 생각을 했다. 각자가 과거의 경험과 그 경험을 바탕으로 형성한 진실에 기초한 다른 정황을 가지고 있다.

저 두 가지 사고 패턴 중에 무엇이 개에 대한 진실인가? 둘 다 아니다. 하지만 잭과 질에게는 그것이 각자의 진실이다. 실제로 두 가지 모두 참일 수 있다. 어떤 개는 물고 어떤 개는 친화적이니까. 선위의 삶을 사는 열쇠는 우리의 삶을 형성하는 게 무엇이며 우리의 트리거, 마음의 틀, 진실이 무엇인지 알고 이해하는 것이다. 이렇게 함으로써 우리는 효과적으로 반응하고 행동하는 법을 깨우칠 수 있다.

부정적인 경험에 기초한 자신의 진실은 나를 가두는 함정이 될 수 있다. 자신의 진실은 삶에 대처하기 위해서 스스로에게 들려주는 이야기가 된다. 이후 우리는 '내 삶의 스토리', 다시 말해 실제로는 '나의 진실'에 대한 스토리일 뿐 반드시 진실은 아닌 그 스토리에 따라 움직인다. 이로써 우리는 잠재력을 발휘하지 못하게 막는 일련의 자기 신념에 갇힌다. 하지만 우리 모두는 이 함정에서 벗어날 수 있다. 자신이 어떤 사람이 될 수 있는지에 대한 더 큰 진실을 발견하고 창조하는 삶을 살 수 있다.

에바의 이야기로 돌아가서 어떤 결과가 생겼는지 좀 더 자세히 살펴보자. 모노폴리 판을 사이에 두고(상황), 샘은 엄마에게 임대료 지급을 미뤄달라고 부탁했다. 에바는 게임은 이기려고 하는 것이라는 생각을 바탕으로 당장 임대료를 요구했다. 그때 그녀는 무슨 일이 일어나고 있는지 어느 정도 의식적으로 생각하고 있었고 그에 따라 행동했다. 그런데 그녀가 그처럼 생각하도록 만든 건 무엇일까?

모노폴리 게임은 어떤 면에서는 출장지에서 상관을 옆에 앉혀두고 공급 업체와 가졌던 회의와 대단히 비슷했다. 샘이 그녀와 협상을 시작하자 그것이 트리거가 되어 동일한 감정과 생각을 자극했다. 그러자 갑자기 그녀에게 이 상황에서의 승리가 중요하게 보였다. 그녀가 느낀 짜증스러움은 그녀가 트리거에 자극을 받았다는 단서다. 1장에서 우리는 세라가 상관과 함께한 회의라는 트리거에, 스티븐이 테드의 허세와 남 탓이라는 트리거에, 폴이 자신의 기대만큼 회사의 상태를 호전시키지 못하는 영업팀의 무능력이라는 트리거에 자극받은 걸 보았다.

그런데 왜 그랬을까? 왜 에바는 동료와 공급업자와 때로는 친구에게 경쟁심을 느끼는 데에서 더 나아가 아들에게까지 경쟁심을 느꼈을까? 일이 모든 상황에서 승리해야 하는 이런 경쟁심을 자극했을까? 그게 아니라면 생활 패턴이 경쟁심을 자극한 것일까? 에바는 오빠가 둘 있는 삼남매의 막내다. 그녀는 워크숍에서 자신의 이야기를 해주었다. "어린 시절에는 무엇이든 싸워서 얻어내야 했어요. 식탁에서 밥을 먹을 때도요." 오빠들은 덩치가 크고 힘이 셌다. 오빠들을 이기려면 에바는 더 빠르고 모질고 끈질겨져야 했다. 하위 중산층 출신인 그녀의 부모는 아이들에 대한 기대가 컸다. 그녀는 부모의 관심을 얻으려면 더 잘하고, 항상 이겨야 한다고 생각했다. 어린 시절의 경험이 에바의 트리거, 마음의 틀, 진실을 만들었다. 그리고 일터뿐만 아니라 모노폴리를 할 때에도 적용된 것이다.

뇌가 만드는 마음의 틀

당신의 경험은 좋든 나쁘든 당신의 두뇌에 저장된다. 두뇌는 그렇게 저장된 경험들을 현재 상황으로부터 입력된 정보들과 함께 이용해서 사고와 행동을 형성한다. 그 경험들이 내적 가치와 존중의 감정에 연관된 긍정적인 종류라면, 그들은 겸손과 사랑을 기초로 하는 마음의 틀과 진실을 만들어 선 위의 행동을 이끌어낸다. 그 경험들이 거부나 낮은 자존감의 감정과 연관된 긍정적이지 않은 종류라면, 그들은 선 아래의 행동에 이르는 틀과 진실을 만든다. 우리 삶의 부정적인 경험에서 비롯된 틀은 특히 우리의 가장 기초적인 투쟁-도피 본능과 부합되기 때문에 상당히 강력하며, 따라서 강한 감정이나 신체 반응을 낳는다. 그 결과 우리는 자기 과시적(자존심) 또는 자기 보호적(두려움) 방식으로 행동하게 된다. 이것이 우리의 대응 전략이다.

에바가 발전시킨 마음의 틀은 간단하다. '나는 주목을 받고 인정을 받기 위해서 승리해야 한다. 승리하기 위해서는 모질고 끈질겨야 한다.' 자신의 가치를 알리거나 증명하는 틀 안에는 그녀의 어린 시절 경험과 관련된 감정은 물론 생리적 반응까지 각인되어 있다. 오빠들이 게임에서 진 그녀를 비웃을 때 그녀가 느꼈던 분노와 부모가 오빠들의 성적은 칭찬하면서 그녀의 성과에 대해서 아무런 언급도 하지 않았을 때의 상처까지 말이다(부모는 그녀도 칭찬했지만 어쩐 일인지 에바에게는 그렇게 느껴지지 않았다. 두뇌가 항상 진실을 제대로 해석하는 것은 아니다).

우리는 감정과 반응을 통제하는 두뇌 영역인 변연계를 두뇌의 하드 드라이브라고 부른다. 상황은 마우스(트리거)를 클릭하는 손가락이다. 이는 관련된 틀이 저장되어 있는 파일을 선택한다. 에바가 트리거에 자극을 받았을 때, 그녀의 변연계는 '모질고 끈질기게 행동해서 승리한다'라는 파일을 클릭해서 실행했다. 그 짧은 순간에 그녀의 신피질(변연계로부터 들어온 정보를 분석해서 우리의 생각과 행동을 결정한다)은 '승리는 당신이 자기 가치를 증명하는 방법이며 패배는 가치의 상실을 의미한다'라는 진실에 따라 작동한다. 그것이 진실일까? 아니다. 하지만 그 순간에는 에바의 진실이었다. 동일한 마음의 틀과 진실이 에바가 이런 식으로 트리거에 자극을 받을 때마다 작동한다. 이렇게 해서 우리의 생각이 행동의 패턴을 바꾼다.

아이들에게 특별한 선물을 주고 싶은가? 긍정적인 마음의 틀은 그 혜택이 평생 이어지는 선물이다. 엘리자베스가 우리 팀에 들어왔을 때 우리는 이 자신감 있는 젊은 여성에게 매우 놀랐다. 그녀는 겨우 스물세 살이었고 이전에는 회사에서 일을 한 경험이 없었다. 우리 팀에 들어오기 전 그녀는 야외 활동을 지도하는 가이드였다. 처음부터 엘리자베스가 권위에 대한 두려움이 없다는 점이 확연히 드러났다. 그녀는 자기보다 높은 위치에 있는 사람 앞에서 불안해하거나 두려워하는 법이 없었다. 그녀는 자기주장이 분명했다. 자신이 누구인지 어디로 향하고 있는지 알고 있는 듯했고 늘 나름의 삶에 만족하고 있는 듯했다. 엘리자베스는 결코 거만하지 않았고 가르침을 잘 받아들였으며 다른 사람에게 배우는 데 거리낌이 없었다. '어떻게 저럴 수 있지?' 하는 생각이 들 정도였다. 엘리자베스의 어린 시절에 대해서 조금 알게 되자 이해가 됐다. 그녀는 모두가 자기주장을 밝힐 수 있는 가정에서 성장했다. 매일 저녁이면 다 같이 식탁에 둘러앉아 대화를 나눴다. 어린 시절에 형성된 긍정적인 마음의 틀 덕분에 엘리자베스는 대담하고 두려움 없는 태도를 배웠고 자기의 소신을 밝히면서도 남의 생각에 귀를 기울일 수 있었다. 사람과 권위를 중심으로 한 그녀의 트리거, 마음의 틀, 진실은 '나에게는 나만의 소신이 있다. 나는 의미 있고 중요한 사람이다'였다.

사고 패턴이 그 사람을 말한다

우리의 행동 패턴이 어떻게 만들어지는지 이해하는 일은 삶의 형태를 잡고 큰 목표와 원대한 바람을 이루는 데 큰 도움이 된다. 또한 우리 주변의 세상에 긍정적인 영향을 주고자 한다면 다른 사람의 패턴을 이해하는 일 역시 중요하다.

우리의 친구 스테파니는 6학년 학생들을 가르치는 교사다. 그녀는 대단히 인상적이고 고무적인 이야기를 전해주었다. 최근에 학교로 전학 온 제이콥은 이미 여러 학교에서 쫓겨났고 생활기록부에는 행동에 심각한 문제가 있다고 기록되어 있었다. 자존감이 낮아 보였고 방어적이고 거친 행동으로 낮은 자존감을 감추려는 모습이 바로 눈에 띄었다. 그는 학급의 다른 소년들과 자주 싸웠다. 말다툼일 때도 있었고 물리적인 싸움일 때도 있었다. 선생님들에게 자주 대들었고 친구들과 어울리는 데에도 어려움을 겪었다. 그에게는 관찰과 지원이 필요했다.

　스테파니는 제이콥에게 깊이 공감했다. 그녀는 거친 소년의 가면 뒤에 자리한 정서적 고통을 보았다. 제이콥은 부모가 이혼한 뒤 어머니와 계부와 함께 살고 있었다. 아마도 제이콥의 가정은 제 기능을 하지 못하는 듯했고, 소년은 대단히 불행해 보였다. 그녀는 제이콥과 유대를 구축해보기로 결심했다. 시간은 걸렸지만 스테파니는 제이콥에게 주말에 뭘 했는지, 그의 생활에 무슨 일이 일어나고 있는지 묻고 이야기를 나눴다. 그녀는 그에게 관심을 보여주었다. 제이콥이 대들 때면, 단호한 태도로 그러나 존중의 마음을 담아 그에 대한 자신의 믿음을 표현했다. 제이콥은 자신을 멍청하다거나 바보라고 말하는 경우가 많았고 어머니조차 그에게 그렇게 말한다고 이야기했다. 스테파니는 그가 똑똑하고 엄청난 잠재력을 가졌다고 말하면서 그 이야기를 반박했다. 특별 활동이나 행사 때 그에게 책임을 맡김으로써 자신이 그를 신뢰하고 있음을 보여주었다. 그는 그런 과제를 받아들이고 잘 해냈다. 그녀는 그런 순간에 그가 얼마나 자랑스러워하는지 알 수 있었다. 과거에는 이런 식의 감정을 느낄 기회가 많지 않았다는 것도 느껴졌다.

하지만 같은 학년의 다른 친구들, 특히 '인기 있는' 남학생들과 제이콥 사이의 거리는 좁혀지지 않았다. 그들은 고의적으로 그를 도발했고 제이콥은 공격적으로 반응했다. 제이콥은 이전에 있었던 일을 두고 복수심에 불타곤 했다. 긴장이 고조되었고 교장 선생님과 면담을 하는 일도 늘어났다. 학교는 제이콥을 다른 학생들과 분리하려고 노력했지만 그런 일은 애초에 가능하지 않았다. 회의가 열렸고 그 결과대로 상황이 정리되었지만 스테파니가 보기에 학생들 사이에는 전혀 공감이 이루어지지 않았고 사과에도 진정성이 없었다. 학생들의 행동은 변하지 않을 것 같았다.

그녀는 S + T = B 공식과 트리거, 마음의 틀, 진실에 대해 알고 있었다. 학생들 사이에 또 한 번 큰 충돌이 있은 후 그녀는 그 관점을 적용해보기로 결정했다. 스테파니는 모든 남학생들을 모아 두고 회의를 가졌다. 거기에는 제이콥의 유일한 학교 친구도 있었다. 늘 그랬듯이 서로가 서로를 비난했다. 최근의 사건이 벌어진 데에는 제이콥의 '기분 나쁜' 상태가 한몫한 듯했다. 그 원인을 찾기 위해 자세히 캐묻자 제이콥은 그날 아침 엄마와 싸웠음을 인정했다. 다른 학생들은 그의 부정적인 태도에 공격으로 대응했고 통제 불능의 악순환으로 치달았던 것이다.

스테파니는 그 자리에 모인 학생들에게 S + T = B 공식과 트리거, 마음의 틀, 선 위의 행동, 선 아래의 행동에 대해 설명했다. 그녀는 학생들에게 감정적 경험을 기반으로 틀을 만든 적이 없었는지 물었다. 한 소년이 벌에 쏘인 적이 있어서 벌을 끔찍하게 무서워한다는 이야기를 꺼냈다. 다른 소년들도 깊은 인상을 남긴 사건, 휴가, 영화에 대해서 이야기했다. 다음으로 그녀는 학생들에게 '기분이 나쁜' 상태일 때를 생각해보라고 했다. 무엇이 그런 기분을 유발했는지, 다른 사람이 어떻게 반응했는지, 다른 사람들은 그들이 화가 났다는 걸 알고 있었는지, 또 그 이유가 무엇인지 알고 있었는지, 아니면 그저 그 모습만을 판단하고 대응했는지 물었다. 그날의 사건으로 되돌아와서, 그녀는 제이콥에게 비슷한 일을 했는지, 그들의 행동이 선 아래의 것이었는지 선 위의 것이었는지 물었다. 마침내 돌파구가 열렸고 학생들은 진심으로 뉘우치기 시작했다.

학생들은 스테파니와 함께 다른 사람들의 마음의 틀과 행동에 반응하는 방법과 자신이 할 수 있는 선택들을 계속 탐구해나갔다. 방어를 하거나 시비를 걸지 않고 조용히 듣고 있었던 제이콥이 갑자기 소리를 쳤다. "제 양아버지가 어젯밤 저를 때렸어요!" 그가 울음을 터뜨리자 모두가 놀라서 그를 바라봤다. 스테파니는 모임을 재빨리 마치고 제이콥을 상담실로 데려갔다. 상담실에서는 그에게 적절한 보호 조치를 취하고 아동 보호 규약에 따라 사건을 처리하기 시작했다.

학생들을 교실로 돌려보내기 전에 스테파니는 사적으로 알게 된 사실을 발설하지 말되 그 문제에 대해서 고민해보고 그와 같은 상황이라면 어떻게 행동했을지 생각해보라고 부탁했다. 다음 날 네 명의 소년이 제이콥에게 사과를 했다. 그들은 제이콥을 거부하지 않고 받아들이기 위해 노력했다. 긴장은 완화되었다.

다른 사람들이 왜 그런 일을 하는지 이해하면, 우리에게는 믿을 수 없이 큰 통찰력이 생긴다. 강력한 방식으로 관계를 구축하고 거기에 더해 그들의 삶에 긍정적인 영향을 줄 수 있는 진짜 기회가 생기는 것이다. 6학년 학생들이 할 수 있다면 우리 어른들이 못할 리가 없지 않은가?

모든 마음의 틀이 어두운 부분에서 비롯되는 것은 아니다. 회사의 고위 간부인 켄은 대단히 자애로운 사람이다. 켄은 자신의 가정교육에 대해 묘사하면서 빈민 주택 단지에서 아주 가난하게 사는 홀어머니의 외아들을 그렸다. 그의 어머니는 두세 가지 일을 동시에 하면서 생계를 이어갔다. 켄은 어린아이였지만 어머니를 도울 방법을 찾았다. 그는 자신이 점심을 거르면 점심값을 엄마 지갑에 다시 넣어줄 수 있을 거라고 생각했다. 친구를 사귈 때에도 그 부모들이 엄마와 유대를 맺을 수 있는지 고려했다. 엄마를 외롭지 않게 만들기 위해서였다. 그는 엄마의 물질적인 희생에 대해서 잘 알고 있었을 뿐 아니라 정서적인 필요까지 공감했던 것이다. 어린 시절에 그가 만든 틀은 얼마나 아름다운가! 그것이 그를 지금과 같은 용기 있는 리더로 만들었다. 덕분에 그는 사람들이 선 아래에 있을 때에도 부정적으로 반응하기보다, 사람들의 최선의 의도를 우선하고 한 인간으로서의 가장 긍정적인 면을 볼 수 있었다.

켄은 이 점을 보여주는 상황에 대해 이야기했다. 그의 팀은 심각한 문제로 회의를 하고 있었다. 도중에 팀원인 데이비드가 기분이 상해서 펜을 던지고 "이런 일엔 이제 질려버렸어!"라고 소리를 치더니 문을 쾅 닫고 회의실을 나가버렸다. 팀원들 몇몇은 바로 동료의 행동을 공공연히 지적하며 비난했다. 켄은 정중하지만 단호하게 그들의 말을 끊고 이렇게 말했다. "평소의 데이비드답지 않은 행동이네요. 그를 비난하기보다는 연민을 가지고 그에게 무슨 일이 있는지 알아볼 필요가 있어요." 켄은 직접 데이비드를 찾아가 이렇게 말하며 다독였다. "지금 스트레스가 많은가 봐. 자네의 행동이 평소답지 않다는 걸 눈치챘어. 내가 늘 자네 뒤에 있다는 걸 알아줬으면 하네." 마음을 놓을 수 있는 여지를 마련해주자 데이비드는 자신에게 일어나고 있는 일을 솔직히 밝혔다. 켄의 믿음과 지지 덕분에 데이비드는 회의실로 돌아가 동료들에게 사과를 할 수 있었다. 켄의 공감력과 따뜻함은 그의 성장 동력이었고 따라서 높은 성과를 올리면서도 사람들을 배려하는 균형을 성공적으로 달성할 수 있었다. 이모두가 유년기에 형성된 긍정적인 마음의 틀에서 비롯된 결과다.

갇혀 있던 틀에서 벗어나기

우리는 영화를 보며 울고 웃는다. 배우들이 가상의 인물이 되어 가상의 일을 연기한다는 걸 뻔히 알면서도 그 모습을 보며 웃고 울고, 아픔을 느끼고, 화를 내는 것이 이상하다고 생각해본 적은 없는가?

두뇌는 당신의 마음의 틀을 끄집어내 당신을 '돕고' 있다. 당신은 이렇게 생각할 것이다. '주인공의 할머니가 돌아가시다니 너무 슬퍼.' 당신의 두뇌가 두 가지 감각(시각과 청각)에 기초해서 당신이 사랑하는 누군가가 세상을 떠났던 몇 달 전 또는 몇 년 전의 감정과 신체적 느낌 또는 그런 입장에 처한 다른 사람에 대해 느꼈던 공감의 마음을 재생하기 때문이다. 당신이 의식적으로 그 사람을 떠올리지 않을지라도 당신의 두뇌는 '상당히 흡사한' 옛 틀을 끄집어내서 그 경험을 현재의 순간에 덮어씌운다.

몇 년 전, 마라와 나는 해변에 자리한 멋진 리조트에 있었다. 그 여행에서 마라는 심한 식중독을 앓았다. 그녀에게는 이런 마음의 틀이 만들어졌다. 절대 새우 카레를 먹지 말 것! 이후 그 리조트를 생각할 때마다 그녀는 섬뜩한 기분이 들었다. 그 나쁜 경험은 두 가지 틀의 원인이 되었다. 하나는 특정한 요리에 대해서였고 두 번째는 특정한 장소에 대해서였다. 그 리조트는 정말 아름답고 좋았는데도 (음식도 훌륭했다) 그때의 식중독과 관련된 마음의 틀은 리조트 전체에 대한 마라의 기억에 영향을 끼쳤다.

음식에 대한 나쁜 경험 때문에 어떤 상황이 와도 다시는 그 음식을 먹지 않겠다고 맹세한 적은 없는가? 특정한 칵테일이나 술을 너무 많이 먹어서 이제는 누가 그 이야기만 해도(냄새라도 맡게 된다면 정말 최악이다) 역겨움에 몸서리쳐지지는 않는가? 휴가에 갔다가 끔찍한 경험을 해서 특정 호텔 체인이나 도시나 나라 전체에 대한 의견이 더할 수 없이 나빠지지 않았는가?

두뇌가 마음의 틀을 보관해두었다가 (현재의 상황과 정확히 일치하지 않아도) 비슷한 틀을 꺼내기 때문에 이런 일이 벌어진다. '상당히 흡사한' 틀은 도움이 되기보다 오히려 역효과를 낼 수 있다. 현재의 상황은 과거에 당신이 경험했던 것과 같지 않기 때문이다. 마치 당신을 잘못된 길로 하산시키려는, 무식한데 의욕만 앞선 가이드처럼. 이런 가이드를 따르다가는 산의 반대편에 이를 수도 있다!

요리를 무척 잘하는 친구네 집에서 식사를 하려는데 친구가 식중독을 앓게 한 카레와 아주 비슷한 요리를 준비해뒀다면? 마라가 이 상황에서 새우 카레를 질색하고 거부하는 건 적절한 반응이 아닐 것이다. 마라가 자신의 마음의 틀에 대해서, 두뇌가 어떻게 움직이는지에 대해서 알지 못한다면 그 순간 "안 돼! 난 그거 못 먹어. 냄새만 맡아도 메스꺼워"라고 말하며 식사 자리를 망칠지도 모른다. 적어도 우정을 다지는 데 좋은 방법이 아님은 분명하다.

매 순간 당신의 두뇌는 '도움'을 준다. 오감이 받아들이는 정보에 근거해서 하드 드라이브에 있는 파일들을 클릭해 열고, 틀들을 꺼내고, 긍정적이거나 부정적인 반응들, 신체적 감각, 사고를 끄집어내는 식으로 말이다. 두뇌가 부정적이거나 긍정적인 틀을 참조점으로 저장해두지 않는다면, 매일이 새로운 경험일 테고 당신은 사실상 제대로 살아갈 수 없을 것이다. 결정을 내리거나, 뛰어난 상상력을 사용하거나, 연민을 가질 수도 없을 것이다. 우리 마음의 틀들은 우리를 능력 있고, 복잡하고, 배려심 있고, 감정적인 인간으로 만든다.

하지만 때로는 그 '도움'이 지나치다. 마음의 틀은 에바의 경우처럼 현재의 상황에 적절하지 않은 감정, 사고, 감각을 촉발하기도 한다. "우리가 어떤 일을 하는 방식은 곧 우리가 모든 일을 하는 방식이다." 누가 한 말인지는 모르지만 우리 저자들은 이 말을 몹시 좋아한다. 마음의 틀은 우리가 보여주는 반복적인 패턴의 이유다. 에바의 '뒤처지지 않겠다'는 경쟁적 틀은 그녀가 아들과 게임을 하는 방식이고 공급 업체와 협상을 하는 방식이고 크리스마스 저녁 식사 자리에서 오빠들과 성취를 비교하는 방식이다. 그 틀은 오랜 시간 동안 그녀에게 큰 도움을 준 듯했다. 그녀는 고등학교를 수석으로 졸업했고, 좋은 대학에 들어갔으며, 좋은 회사에 채용됐다. 커리어에 있어서는 '이기기 위해 한다'는 정신이 성공을 가져다주었다. 좋은 영업 실적을 기록하고, 유명한 고객을 유치하고 협상에서 유리한 조건을 얻어냈다. 출장에서 협상을 하는 동안에는 에바의 오랜 틀이 목표 달성에 도움을 주는 것 '같았다'. 하지만 샘과 함께하던 순간에, 그가 아들이 아닌 라이벌이 된 그 순간에는 그 틀이 전혀 도움이 되지 않았다.

여기에서는 '같았다'라는 말이 중요하다. 에바는 여러 측면에서 성공을 거두었지만 자존심에 기반한 마음의 틀을 통해 이룬 성공의 대가로 불필요하게 많은 스트레스, 불안, 피로를 얻었다. 에바는 겸손과 사랑에 기반해 작동하는 마음을 통해서도 같은 것들을 달성할 수 있었다. 그랬다면 샘과 겪은 갈등과 같은 순간은 훨씬 적었을 것이다. 성공을 위해서 능력을 입증할 필요 없이 성공할 수 있는 자신의 능력에 자신감을 가졌을 것이다. 끊임없이 능력을 증명하고 성과를 올리고 완벽해지기 위해 노력할 필요 없이 자신을 사랑하고 자신이 누구인지 알고 그 안에서 평화를 찾았을 것이다.

선 아래의 접근법을 이용해서 성공하는 경우도 많기 때문에 목표에 대한 접근법에서 선 아래의 것과 선 위의 것을 구분하기가 상당히 어렵다. 어떤 틀이 언제 작동하는지 파악하기도 어렵다. 우리 마음의 틀은 관련 사실, 즉 변연계에 저장된 자료를 바쁘게 분석하고 있는 신피질이 사실이라고 광고하고 있는 것들에도 영향을 받기 때문이다. 변연계가 저장소라면, 신피질은 모든 감정, 기억, 현재 상황을 어떻게 처리할지 분석하고 결정을 내리는 관제실이다. 신피질은 우리를 고통으로부터 보호해준다. 좋은 일이다. 하지만 바로 그 기능이 때로는 문제를 야기한다. 신피질은 변연계로부터 우리의 행복에 대한 위협이 보인다는 메시지를 받을 때마다 우리를 보호하기 위해 끼어든다. 신피질은 대개의 경우 방어 대응 전략을 이용한다. 신피질이 자신의 일을 너무 잘하는 나머지, 우리는 스스로 효과적인 성품 주도 전략에서 벗어나 비효과적인 대응 전략으로 이동했음을 눈치조차 채지 못한다.

다음의 이미지를 보라. 모든 가로선들이 비스듬하게 보인다.

착시 현상

사실은 기울지 않았는데도 말이다. 가로선들은 완벽히 수평을 이루고 있지만 우리의 두뇌는 완전히 다른 '사실'을 우리에게 주입한다. 수평을 이루고 있는 직선들이라는 사실을 알고 있는데도 두뇌는 그것들이 기울어 있다는 생각을 내보낸다. 이 선들을 다른 방식으로 보기란 대단히 어렵다. 두뇌는 대단히 놀랍고 뛰어난 능력을 갖고 있기도 하지만 앞에서 언급했듯이, 항상 우리 삶에서 제일가는 진리의 원천은 아니다. 도움을 주려고 애쓰는 신피질은 우리를 고통에서 구하기 위해, 선 위의 성품 전략 대신 비효과적인 대응 전략들을 이용하자는 결정을 내리곤 한다. 이 때문에 우리는 마음속에 있는 '실제' 진실을 파헤칠 방법을 찾아야 한다.

대부분의 사람들처럼 에바 역시 그 운명의 모노폴리 게임을 하는 동안에 자신의 머릿속에서 이런 일이 일어나고 있음을 전혀 알지 못했다. 하지만 그녀는 마음속으로 자신의 반응이 적절치 못하다는 걸 느꼈다. 샘에게 상처를 준 일은 그녀의 가장 깊은 곳에 있는 의도와는 정반대되는 행동이었다. S + T = B라는 공식을 다시 생각해 보자. 그녀는 평생 처음으로 (긍정적인 경쟁에서의 성취가 아닌) 자신의 부정적인 경쟁적 행동이 어디에서 비롯되는지 깨달을 수 있었다. '승자'와 '패자'가 있는 모든 상황(아들과의 게임도 포함된다)이 이겨서 자신의 가치를 입증하고 스스로를 괜찮은 사람으로 느끼고 싶은 그녀의 필사적인 욕구를 자극했다. 이것이야말로 그녀가 변화시키고 싶은 지점이었다.

마라는 종종 "내 변연계의 노예가 될 필요는 없어!"라고 말한다. 우리는 비효과적인 틀에 갇혀 있어서는 안 된다. 최선의 의도를 가지고 사는 데에 방해받아서는 안 된다. 우리의 트리거, 마음의 틀, 진실 그리고 현재의 상황과 이전 틀의 정황을 식별하고 이해함으로써, 그 순간에도 또 장기적으로도 다른 선택을 할 기회를 갖게 된다. 우리는 대부분의 시간을 최선의 의도에 부합하는 방식으로 행동하고, 자기 자신과 행동의 결과에 더 만족감을 느끼면서 선 위에서 보낼 수 있다. 그런 변화는 우리의 성품을 성장시키는 열쇠다. 그리고 모든 중요하고 오래 지속되는 변화가 그렇듯이 그 변화는 마음에서 시작되어야 한다.

얼마 전, 에바로부터 이메일을 받았다. 테니스 게임에 대한 이야기가 담겨 있었다. "우리는 가족끼리 자주 테니스를 칩니다." 이 말은 꽤 의외였다. 약간 걱정스럽기도 했다. 하지만 그녀의 사연은 놀라웠다.

에바는 다른 선택을 하기로, 마음과 생각과 행동을 선 위로 끌어올리고, 승리보다는 가족들과 즐거운 시간을 갖는 걸 우선하기로 결심하고 코트로 나갔다. 게임을 시작한 지 10분쯤 지났을 때 딸 제시가 멋지게 공을 쳐냈으나 아웃이 되고 말았다. 최소한 에바는 아웃이라고 생각했다. "아웃인 것 같은데?" 그녀가 말했다. "아니에요. 들어왔어요." 제시가 말했다.

연습문제 변혁을 위한 S + T = B 통찰

지난 6개월 중에 최악의 '선 아래' 순간을 떠올리고, 다음의 질문에 대해 생각해보자.

1. 당신의 행동을 어떻게 묘사하겠습니까? 행동의 어떤 면이 선 아래에 있었습니까?

2. 상황은 어땠습니까? 거기에 누가 있었습니까? 무엇 때문에 그런 순간에 이르렀습니까? 무엇이 걸려 있었습니까?

3. 선 아래로 내려갔을 때 당신이 의식적으로 생각하고 있었던 것은 무엇입니까?

4. 남 탓을 하는 사고방식을 피하면서 당신을 선 아래로 이끈 트리거나 마음의 틀을 알아볼 수 있습니까? 당신은 어떤 일이 일어났을 때 선 아래로 향하게 됩니까?

5. 그 순간 당신이 절대적으로 믿었던 것이 있습니까? 당신이 생각하고 행동하는 방식에 관련된 진실이 있었습니까?

6. 선 아래의 행동으로 달성하려고 한 것은 무엇이었습니까? 목적이 무엇이었습니까?

7. 정황을 생각해보십시오. 상황은 다르지만 비슷하게 행동했던 또 다른 때를 떠올릴 수 있습니까? 다양한 상황에서 일어났던 행동을 비교할 때 당신의 마음의 틀에 대해서 알게 된 것이 있습니까?

8. 다음에 비슷한 상황이 생기거나 비슷한 트리거가 등장할 경우 당신이 다르게 밟을 수 있는 단계가 있다면 무엇입니까?

이후 에바에게는 익숙한 일이 일어났다. 오래된 똑같은 감각들이 자극을 받았고, 반박을 해야 한다는 생각이 스쳤다. 혈압이 높아졌으며, 마음속에는 자신이 분명히 옳고 게임에서는 이기는 것이 중요하다는 감정이 가득 찼다. 하지만 이번에 그녀는 지금 작동하고 있는 마음의 틀과 그 틀이 채우려고 노력하는 그녀 마음속의 빈 공간을 떠올렸다. 그리고 과거와는 다른 선택을 했다. 그녀는 생각했다. '게임일 뿐이야.'

"그래. 인으로 하자." 그녀는 이렇게 말하고 미소를 지으면서 제시의 다음 서브를 기다렸다.

우리의 마음과 정신은 힘을 합해 두려움과 자존심이 있는 선 아래로 우리를 밀어낸다. 그것들은 엄청나게 넓은 범위의 인간 행동을 설명해준다. 부정은 성장의 적인 반면, 진실은 우리에게 자유를 허락하여 '내가 되고 싶은 나'로 성장할 수 있게 해준다. 영리한 두뇌와 아름다운 마음이 합쳐질 때, 비로소 우리는 변화에 필요한 통찰력을 얻게 되는 것이다.

마음이 자꾸 선 아래로 내려가는 이유

벤은 성인이 된 이래 가장 기쁜 일을 경험하고 있었다. 그와 아내가 첫 아이를 가지게 된 것이다. 임신 사실을 알고 며칠간은 기뻐서 어쩔 줄 몰랐다. 하지만 시간이 지나면서 차츰 새로운 감정이 나타났다. 의심이었다. '내가 우리 아버지 같은 아빠가 되면 어쩌지?'

"어라! 내가 꼭 아버지(또는 어머니) 같은 말을 하고 있네"라는 말을 하는 순간이 있다. 대개는 사랑, 존중, 유머를 담아 하는 말이다. 부모님이 나름의 방식대로 훌륭한 분들이라는 점을 알기 때문이다. 하지만 벤은 그렇지 못했다.

벤을 처음 만났을 때 가장 인상적이었던 점은 그의 체격이었다. 그는 매주 몇 시간씩 체육관에 투자해서 만든 단단한 체격을 갖고 있었다. 시선은 곧았고 종종 도전적이었다. 그의 유머도 마찬가지였다. 사람들과 유대를 만들고자 하거나, 뜻이 다르거나, 대화의 방향이 마음에 들지 않거나, 불편함이 느껴질 때마다 그는 빈정대는 말투를 사용했다. 그 외에는 감정을 거의 드러내지 않았다. 우리는 그의 행동 대부분을 부추기는 게 자존심이며, 그 때문에 그가 주로 겁을 주고 폄하하는 방식으로 자기주장을 한다는 점을 발견했다. 벤에 대해 알아가면서 우리는 자존심을 내세우게 만드는 두려움과, 곧 아버지가 된다는 데서 생겨난 의심의 근원을 알게 되었다. 겉보기에 그는 강해 보였지만 사실 대단히 나약했다.

벤은 10대 초반까지 상냥하고 마음이 약한 소년이었다. 그리고 다소 통통했다. 그는 학교에서 종종 놀림을 받고 따돌림을 당했으며 반복되는 거부와 비난에 상처를 입었다. 벤의 아버지는 당신이 태어나기 1년 전 미국에 온 이민자 부부의 아들이었고 자수성가한 인물이었다. 벤의 아버지는 거친 환경에서 강인한 사람으로 성장했고 그런 방식을 지킴으로써 출세할 수 있었다(그는 그렇게 생각했다). 그에게 마음이 약한 외아들 벤은 이해하기 힘든 존재였다. 벤의 아버지는 아들을 강인하게 만들어서 세상에 나갈 준비를 시키는 게 자신이 할 일이라고 믿었다. 아들을 보호하겠다는 좋은 뜻에서 나온 생각이었다. 그는 벤을 끊임없이 몰아댔고, 좀처럼 따뜻함을 보여주거나 긍정적인 감정을 표현하지 않았으며, 부인이 벤을 부드럽게 대할 때조차 '문제를 악화시킨다'고 잔소리를 했다.

고등학교 때부터 벤은 아버지의 가르침을 받아들였다. 운동을 시작해서 꾸준히 했다. 사춘기에 들어서 키가 많이 크면서 군살도 빠졌다. 그는 학급의 오락부장이 되었다. 다른 사람이 자신을 웃음거리로 삼기 전에 선수를 치는 사람이 된 것이다. 거부에 대한 두려움으로 인해 그는 마음을 닫았고, 감정 표현을 중단했고, 냉소와 신체적 힘에 의지해 자신을 과시하고 보호했다. 벤은 이후 20년 동안 그런 식으로 살면서 자기만의 진실을 발전시켜왔다. '강해지는 게 곧 성공하는 것이다. 강하지 않다면, 나는 내가 아끼는 사람들로부터 외면당하고 다른 사람들로부터 따돌림을 당할 것이다.'

그는 대단히 효과적으로 맡은 역할을 이행했다. 하지만 동료나 리더로서 그는 위협적이고 거리감이 느껴졌다. 흔히 하는 말처럼 '상처받은 사람은 사람들에게 상처를 준다'. 사람들은 그를 두려워했고 그의 말과 행동에 상처를 받았다. 그에게 가까운 친구는 없었다. 냉소적인 상호작용으로 소통하는 '동료'들만이 있을 뿐이었다.

아내와 사랑에 빠지면서 '강한 힘'이라는 겉치장이 약해지기 시작했다. 하지만 우리와 워크숍을 진행하는 동안 그가 여전히 사람들이 자신을 사랑하지 못하게 막고 있음이 확연히 드러났다. 그는 연약한 존재임을, 본 모습을 드러낸다는 걸 너무나 두려워했고 인간관계에서 상대로부터 원하는 만큼의 충족감을 얻지 못했다. 안타깝게도 벤이 쌓은 벽은 양쪽 모두를 가로막고 있었다. 그도 타인을 온전히 사랑하지 못하고 있었기 때문이다.

아버지가 된다는 생각에서 벤은 한 가지를 깨닫게 되었다. 이런 식의 삶은 아이에게 물려주고픈 삶이 절대 아니라는 것이다. 그는 삶의 대부분을 마음속의 상처와 공백을 안고 살았지만 더 이상은 그렇게 살고 싶지 않았다.

사실 부정적 사고 패턴은 정상이다

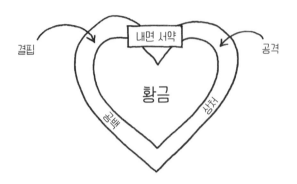

그렇다면 이 공백과 상처는 정확히 무엇일까? 공백은 보통 사랑, 자존감, 자기 가치, 안전, 교육, 성취가 결핍된 경우에 나타난다. 상처는 마음에 대한 공격, 즉 거부, 비난, 놀림, 빠져나올 수 없는 실패에서 비롯된다. 친구에게 배신당했다고 느낀 순간을 생각해보라(대부분의 사람들은 중·고등학교 시절에 이런 일을 한 번쯤은 겪는다). 관계가 어떻게 종말을 맞았는지 생각해보라. 몇 달 동안 이어졌던 가족과의 싸움을 생각해보라. 아들에게까지 경쟁심을 느꼈던 에바를 생각해보라. 그녀는 어린 시절에 칭찬을 사랑과 동일시했고, 부모님이 오빠들을 사랑하는 것만큼 자신을 사랑하지 않는다고 생각하며 자랐기 때문에 사랑의 결핍이라는 마음의 틀을 지니고 살게 되었다. 이런 것들이 우리 마음속에 공백과 상처를 키우는 흔한 유형의 경험이다. 다양한 부분의 결핍이나 공격받은 경험은 우리 성품의 성장을 막을 수 있다. 동시에 그 모든 것이 다 정상적이다.

우리는 이런 공백을 자존심에 기반한 행동으로 자신을 내세우거나 증명함으로써 채우려고 한다. 실제로 아는 것보다 많이 아는 척을 하거나, 집단의 우두머리 무리에 끼거나, 자신이 다른 사람보다 낫다고 생각하기 위해서 다른 사람에게 무시하듯 말을 하는 식으로 말이다. 우리는 두려움에서 기인한 행동을 통해 거부나 비난을 피하려고 노력한다. 사람들에게 지나친 친절을 베풀거나, 타인의 인정을 구하거나, 스스로에게 자신이 없어 자기 의견을 계속해서 폄하하는 식으로 말이다. 사랑받는다고 느끼지 못하면 우리는 자존심을 통해 이를 보상하려 한다. 지나치게 경쟁심을 발휘하거나 완벽을 추구하는 등 상처를 가리기 위해 자기를 내세우는 행동을 하는 것이다. (겸손에서 비롯되는) 내적 힘과 가치를 충분히 느끼지 못하면 우리는 인정을 추구하거나 의존하거나 도피하는 식으로 부족함을 보상하려 한다. 이것이 X팩터다. 이에 대해서는 6장에서 자세히 알아볼 것이다.

과거가 전적으로 나쁜 순간으로만 채워진 건 당연히 아니다. 좋은 부분도 많다. 마음속에는 당신의 성품을 강화하고, 그 안의 황금을 키우는 긍정적인 경험들이 담겨 있다. 우리가 말하는 '금'은 받는 사랑, 주는 사랑, 자신에 대한 사랑 등 모든 형태의 사랑과 그 사랑을 포용하는 겸손을 의미한다. 그 사랑에서 나오는 미덕, 즉 연민, 진정성, 기쁨, 자신과 주변 사람들에 대한 꿈은 당신을 멋진 인간으로 만든다.

형제자매, 부모, 친구, 배우자로부터 지지와 사랑을 받는다고 느꼈던 최고의 순간들을 기억해보라. 당신의 커리어를 한 단계 높여준 큰 프로젝트를 생각해보라. 당신과 동료들이 해냈던 그 일 말이다. 배우자나 의미 있는 사람들과 처음으로 가졌던 흥분되는 순간들을 생각해보라. 사랑에 빠졌다는 걸 깨달은 순간, 사랑받고 있다는 걸 깨달은 순간 말이다. 이런 모든 경험들이 당신 마음속의 황금을 키워준다.

벤을 비롯한 모든 인간이 가진 특출한 재능이 있다. 바로 경험에 매달리는 능력이다(물론 당신은 다른 많은 종류의 일에도 특출한 재능을 갖고 있겠지만 이것만은 보편적이다). 어린 시절부터 지금 이 순간까지 평생에 걸쳐서 당신의 경험은 당신의 마음에 영향을 미쳐왔다. 그렇게 당신 마음의 틀이 만들어졌다.

최근의 한 연구는 7년에 걸쳐 710개의 핀란드 가정을 대상으로 성장기의 가족 관계가 어린이의 감정 발달에 미치는 영향을 연구했다. 그 결과 초기의 가족 관계가 건전하고 협력적인 어린이들의 경우 초기 몇 년간 문제가 있는 가족 관계(권위적이거나 유대가 약한)에 속해 있던 어린이보다 감정을 더 잘 관리하고 적절하게 반응한다는 점이 드러났다. 어린 시절이 우리의 마음, 그 안의 공백과 상처, 황금을 형성한다.

하지만 인생에서 우리 모두가 얻는 멋진 선물이 있다. 무엇이 비효과적인지 알아보고 우리의 성품을 강화하고 다르게 생각하기로 선택해서 행동을 바꾸는 용기, 지식, 지혜다. 당신은 당신이 생각하는 것보다 더 강하다. 더 큰 힘에 자신을 내맡기고 겸허해질 때 우리는 더 강해진다.

진흙 속에 보석이, 역경 속에 잠재력이

어릴 때는 교실에서 책을 크게 읽곤 한다. 때로는 칠판 앞으로 나가 친구들 앞에 서서 큰 소리로 책을 읽는다. 대부분의 사람들은 이런 상황을 편안하게 느끼거나 완전히 공포에 질리거나 두 극단 사이의 어딘가에 처해 있다. 나(스티븐)는 두려움의 극단 쪽에 있었다. 거기에는 그럴 만한 이유가 있다. 선생님들은 나에 대해서 중요한 사실을 모르고 있었다. 나 역시 그때는 알지 못했다. 나는 난독증이 있다. 3학년 때 담임 선생님은 계속 내게 반 아이들 앞에 서서 큰 소리로 책을 읽게 했다(아마도 나를 좀 나아지게 하기 위해서였을 것이다). 나는 계속 실수를 했고 반 아이들은 항상 크게 웃었다. 아이들에게는 대단히 재미있는 일이었지만 내게는 너무나 창피한 일이었다. 나는 또래 친구들의 비웃음이라는 거부로 인해 매번 자존감의 결핍과 상처를 느끼면서 마음속에 공백을 만들고 있었다. 3학년 말에 나는 학교에서는 절대 좋은 성과를 거둘 수 없을 거라는 나만의 진실을 만들었다.

자연히 나는 학교 성적에 관한 모든 관심을 잃었다. 나이가 들면서는 사고뭉치가 되었다. 권위 있는 사람이나 나를 판단하는 입장에 있는 사람에 대해 전혀 신경을 쓰고 있지 않다는 제스처를 취하며, 사실은 내가 대단히 영리하고 강하다는 걸 입증하려 했다. 가짜 자신감과 반항으로 자존감의 공백을 메우기 위해 노력했던 것이다.

미처 진단받지 못한 난독증과 3학년 생활은 내 삶이라는 강의 큰 굽이였고 내 삶을 형성하는 중요한 경험이었다. 강이 어떻게 흐르고 시간이 지나면서 그 형태가 어떻게 잡히는지 잘 안다면, 강의 굽이에 모래진흙이 쌓인다는 점을 알 것이다. 사금 채취를 해본 사람이라면 알겠지만 금을 찾기에 가장 좋은 곳은 강이 똑바로 흐르는 곳이 아니라 그런 굽이다. 모래진흙과 함께 금도 침전되기 때문이다. 우리 저자들은 공백과 상처를 마음속의 황금 주위에 모이는 진흙으로 생각한다. 3학년 때 내 마음속에는 상당한 진흙이 침전되었고 그 진흙은 황금을 숨기고 있었다. 그 굽이에 있는 금은 무엇이었을까?

십대 후반에 들어선 나는 나도 학습할 수 있다는 걸 알게 되었고 내게 공부에 대한 열정이, 자기는 물론 다른 사람들을 성장시키는 일에 대한 갈망이 있다는 점도 알게 되었다. 그렇게 자신에 대해서 배우는, 때로는 힘겨운 과정에 있는 사람들을 도와서 그들이 성품을 도야하고 자기 가치를 구축하게 하는 일은 내 목표의 중요한 부분이 되었다. 나는 경쟁적이고 다른 사람의 인정을 받기 위해 애쓰는 가짜 자신감을 진실하고 변혁적인 사고방식과 다른 사람들에 대한 연민, 다른 사람들을 성장시키는 일에 대한 열정으로 바꾸기 위해 노력했다. 부정적인 삶의 경험을 성장의 기회로 보고, 나의 마음을 강화하고 다른 마음 자세와 사고방식을 만들기로 선택하지 않았다면 나는 그 일을 해내지 못했을 것이다. 나는 이를 '당신의 문제를 당신의 메시지로 바꾸는 일'이라고 말한다.

이런 경험이 마음의 형태를 만들고, 이후 우리는 네 가지 원리에 의해 살아간다. 상황이 트리거가 되어 우리를 자극할 때, 그 신호들은 어떤 마음의 틀을 꺼낼지에 영향을 주고, 우리의 사고와 행동에 영향을 미친다. 마음의 공백과 상처는 우리의 선 아래 행동에 영향을 주어 대응 전략들을 낳는다. 두려움과 자존심의 안개에서 헤쳐 나오기 위해 우리는 이런 대응 전략에 의지한다. 하지만 마음의 중심부에 있는 황금은 우리를 선 위로 끌어올린다.

우리는 자신의 황금을 찾고 확장시키는 방식으로 마음을 강화한다. 삶이라는 강의 굽이에서 사금을 채취하는 일, 바로 공백과 상처를 만드는 힘겨운 경험 속에서 긍정적인 성품 개발의 기회를 찾아내는 일이다. 이것이 우리의 '역경지수(adversity quotient, 작가 폴 스톨츠(Paul Stoltz)가 만들어낸 말)'다. 우리의 성품은 역경에서 미덕을 발견하면서 발전한다. 우리는 긍정적인 배움과 성장의 기회를 부정적인 삶의 경험에 통합시키기로 선택함으로써 성품을 강화할 수 있는 역량을 갖고 있다. 여기에 필요한 것은 모래진흙을 씻어내 바닥에 있는 사금을 드러나게 하는 꾸준하고 부드러운 손길뿐이다.

우리 모두는 압박이 심한 상황에서도 마음을 강화하고 성품을 성장시킴으로써 선 위에 머물 수 있는 잠재력을 가지고 있다. 그 잠재력을 잘 개발한다면 상사가 자기 사무실로 당신을 호출할 때, 10대 자녀가 형편없는 성적표를 들고 집에 왔을 때, 누군가 칭찬을 하는 듯 당신을 돌려 깔 때도 선 아래의 대응 전략에 의지할 필요가 없다. 스티븐은 이제 사람들 앞에서 뭔가를 읽어야 할 때면(그가 이끄는 모든 워크숍에서 그런 경우가 발생한다), 마음의 중심으로 들어가 상처받기 쉬운 3학년 아이의 트리거와 마음의 틀이 그의 삶을 지배하지 못하도록 막는다.

상처를 연료 삼아 선 위로 오르다

리아는 경력 초반에 대단히 독재적인 상사를 만났다. 그녀는 그로 인해서 정말 하찮은 사람이 된 것 같은 느낌을 받았다. 몇 년 후 회사를 옮긴 뒤에도 그 새로운 회사에 과거의 상사가 고용되는 악몽을 되풀이해 꿀 정도였다. 그럴 때면 땀에 젖은 채 잠에서 깨어나 한 10분 동안은 현실이 아니라고 스스로를 다독여야 했다. 그녀는 마음유형분석을 통해 과거 경험이 그녀의 마음속에 상처를 만들었고 그로 인해 쉽게 기분이 상하곤 했음을 발견했다. 관리자의 모든 피드백이 공격으로 느껴질 정도였다. 이 때문에 리아는 스스로 다짐했다. "다시는 상사를 신뢰하지 않겠어." 우리는 이것을 내면 서약(inner vow)이라고 부른다. 이런 식의 내면 서약은 우리의 선 아래 대응 전략을 강화해 더 많은 모래진흙을 쌓을 뿐이다. 많은 사람들이 고압적인 상관을 두고 있다. 그렇다면 시간을 할애해 그 안에서 좋은 면을 찾음으로써 그 경험에 덜 의존하도록 하면 어떨까?

우리는 과거의 경험이나 삶 속에 등장하는 사람들에게 나쁜 행동의 책임을 전가하며 비난하는 일을 신뢰하지 않는다. 비난은 두려움과 자존심에서 비롯된 대응 전략일 뿐이다. 더 나은 선택을 하고 성품을 발전시키기 위해서는 자기 행동의 뿌리를 이해해야 한다. 진정한 자기 모습을 찾고 선 위의 삶을 사는 것은 우리의 삶을 형성하는 공백과 상처를 이해하고 그 안의 황금을 찾는 여정이다. 공백과 상처를 성장의 기회로 본다면 그것들을 우리 자신과 다른 사람의 삶에 변화를 가져오는 연료로 만들 수 있다.

삶은 살 만한 가치가 있다! 배경이 어떻든, 우리에게 어떤 일이 일어났든, 우리 모두는 행복할 자격이 있다. 부정적인 일이 일어날 수도 있고 그 경험이 우리를 틀에 가둘 수도 있다. 하지만 그런 일들이 꼭 우리를 규정하고 우리의 삶을 파괴하는 것은 아니다. 결국 우리를 규정하는 것은 삶에 대응하는 각자의 방식이며, 스스로가 누구인지 어떤 사람이 되고 싶은지에 대한 자신의 결정이다. 나는 내가 어떤 사람이 될지 그 항로를 결정하는 선장이다.

첫 아이의 탄생이 가까워지자 벤은 그 여정을 헤쳐 나가기로 선택했다. 그에게는 공백과 상처가 있었고 그것들이 그의 행동에 영향을 미치고 있었다. '내 마음에 어떤 일이 일어났던 것일까?', '내 삶을 형성시킨 것은 무엇인가?'라는 질문을 던지기 시작하자 벤이 믿었던 자기만의 진실은 사랑에 의해서 녹아내리기 시작했다.

요즘의 벤은 우리가 처음 만났을 때의 벤과 상당히 다르다. 그는 아이들에게는 자애로운 아버지이자 주위 사람들에게는 재미있는 사람이 되었다. 때때로 냉소적인 모습을 보이기도 하지만 그는 이제 그 점을 알고 있고 더 이상 사람들을 폄하하는 일에 냉소를 이용하지 않는다. 대신 그는 사람이 아닌 사건을 농담 소재로 삼는 법을 배웠다. 그는 항상 자신의 성품을 강화하기 위해 노력하고 있다. 벤은 마야 안젤루(Maya Angelou)가 딸에게 보내는 편지에 담아낸 지혜를 잘 적용하고 있다. "너에게 일어나는 모든 사건을 통제할 수는 없을 것이다. 하지만 그로 인해 약해지지 않겠다는 결단을 내릴 수는 있다."

다음의 연습문제는 당신 행동의 뿌리를 밝혀내는 데 도움이 될 것이다. 우리가 함께 작업해온 모든 사람들이 그랬듯이 벤은 이 활동을 통해서 자신의 생각과 행동을 깊이 있게 이해할 수 있었다. 당신에게도 도움이 되기를 희망한다.

연습문제 마음의 틀 일정표

대부분의 사람들은 7년마다 삶의 중요한 변화를 경험한다. 7살, 14살, 21살, 28살, 35살의 차이는 극적이다. 그 과정에서 우리가 축적하는 경험들에도 그만큼 큰 차이가 난다. 좋은 면에서도 나쁜 면에서도 말이다. 인생의 각 '계절'에 속한 그런 경험들이 우리의 마음을 형성하고, 마음의 틀을 만들고, 성품과 행동에 영향을 미친다. 그것들을 찾아내는 데 우리 행동의 뿌리를 이해하는 열쇠가 있다. 자신에게 이런 선물을 줄 시간을 마련해보자. 아마도 무엇이 당신을 얽매고 있었는지 찾고, 자유를 얻어서 당신의 마음·생각·행동을 변화시킬 방법을 알아내는 데 가장 중요한 일일 것이다.

종이 위에 다음과 같이 기준선을 그린다.

선 위
긍정적

선 아래
부정적

0-7　7-14　14-21　21-27　27-35

1. 선 위의 칸에는 그 나이대에 속하는 생생하고, 긍정적이며, 즐

거운 기억을 한두 가지 적는다. 당신의 삶에 긍정적인 영향을 준 사람은 누구인가? 어떤 영향을 주었는가? 그 경험들 중에 여전히 당신 마음의 중심에 살아 있는 황금을 기록한다.

2. 다음은 용기와 겸손의 마음이 필요한 부분이다. 잠시 당신이 이 일을 하고 있는 이유를 떠올려보고, 당신의 삶과 인간관계가 어떤 모습이기를 원하는지 생각해보자. 깨달음을 얻고, 진정한 자신을 찾고, 변혁을 위한 통찰력을 얻는 일에 대해 생각해보자. 이제 당신의 정신과 마음을 각 시기에 떠오르는 덜 긍정적인 경험으로 돌린다. 각각의 경험을 생각할 때 당신 마음속에 어떤 느낌이 생기는가? 당신 마음에 그 경험으로 인한 결핍이나 상처가 존재하는가?

3. 당신이 찾아낸 경험에 근거하면 행동의 효과적/비효과적 패턴을 이끌고 있는 선 위/아래의 틀에는 어떤 것들이 있는가? 삶이 어떻게 돌아가는지에 관한 당신의 진실들 중에 당신을 돕는 것은 무엇이며 제한하는 것은 무엇인가? 당신이 수년 동안 스스로에게 말해온 '진실' 중에 사실 거짓말인 것이 있는가? 이런 경험들을 볼 때, 당신이 자극을 받는다고 생각되는 때는 언제이며 어떻게 자극을 받는가?

4. 마지막으로 당신이 기록해놓은 것을 훑어본다. 공백, 상처, 황금, 트리거, 마음의 틀, 진실이 지금 당신의 삶을 어떻게 형성하고 있는가? 버려야 할 것은 무엇이며, 유지해야 할 것은 무엇인지 적어보자. 이것들이 진정한 당신의 일부가 될 때까지 이들을 매일 적용하자.

다르게 생각하기를 선택하는 힘

5살쯤 돼 보이는 소녀가 어머니가 저녁 식사를 준비하는 것을 지켜보고 있었다. 테이블에는 근사한 식탁보가 깔려 있고 어머니는 예쁜 옷을 입고 있었다. 신이 난 소녀는 이 특별한 저녁에 참여하고 싶었다. 그녀는 테이블에 '특별한' 잔을 놓는 것을 도와도 되느냐고 몇 번이고 물었다. 그 잔들은 엄마가 그 어머니로부터, 그 어머니는 또 그 부모로부터 물려받은 것이었다. "조심해." 엄마가 말했다. "엄마의 특별한 잔들이야. 떨어뜨리면 안 된다."

어린 소녀는 유리잔을 떨어뜨리지 않도록 걸으면서 잔들을 응시했다. 테이블에 거의 도착했을 때 그녀는 러그 모서리에 걸려서 바닥에 넘어졌다. 쟁반과 잔들도 함께.

"비켜! 이게 다 무슨 일이람!" 엄마는 소리치면서 부서진 유리잔 조각이 흩어진 곳으로부터 아이를 끌어냈다. "조심하라고 했잖아!" 엄마가 고함을 쳤다. 아이는 근처에 서서 울면서 엄마가 조심스럽게 유리 조각을 집어내는 모습을 지켜봤다.

누구나 이런 상황에 처해봤을 것이다. 아이나 부모, 또는 둘 다로 인해. 엄마는 스트레스를 받았고 무엇보다 딸이 걱정됐다. 하지만 다섯 살 난 아이는 그 점을 느끼지 못했다. 어린아이의 관점에서는 엄마를 도우려다가 실수를 했고 그래서 엄마가 화났을 뿐이다. 이런 경험과 엄마를 즐겁게 하려 했던 다른 비슷한 경험을 통해서 그는 자기 가치의 공백을 만든다('나는 부족한 사람이다'). 그리고 '분노 = 사랑받지 못하는 것'이라는, 즉 사랑받고 존중받고 싶다면 실수를 하면 안 된다는 내적 진실을 만든다.

그 어린 소녀는 나(마라)였다. 지금은 완벽주의자에서 벗어났다고 자신 있게 말할 수 있다. 과거의 나는 고객에게 보낸 보고서에 오자 하나만 있어도 화를 냈다. 비난의 두려움과 자존심이 주도한, 내 가치와 평판을 증명해 보여야 하는 순간들이 너무나 많았다. 덕분에 나는 스트레스에 시달리는 퉁명스럽고 부정적이고 비판적인 사람이 되었다. 보통은 괜찮은 리더였지만, 반경 50미터 내의 모든 것들로부터 재미와 즐거움을 몰아내는 완벽주의자로 변하기도 했다. 내가 '다시는 실수를 하지 않겠다', '그 일을 제대로 해내야만 한다'라는 내면 서약을 이행하고 있을 때였다.

누구나 인생의 어떤 지점에 내면 서약을 만든다. 내면 서약은 우리가 마음속으로 자신에게 하는 약속이다. 보통 공백을 채우고 우리를 상처로부터 보호하기 위해 만든다. 사람들은 종종 그것들이 내면 서약이라는 점과 인생에서의 선택을 제약할 수 있다는 점을 알지 못한 채 자신의 내면 서약에 대해 이야기한다. 보통, "나는 절대…", "나 자신과 약속했어", "내 말을 들어, 절대…"와 같은 말이다. 다음과 같은 말을 자신에게 또는 다른 사람에게 해보았을 것이다. "대기업에서는 다시 일하지 않을 거야." "이혼한 사람과는 절대 사귀지 않기로 나 자신과 약속했어." "그 사람과는 절대 말을 섞지 않을 거야." "다시는 남자/여자를 믿지 않을 거야." 이런 내면 서약이 심각하지 않을 때도 있고 오래 지속되지 않을 때도 있다. 하지만 평생 지속되는 경우도 있다. 중요한 것은 그들이 우리를 가능성과 성장으로부터 멀어지게 하고 고착된 사고방식을 고집하게 만든다는 점이다.

때로는 내면 서약이 우리의 마음을 겸손이나 사랑으로 밀어붙일 수도 있다. 부모가 애정과 지지를 주지 않았기 때문에 오히려 더 자애롭고 힘이 되는 부모가 되려고 노력하는 벤 같은 사람들이 그 예다. 그들은 자신이 취급받은 방식으로 자기 아이들을 대하지 않겠다는 내면 서약을 했고 그것을 긍정적으로 이용해서 두려움으로부터 황금을 키워냈다.

하지만 우리의 내면 서약은 선 아래의 대응 전략을 강화하는 경우가 더 많다. 우리가 상황이나 사람의 진실을 보지 못하게 막음으로써 우리를 제한한다. 인간관계, 기회, 자기 인식, 성장에 제약을 가한다. 다시는 실수를 하지 않겠다는 마라의 내면 서약은 완벽주의의 길로 그녀를 끌어내렸다. 그녀에게 스트레스였던 것은 물론이고 완벽주의의 소용돌이에 끌려들어간 주변의 사람에게는 더 큰 스트레스였다.

내면 서약과 자신의 진실은 서로 연결된 경우가 많다. 마라의 서약과 진실은 확실히 그랬다. 30대 초반에 마라는 무엇이 그녀의 마음을 형성했는지, 그녀의 생각·행동·삶을 어떻게 지배하고 있는지 진단하기 시작했다. 덕분에 그녀는 공백과 서약과 진실에 대처하고 자신의 성품을 성장시킬 수 있었다. 그녀의 말대로 쉬운 일은 아니었다. "저는 죽음을 피할 수 없는 운명이 보낸 경고를 받고서야 원래 하던 방식을 중단하고 정말로 나 자신과 직면할 수 있었습니다. 저는 암 진단을 받았습니다. 심각한 상태였죠. 의학 기술의 도움으로 살아남을 수 있었습니다. 하지만 내가 누구인지, 내가 나의 삶을 어떻게 살아가는지 직시하겠다는 제 결정이 두려움이 아닌 사랑으로 병과 싸울 수 있게 해주었음을 믿습니다. 쉽지 않은 일이었습니다. 결과에 개의치 않고 끝이 어떻든 가능한 최선의 나로 존재하는 데 집중하겠다는 결단이 필요했습니다."

마라의 완벽주의는 선 아래의 많은 행동들이 종종 그렇듯이 그녀에게 상당한 혜택을 준 듯했다. 그래서 부정적인 영향을 이해하는 데 오랜 시간이 걸렸다. 내면 서약을 함으로써 일종의 통제력을 느낄 수 있지만 그 서약은 때로 우리에게 심각한 손상을 입힌다. 내면 서약은 우리를 자아 중심의 자존심 속으로 밀어 넣고 시멘트처럼 굳어서 우리의 마음을 선 아래의 부정적인 감정 속에 계속 남아 있게 한다. 심각할 때도 있고 그리 심각하지 않을 때도 있다. 스티븐이 관련된 기억을 떠올렸다. "처음 스키를 타러 갔을 때 저는 엄청나게 고생을 했습니다. 제가 실패자처럼 느껴졌죠. 자존심이 상해 다짐했습니다. '다시는 스키를 타지 않을 거야.' 초심자인 제가 스키를 배우는 데 필요한 도움을 받지 못했음을 깨닫는 데 10년이 걸렸습니다. 마침내 저는 친구들과 스키를 타러 가기로 했고, 강습을 좀 받은 후 스키를 좋아하게 되었습니다. 이 내면 서약이 저의 삶을 극적으로 제한한 것은 아니었습니다. 하지만 제가 분명히 좋아하고 즐길 수 있는 것을 멀리하게 만들었죠."

연습문제 맹세하기(그리고 내려놓기)

1. 자신에게 했던 몇 가지 약속이나 서약을 나열해본다. 생각해내기가 힘들다면 당신이 다음과 같은 말을 한 때를 떠올려본다.

   "나는 절대 …하지 않을 거야."

   "나는 항상 …할 거야."

   "나는 …라고 내 자신에게 맹세했어."

   "나는 …가 너무 싫어."

   "나는 반드시 …할 거야."

2. 이제 다음 질문을 하나씩 고려해본다.

   그 다짐이 당신에게 실제로 어떤 역할을 했는가? 당신을 보호하거나 당신이 자신을 증명하는 데 도움을 주었는가?

   그 서약이 어떤 식으로 당신의 삶이나 당신이 한 선택에 영향을 주었는가?

   그것을 당신의 삶을 발전시키는 데 도움이 될 만한 긍정적인 약속으로 대체할 수 있는가?

3. 모든 내면 서약이 명확하게 드러나지는 않는다. 어떤 일을 맡을지, 어떤 인간관계를 좇을지, 여행을 갈지 등 지난 한두 해 동안 당신이 한 몇 가지 결정을 생각해보자. 그 결정에 영향을 미친 내면 서약을 발견하지는 않았는가?

4. 이제 용기를 내서 자신에게 묻는다. 내가 용서해야 할 사람은 누구인가? 이 일을 내려놓기 위해서 나에게 어떤 일이 일어나야 하는가?

선 아래의 사고 패턴에서 빠져나오는 법

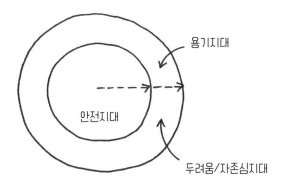

성품을 성장시키는 것은 용기를 가지고 당신 안에 있는 당신의 개인적 안전지대를 확장하는 일이다. 우리는 사실 자신을 제한하는 두려움과 자아 중심의 자존심 속에 살면서, 안전하고 확실하고 통제할 수 있는 안전지대에 있다고 스스로를 기만하고 있다. 인생의 어떤 면에서든 최선의 자신이 되기 위해서는 좋은 성품이 필요하다. 흥미롭게도 삶에서 더 많은 것을 성취할 때, 삶은 우리에게 성장할 것인지 안전지대에 머물 것인지를 선택할 기회를 준다. 예를 들어 일을 잘 해내면 승진 기회를 얻는다. 그와 동시에 당신은 실패의 두려움, 다른 사람들이 어떤 생각을 할까 하는 두려움을 경험하면서 그 일을 할 수 있는지 의문을 갖는다. 좋든 싫든 성품을 성장시키려면 자아 중심의 자존심으로 두려움을 가리거나 두려움으로부터 숨어버려서는 안 된다. 두려움에 직면하는 용기가 필요하다. 자기 계발이란 이 기회 상황을 배우고 성장할 수 있는 용기지대로 보는 것을 의미한다.

1. 의도적으로 자신감을 쌓아라

- 자기 인식을 위해 노력하라. S + T = B 일지를 만든다. 당신의 반응에 대해서 자문한다. "오늘 어떤 상황이 나를 자극했나? 나는 왜 그런 식으로 반응했나? 나에게 어떤 일이 일어나고 있었나?" 매일 5~10분을 할애해서 당신이 발견한 것을 일지에 기록한다(노트에 직접 적어도 좋고 기기를 이용해도 좋다). 한 주를 마무리하면서 기록을 살펴본다. 당신이 이끌어 낸 결론은 무엇인가? 다음 주에 무엇을 다르게 실천할 수 있겠는가?

- 당신을 지배했던 감정들을 찾아라. 두려움이나 자존심 때문에 선 아래로 내려간 때를 인식한다. 당신이 발견한 모든 트리거, 마음의 틀, 진실, 공백, 상처, 내면 서약을 일지에 기록한다. 매주 그런 감정적 반응들을 서서히 사라지게 하기 위한 자기 통제의 실천 목표를 세운다. 그런 감정이 가장 자극받을 때는 언제인가? 다음에 그런 일이 일어났을 때 나는 어떤 종류의 용기를 내야 하는가?

- 삶의 강에 있는 굽이에서 금을 찾아라. 부정적인 과거 경험에서 얻은 좋은 결과가 있다면 그것은 무엇인가?

- 사람들 모르게 좋은 일을 하라. 1주일 또는 2주일에 한 번 친절한 행동을 하는 것을 목표로 한다. 무엇이든 당신에게 효과가 있으면 된다. 다른 사람이 눈치채지 못하게 하는 그런 활동은 성품을 놀라울 만큼 성장시키고 인정받으려는 욕구를 크게 줄인다. 당신만 아는 것이 중요하다.

2. 새로운 활동에 도전하라

'계산된 위험(calculated risk)'를 감수하고 평소의 환경에서 벗어난 새로운 일을 시도하라. 요리, 춤, 음악, 외국어, 사람들 앞에서 이야기하기 등 새로운 일을 하거나 새로운 것을 배운다. 스키, 바다 수영, 패들보딩, 패러슈팅, 암벽 등반 등 이전에 해본 적 없는 신체적 활동으로 확장할 수도 있다. 이 역시 성품을 성장시키는 데 도움을 준다. 고소공포증이 있는 사람이라면 낮은 산 오르기도 대단한 목표가 될 수 있다. 한 리더가 자신의 개인적 성공을 자축하는 자리에 우리를 초대한 적이 있다. 2년 전 우리와 산에 오르다가 두려움에 질려서 되돌아왔던 그는 성품을 성장시켜 다시 그 산을 찾았고 정상에 오르는 데 성공했던 것이다.

3. 진정성으로 타인을 대하라

- 스스로를 특정한 방식으로 행동해야만 한다는 관념에서 해방시켜라. 하루에 한 번씩 솔직한 반응을 하는 연습을 한다. 당신이 느끼는 바와 행동이 연결되도록 한다. 당신이 진심에서 우러난 행동을 보였을 때마다 다른 사람에게 어떤 일이 일어났는지를 기록한다.
- 자존심이 당신을 사로잡았을 때는 실수를 인정하고 일을 바로잡기를 선택하라. 행동을 고치는 데 필요한 일을 한다. 상황에 따라서는 당신이 사과해야 한다는 의미일 수도 있다. 누군

가 더 나은 아이디어를 갖고 있거나, 당신이 더 잘 해낼 수 있었던 경우라면 즉시 인정한다.

- 다른 사람들이 비효과적일 때에도 그들을 존중하라. 타인을 긍정적으로 보기를 선택한다. 비효과적인 행동을 용납할 필요는 없지만 그 사람을 비난하지 않을 수는 있다. 그 행동에 집착하지 말고 그 사람에게 일어나고 있을지도 모를 일을 고려해본다.

4. 자신과 타인을 기꺼이 용서하라

선 아래의 행동들은 좀처럼 스스로에 대해 좋은 느낌을 갖게 해주지 않는다. 우리는 자신이 사람들을 대한 방식이나 형편없는 선택들에 대해 수치심과 죄책감을 느낀다. 그런 감정은 우리를 부정적인 쪽으로 밀어붙여서 황금을 내보이기 더 어렵게 만든다. 이런 감정을 인식하고 자신과 타인을 용서하도록 노력해야 한다. 우리의 인간성에는 멋진 부분이 있다. 용서를 구할 수 있고 용서를 할 수 있다는 것. 용서는 판단이라는 잣대로부터 우리를 해방시켜주기 때문이다. 삶은 완벽하지 않다. 사람들도 완벽하지 않다. 때문에 세상에는 용서가 존재한다. 용서는 사람이 따를 수 있는 실천법 중에 가장 큰 해방감과 에너지를 가져다준다.

5. 일상에서 감사를 실천하라

감사를 일상생활의 일부로 만듦으로써 의식적으로 감사의 마음을 키우고 발전시킬 수 있다. 100일간의 감사 실천에 도전해보자. 매일 감사한 일 한두 가지를 생각해보고 일지에 기록하면 된다. 직장이나 집에 감사 상자를 마련하는 방법도 있다. 작은 쪽지에 그날의 감사한 일을 날짜와 함께 적어서 상자에 넣는다. 매달 상자를 살펴보고 쪽지를 몇 개 꺼내 읽는다. 감사한 일을 상기시켜주는 좋은 장치가 될 것이다.

6. 명상하고 기도하라

매일 5분 정도라도 차분히 마음을 가라앉히는 시간을 갖는다. 아침 시간에 명상 앱을 이용해도 좋고 운동을 할 때나 출퇴근 시간을 이용해도 좋다.

　지속적인 변혁은 당신 마음속의 황금을 키워서 공백을 메우고 상처를 치유하는 데에서 비롯된다. 마음을 강화하고 성품을 성장시킴으로써 현재와 미래 삶의 형태를 바꿀 수 있다. 그렇게 하기 위해서는 부정적인 과거의 경험으로부터 자신을 해방시키고, 황금을 찾고, 마음 자세를 좋은 쪽으로 변화시킬 기회를 가져야 한다.

자기 계발은 네 가지 보편 원리, 트리거, 마음의 틀, 진실, 공백, 상처, 서약이 긍정적 또는 부정적으로 우리 삶에 영향을 미치는 방식을 인식하는 일이다. 힘겹고 어려운 상황 속에서도 모래진흙(부정적인 경험들)을 조심스럽게 씻어내고 당신 삶과 마음속에 쌓인 사금을 찾길, 그래서 자신을 해방시키고 최선의 자신이 되길 바란다.

내 마음은 어떤 유형일까
16가지 행동 유형으로 알아보는 내 마음의 형태

이 장을 읽기 전에 온라인으로 마음유형분석 테스트를 완료하길 권한다. 부록 부분의 QR 코드를 이용하면 우리가 운영하는 웹사이트에 접속할 수 있다(테스트가 끝나면 여러분은 자신의 마음유형분석 결과지를 다운로드할 수 있다). 자신의 결과를 아는 상태에서 이 장을 읽기 바란다. 결과지를 처음부터 끝까지 읽어도 좋고, 특정한 선 위의 또는 선 아래의 양식만 참고 자료로 이용해도 좋다. 결과지에 담겨 있는 개인별 성장 지침(Personal Development Guide, PDG)에는 보다 상세한 설명이 담겨 있다. 16가지 양식을 이해하면 앞선 장들에서 당신이 사고와 행동에 대해 이미 배운 것을 종합하는 데 도움이 될 것이다.

모건은 주방에 서서 어머니 낸시가 조리대 주변을 맹렬히 닦는 모습을 지켜보았다. 어머니의 짜증을 극에 달하게 한 얼룩이나 자국이 분명 있을 텐데… 그녀의 눈에는 보이지 않았다.

낸시는 하던 일을 멈추고 식당 쪽을 향해 소리쳤다. "그 매트가 아니에요, 존! 좋은 것으로요." 모건의 아버지는 낸시가 두 달 전에 산 매트를 테이블에서 걷어내고 '좋은 것'을 찾으러 갔다. 모건은 살짝 눈을 굴려 조용히 매트를 교체하는 아버지를 보았다. 그녀는 어렸을 때 도와달라는 어머니의 요청을 들어주기도 했다. 그러나 어머니는 일이 제대로 안 되었다고 잔소리를 하며 모든 것을 다시 했다. 그런 어머니를 보던 기분이 어땠는지 지금도 기억한다.

"제가 좀 도와드릴까요?"

"아니야. 다 됐어. 가서 동생하고 있어." 딱딱하고 퉁명스러운 말에 모건은 주방에서 나와버렸다.

모건은 어머니가 모든 것을 '완벽'하게 하기 위해 하루 종일 청소와 요리에 매달려왔고 그 때문에 지치고 예민함을 알고 있다.

"아직도 광란의 청소는 안 끝난 거야?" 그가 소파에 앉자 동생 마이클이 물었다.

"당연하지."

"엄마를 돕지 않을 거야?" 마이클의 냉소가 그날따라 더 심해졌다. 왜 그녀가 다 감당해야 하는 걸까?

"엄마가 일을 돕게 놔두지 않는 거 알잖아. 그러는 너는 왜 엄마를 안 도와드려?"

"난 사자굴에는 안 들어갈래." 또 얄미운 웃음이 드러났다.

그의 태도가 신경을 건드렸다. "넌 엄마를 상대하는 위험에 빠지는 일이라면 뭐든 피하고 보지."

"그게 무슨 뜻이야?"

"몇 달 동안 저녁 식사에 나타나지 않았잖아!"

마이클은 일어나서 방 밖으로 나가버렸다.

모건은 몇 분간 손바닥에 얼굴을 묻고 있다가 숨을 깊이 몰아쉬고 천천히 주방으로 돌아갔다. "모든 게 정말 근사해요, 엄마."

"응, 고맙다."

"거실에 새 커튼을 다셨어요?"

"그래. 100개는 비교했던 것 같아. 네 아버지는 전혀 도움이 안 됐지." 커튼을 찾는 끝없는 탐색에 대한 수다는 적절한 수건을 수색하는 이야기로 옮겨갔다. 겨우 저녁 식사를 하러 자리에 앉았을 때 마이클은 그녀에게 거의 말을 하지 않았다. 아버지는 요즘 골프 실력이 늘었다는 이야기를 했고 음식을 칭찬했다. 낸시는 음식이 원했던 대로 만들어지지 않았다고 불평했다. 그렇게 식사가 끝났다. 집으로 돌아오는 길에 모건은 한 장면 한 장면을 다시 재생해봤다. 왜 어머니는 편안하게 가족 식사를 즐기지 못할까? 왜 아버지는 어머니의 강박적인 완벽주의를 참고 받아들일까? 왜 동생은 그 모든 것을 피하고, 나타나기만 하면 헐뜯고 상처를 줄까? 그녀는 동생이 무척 보고 싶었지만 정작 만나서는 주방에 가족과 함께 있지 않았다고 그를 공격했다. 그녀는 왜 그랬을까? 왜 어머니의 과도한 집착이 그들에게 어떤 느낌을 주는지 직접 이야기하지 못했을까? 어머니는 자신이 집을 완벽하게 만들 수 있다면 모두가 완벽한 시간을 가질 수 있다고 생각했던 것 같다. 사실은 그 반대인데도 말이다. 모건은 그 이야기를 할 방법을 찾을 수 없었다.

모건은 집 앞에 차를 세우고 시동을 껐다. 한숨을 쉬면서 핸들에 잠시 머리를 기댔다. 그녀는 가족들을 사랑했다. 가족들과 행복한 시간을 보내기를 바랐다. 그게 왜 이렇게 힘들까?

솔직해지자. 누구나 다른 사람의 행동을 분석하는 일은 무척 잘한다. 그러나 스스로 최선의 의도에서 벗어나게 하는 행동과 행복, 충만함, 사랑받는다는 느낌 속에 살아가도록 하는 행동들을 가려내는 일은 잘 못한다. 우리 두 사람은 10년 이상 행동 특성, 평가, 철학, 원리들을 연구해왔다. 그 연구의 목적은 사람들이 스스로 어떤 일을 하는 이유를 이해하고, 또 자극을 받았을 때 자신의 대응이 효과적인지 비효과적인지 가려낼 수 있도록 하는 것이었다.

우리는 사람들이 직관적으로 이해하던 것들을 확인하고 이야기할 수 있도록 그에 맞는 언어와 체계를 마련하고 싶었다. 또한 자기 인식을 성장시키는 데 도움이 되는 도구를 개발하고 싶었다. 두려움과 자존심이 힘을 합하면 얼마나 효과적으로 부정을 만들어내는지 알고 있었기 때문이다. 부정은 자기 인식을 파괴한다.

겸손, 사랑, 자존심, 두려움의 네 가지 원리에는 특정한 상황에서 자극을 받을 때 나타나는 각각의 행동 양식이 있다. 이 모델은 S + T = B의 B(행동)를 설명하는 두뇌의 인지 과정을 마음속의 네 가지 원리와 연결시킨다.

이 모델은 마음유형분석지표의 기반이다. 그것은 우리가 누구인지를 보여주는 고정적 성격 지표가 아니라 역동적인 삶의 지표, 즉 우리가 지금 어떻게 살아가는지 설명하는 성품 개발 도구다. 그 결과는 성품을 성장시키고 강화시키며 좀 더 많은 시간을 선 위에서 살아가기 위해 노력하는 과정에서 달마다, 해마다 변할 수 있다.

16가지 행동 양식을 '좋은 것'과 '나쁜 것'으로 나눌 수는 없다. 모두 인간적이고 정상적이다. 다만 우리는 특정한 선 위의 행동에 강한가 하면, 특정한 선 아래 대응 전략에 의지하기도 한다. 이런 행동들은 우리가 대응하고, 앞서가고, 자신을 보호하고, 자신을 증명하는 법을 배우면서 오랜 시간 동안 개발된다. 행동 양식들에 대해서 많이 배우면 그것들을 식별할 수 있고 그 근원으로 거슬러 올라가 우리 마음과 정신에서 어떤 일이 일어나고 있는지 알 수 있다. 다른 사람들과 상호작용을 하는 동안 그들의 행동을 보다 잘 이해하고 낸시 같은 사람들에게 연민을 갖는 법을 배울 수도 있다. 우리는 선 아래의 양식들이 우리가 진정으로 원하는 것을 가져다주는 데 효과적이지 않은 이유를 파악하고, 더 효과적인 선 위의 행동으로 변화해야 한다는 점을 이해해야 한다. 그렇게 할 수 있을 때, 보다 많은 성공, 보다 나은 관계, 보다 큰 목표가 함께하는 삶을 살 수 있다.

한 프로그램에서 우리를 만난 모건은 이렇게 질문했다. "엄마의 삶, 틀, 내면 서약을 형성한 것은 무엇일까요?" 모건은 어머니가 크게 성공한 부모 밑에서 자라면서 그들의 기대에 부합하고자 애썼음을 알고 있었다. 어머니에 대한 공감의 마음이 커지면서, 그녀는 어머니를 판단하는 일을 멈추고 있는 그대로 받아들이며, 어머니의 말과 행동을 마음에 새기는 일을 그만두기로 결심했다. 1년 후 모건은 우리에게 이렇게 말했다. "엄마가 얼마나 변했는지 믿기 힘들 정도예요!" 사랑은 안전한 장소를 만든다. 어머니의 행동을 기분 나쁘게 받아들이지 않고 그것이 어머니의 대응 전략이라고 생각하자(실제로 그렇다), 모건은 연민이 생겼고 스트레스를 덜 받게 되었다. 그녀의 변화를 어머니도 알아차렸다. 낸시는 천천히 변해갔다. 모든 식사를 완벽하게 만들기 위해 노력하는 것을 그만두고 함께하는 시간을 의미 있게 만드는 데 더 많은 시간을 할애했다. 그녀는 모건과 마이클에게 비난이 아닌 진짜 애정이 담긴 질문을 했다. 마이클은 더 안정감을 느끼기 시작했고 행동도 부드러워졌다. 결국 그 가족은 함께 있는 시간을 즐기기 시작했다. 가족 식사는 더 이상 위험지대가 아니었다.

행복해지기에 늦은 때란 없다. 낸시가 직접 자기 계발의 여정에 나섰는가? 그렇지 않다. 그녀는 변화를 알아볼 언어를 갖고 있지 않았다. 하지만 모건은 그 언어를 가지고 있었다. 그녀는 선 위로 올라가기로 결정했고 모건의 겸손, 용기, 사랑은 낸시가 굳이 자신의 가치를 증명하지 않아도 사랑받고 있으며 받아들여지고 있다고 느끼게 해줬다. 이것이 그녀를 변화시켰다.

선 위의 마음이 일으키는 8가지 행동

당신이 정말 존경하고 신뢰하는 친구나 가족, 상사 또는 진실되게 자신의 의무를 다한 유명인에 대해서 잠시 생각해보자. 이제 당신 자신의 인생에서 당신이 잘 처리했다고 느끼는 순간에 대해서 생각해보자. 그 사람과 당신의 개인적 순간을 떠올린 데에는 그만한 이유가 있을 것이다. 그 이유는 무엇인가? 당신은 존경하는 사람이나 가장 효과적이었다고 느끼는 인생의 순간을 어떤 행동 또는 특질과 연관시켰는가?

사람들과 이 활동을 진행하다 보면 진정성, 신뢰, 용기, 배려, 지지, 연민 등 거의 비슷한 단어들이 나온다. 세계 어디에서 어떤 유형의 사람들과 작업을 해도 마찬가지다. 효과적인 행동은 환경이나 문화, 위치에 관계없이 효과적이다. 겸손과 사랑에 의해 추진되기 때문이다. 우리는 효과적인 행동을 바라고 열망한다.

거기에 이르기 전에, 지금 당신이 읽고 있는 이 장에서 당신은 이런 행동들의 특징과 비효과적인 행동과의 차이점에 대해 배우게 될 것이다. 책을 계속해서 읽으면서 당신 삶의 다양한 시나리오 속에서 이런 행동들이 어떤 모습인지 생각해보라. 자신에게 질문하라. 그런 행동 안에서 강해진 때는 언제였는가? 나의 마음은 어디에 있었는가? 내게 어떤 영향을 주었는가?

네 가지 겸손의 행동

마음이 겸손을 기반으로 움직일 때는 용기, 근면, 정직, 배움 같은 개인적 성장을 이끄는 행동과 목적 중심 결과가 나타난다. 겸손에 뿌리 내린 행동들은 진정성, 변혁, 신뢰, 성취의 특성을 가진다.

'진정성의 행동'은 진정한 자신이 되는 마음 자세에서 나온다. 진정성 있는 행동 안에서 강해질 때, 우리는 용기와 진실성을 가지고 살면서 우리의 가치관에 충실하기 위해 최선을 다한다. 자기 내면의

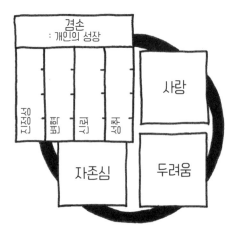

가치를 느끼는 데에서 나오는 겸손한 자신감 덕분에 실수를 인정하고, 자조하고, 외모를 사랑할 수 있다. 진정성의 행동을 할 수 있는 사람은 큰 압력과 부담 아래에서도 차분하게 통솔력을 발휘하고 목적의식을 잃지 않는다.

옳은 일이기 때문에 또는 당신의 가치관에 더 부합하기 때문에 더 힘든 길을 택하거나 더 어려운 선택을 한 때를 생각해보라. 남을 탓하거나 비난하지 않고 당신이 옳다는 것을 증명하지 않으면서 솔직한 태도를 유지했던 힘겨운 대화를 생각해보라. 이런 때가 진정성 있는 순간들이다. 이 장 처음에서 언급했던 모건이 엄마와의 관계에서 간절히 바랐지만 두 사람 모두가 솔직해질 용기가 없어서 하지 못했던 행동이기도 하다. 용기는 겸손을 기반으로 하는 모든 행동에 필수적인 요소다.

'변혁의 행동'은 개인적으로 배움과 발전을 추구하는 마음 자세에서 나온다. 이 행동은 지혜와 성숙함을 키우는 일에 헌신하며, 스스로의 취약성을 인정하고, 가르침에 열려 있다. 우리는 다른 사람으로부터 배우고 경험할 수 있는 기회에 열려 있어야 한다. 새로운 일이나 목표를 달성하는 새로운 방식을 시도하거나 우리가 모른다거나 도움이 필요하다는 점을 인정하는 데 두려움을 갖지 말아야 한다. 변혁의 행동을 할 수 있는 사람들은 자신의 강점과 약점에 대해 잘 알고 피드백을 피하지 않는 경향이 있다. 자신이 밟고 있는 여정을 편안하게 받아들인다.

몇 년 전 스티븐은 한 컨퍼런스에서 강연을 했다. 그는 그리 유명하지 않았고, 그의 강연은 유명한 강연들에 앞선 '오프닝 무대'에 가까웠다. 강연자 중에는 대단히 성공한 오스트레일리아 출신의 사업가가 있었다. 스티븐은 컨퍼런스 동안 그를 만나 몇 분간 대화를 나눴다. 그는 시드니로 돌아가면 우리 사무실로 스티븐을 찾아와 친분을 이어가고 싶으며, 우리 회사가 어떻게 운영되는지 알고 싶다고 말했다. 스티븐은 오히려 자신이 그의 회사를 방문하는 쪽이 상식적일 거라고 생각하면서 정말로 그가 약속을 실천하리라고 기대하지 않았다. 그러나 한 달쯤 후에 그는 정말로 스티븐의 사무실을 찾아왔다. 그는 질문을 이어가면서 다른 사람들의 경험과 아이디어에 깊은 관심을 드러냈다. 이야기를 하는 동안 메모를 하면서 자신이 취할 수 있는 행동의 목록을 만들었다. 또한 귀중한 식견도 공유해줬고 사업을 하면서 한 실수들도 솔직하게 이야기해줬다. 이 사람이 큰 성공을 거두고 자신의 회사에 그렇게 효과적인 문화를 구축한 건 전혀 이상한 일이 아니었다. 그의 겸손과 배우고 성장하고자 하는 열정이 아주 큰 용기와 자극을 주었고, 다른 사람들도 거리낌 없이 배우고 발전을 도모할 수 있는 무대를 마련해주었던 것이다.

'신뢰의 행동'은 믿음직스럽고, 성실하고, 양심적인 마음 자세에서 나온다. 우리는 절제, 일관성, 약속을 지키는 일, 의무를 다하는 일에 가치를 두는 동시에 재미와 유연성을 거부하지 않아야 한다. 이런 행동을 유지하고 이런 가치관에 따라 살기 위해서는 언제 '안 돼'라고 말해야 하는지, 언제 위임을 해야 하는지, 언제 지나친 관여를 피해야 하는지 알아야 한다. 우리는 마감을 지켜야 하고 납품하기로 한 것을 정확하게 전달해야 한다. 그렇게 할 수 없다면, 남을 탓하거나 변명하지 말고 그 이유를 투명하게 밝혀야 한다. 신뢰할 수 있는 행동을 하는 사람들에게는 자신의 말이 자신의 굴레가 된다. 그들은 다른 사람의 시간을 중요하게 여기며 신뢰감을 준다. 또 자신을 적절히 관리하는 효과적인 시스템(후속 조치, 계획, 약속 일지)을 가지고 있다. 쉽고 기본적인 듯 보일지 모르겠지만 이런 부분들이 그들을 믿음직스럽게 만든다.

대서양을 가로지르는 비행기 안에 있다고 상상해보라. 조종사가 비행 전 검사 항목들을 모두 확인하는 귀찮은 일을 하지 않기로 선택했다면 어떤 기분이 들겠는가? 우리는 특정한 자리에 있는 사람들(조종사, 회계사, 의사 등)이 신뢰의 행동을 보여주리라고 기대한다. 이런 식의 믿음을 동료나 친구에게도 가질 수 있다면 좋지 않을까? 긍정적인 일을 함께하기가 더 쉬워지지 않을까? "너라면 믿을 수 있지"라는 말은 얼마나 듣기 좋은가? 이 혼란스러운 세상에서 이보다 더 좋은 칭찬은 없다.

'성취의 행동'은 일의 탁월성과 관련된다. 완벽이 아니라 최선을 다하는 것이다. 성취의 행동을 보여주려면 우리는 목표를 달성하고, 결과를 얻고, 차이를 만들고, 자기 이해를 넘어 목적을 향해 노력하는 마음 자세에서 움직여야 한다. 앞날을 계획하고 전력을 다해야한다. 성취의 행동을 보여주는 사람은 '건전한 경쟁'으로 일과 삶에서 승리하고 싶어 한다. 그리고 존중과 성실과 겸손을 가지고 승리를 이뤄낸다.

예를 들어 비행기 승무원은 팁을 받지 않기 때문에 성취도가 높은 사람이 되겠다는 내적 동기가 그들의 서비스와 태도를 보는 우리 고객들에게 뚜렷이 드러난다. 성취도가 높은 사람들은 요청을 받을 때까지 기다리지 않는다. 그들은 무엇에 이끌려 움직이는 것이 아니라 무엇을 향해 움직인다.

네 가지 사랑의 행동

사랑에 의해 움직일 때, 마음은 존중, 충성, 친절, 확신을 드러낸다. 사랑에 뿌리 내린 행동들은 연결, 격려, 발전, 연민의 특성을 가진다.

'연결의 행동'은 의미 있는 관계를 구축하려는 마음 자세에서 나온다. 우리는 다른 사람들을 더 잘 이해하고 그들의 관점이 우리와 얼마나 다르든 그 관점을 존중하기 위해 노력해야 한다. 사람들에게

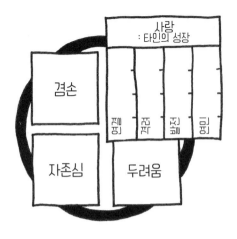

관심을 보이고, 좋은 사회적 기술에 의지하고, 적극적으로 귀를 기울이는 사람이 됨으로써 사람들을 알아가야 한다. 공손하고 정중해야 한다. 사람들의 이름을 기억하고 그들이 편안하고 배려받는다고 느끼도록 해야 한다. 연결의 행동을 잘함으로써 우리는 모든 계층의 사람들과 진실한 유대를 맺을 수 있다. 연결의 행동에 뛰어난 사람들은 친절, 정중함, 타인에 대한 진정한 관심을 발산한다. 연결 행동은 상호작용을 거래가 아닌 관계로 생각하는 것이다.

누군가의 일상이 다른 누군가에게는 관계의 문제일 수 있다. 예를 들면 고객들은 관계를 우위에 두고 있다고 느껴지는 진심 어린 서비스를 받고 싶어 한다. 반면에 고객을 상대하는 일이 직업인 사람들은 진심 어린 서비스의 문화를 잃곤 한다. 서비스가 그저 일상이 되어 고객이 진심 어린 서비스에는 신경조차 쓰지 않는다고 느끼는 데까지 이르게 된다. 우리 아들 네이선은 자동차 관련 사업을 하고 있다. 대부분의 고객은 자동차에 문제가 생겼을 때나 네이선을 보겠지만 그는 매일매일 같은 문제들을 마주한다. 하지만 그는 자신의 열정을 새롭게 하고, 고객과의 관계를 우위에 두면서 문제를 해결하고, 배려하고, 전문지식에 대한 그들의 요구를 이해하기 위해 노력한다. 그는 성심껏 봉사하기 위해 비상한 노력을 기울이며 덕분에 그의 사업은 번창하고 있다.

'**격려의 행동**'은 다른 사람이 용기, 성품, 자존감을 키우게끔 돕는다. 자신을 앞세우지 않는 마음 자세를 통해 우리는 타인이 내적 성품을 키우도록 지원하고, 인정하고, 동기를 부여하는 데서 만족감을 얻는다. 우리는 훌륭하게 일을 해내고 칭찬을 바라거나 어려운 순간에 인정을 바라는 사람들의 신호를 찾아서 긍정적인 격려를 베풀어야 한다. 여기에서 중요한 것은 그 격려가 가식이 아닌 진심에서 우러나야 한다는 점이다. 타당치 못한 칭찬은 인정을 추구하는 행동이며 대개의 사람들은 그것을 꿰뚫어 본다. 격려의 행동에 뛰어난 사람은 작은 부분도 자주 칭찬한다. 긍정적이고 애정 어린 지원이 내적 힘을 키우는 데 도움이 되고 내면의 황금을 키우는 데 이바지함을 알고 있는 것이다. 우리는 격려(encouragement)를 사람들(자녀들에서부터 친구, 사랑하는 사람들, 직원, 상사에 이르기까지)의 마음속에 용기를 불어넣는다는 뜻에서 종종 'in(내면)-courage(용기)-ment'라고 적는다.

스티븐은 열정적인 암벽 등반가다. 격려 행동의 중요성이 우리가 암벽에 매달려 있을 때보다 명확한 때는 없다. 격려는 등반에 없어서는 안 될 부분이다. 파트너들은 서로를 자주 확인하고, 힘든 과정을 넘기면 칭찬해주고, 다음 과제 앞에서 서로 응원을 해줘야 한다. 이로써 불안을 가라앉히고, 두려움을 다독이고, 스포츠에서나 인생에서나 성공에 꼭 필요한 자신에 대한 믿음을 불러온다. 스포츠팀이 실수 후에 서로를 어떻게 격려하는지 지켜보라. 격려의 행동에 뛰어난 사람들은 우리 모두에게 잦은 격려가 필요하며, 특히 힘든 시기에는 그것이 더 절실함을 안다.

'**발전의 행동**'은 상대의 최선의 이익에 집중해서 그가 잠재력을 발휘할 수 있도록 돕는 일에 시간을 할애하는 마음 자세에서 나온다. 이것은 객관성과 공감이 결합된 행동이다. 우리는 건설적인 피드백을 통해 타인의 개인적 성장을 효과적으로 돕고, 사람들이 한 인간으로서 부족하다는 느낌을 받지 않도록 하면서 그들의 기술과 성품을 키우는 데 마음을 열고 솔직하게 다가갈 준비가 되어 있어야 한다. 발전의 행동에서 뛰어난 사람은 개선이나 성장의 필요성에 대한 솔직하고 진심 어린 대화를 피하지 않는다. 그들은 다른 사람의 내적 가치에 대한 믿음과 그들을 돕고 싶다는 진정한 바람을 발산한다. 그로 인해 다른 사람들을 코칭하거나 이끄는 일에서 믿을 수 없을 만큼 뛰어난 효과를 낸다.

마틴은 수학을 아주 좋아했다. 딸 켈리가 고등학교 졸업반 때 수학 공부를 힘들어하자 마틴이 돕겠다고 나섰다. 하지만 마틴이 미적분 숙제를 봐줄 때마다 켈리는 아빠에게 불평을 했다. 정작 개념은 이해하지 못한 채로 말이다. 마틴은 당혹스러웠다. 하지만 아내 제인의 애정 어린 중재 덕분에 잘못을 깨달을 수 있었다. 자신의 관점에서 딸에게 최선인 것을 결정하기보다는, 어떻게 하면 도움이 될지 딸이 직접 생각해보도록 했어야 했다.

그들은 켈리가 스스로 효과가 있으리라고 보는 방향에 따라 전략을 세웠다. 이렇게 해서 마틴은 켈리에게 무능함 대신 할 수 있다는 느낌을 주는 방식으로 그녀를 도왔다. 몇 개월 뒤 켈리는 뛰어난 성적으로 학교를 졸업했다. 졸업 후에 그녀는 다른 아이들에게 수학 개인 교습을 하기도 했다. 아버지가 자신을 도왔던 것과 같은 방식으로 말이다.

우리 모두에게는 부모, 배우자, 리더 또는 친구로서 주변의 다른 사람들이 최선의 자신이 되도록 도울 기회가 주어진다. 그럴 때마다 우리는 사람들이 자신의 발전을 위한 기회를 알아보도록 도와야 한다. 어떤 사람이 조직이나 팀에 적합하지 않을 때에는 그를 내보내는 게 그 사람을 돕는 일이 될 수 있다. 발전은 쉬운 일이 아니다. 우리는 다른 사람, 특히 우리가 아끼는 사람들의 감정을 다치게 할까 두려워할 때가 많다. 상대가 두려움에 의해 움직일 때라면, 그들은 적절하게 전달된 건설적인 피드백조차 공격으로 느낄 수 있다.

우리가 관찰한 리더들은 다양한 스타일로 사람들의 발전을 위한 피드백을 주고 코칭을 했다. 어떤 이들은 '스프는 따뜻할 때 먹어라'라는 방침에 따라 문제가 눈에 띄는 즉시 달려든다. 어떤 이들은 문제를 논의할 적절한 때가 언제인지 식별하면서 결정적인 순간이 올 때를 기다린다. 언제나 맞는 방식은 없다. 중요한 것은 사랑과 연민이다.

'**연민의 행동**'은 다른 사람들, 그들의 행동과 환경을 이해하는 데 초점을 두는 마음 자세에서 나온다. 진정으로 연민을 느낄 때, 우리는 성급한 판단을 자제하고 보다 깊은 곳에 있는 '이유'를 파악하려 한다. 표면적 행동을 지나쳐 다른 사람들의 마음을 들여다본다. 그리고 '그 안의 어떤 것이 트리거, 틀, 진실, 공백, 상처, 서약 또는 황금일까?'라는 궁금증을 갖는다. 단순히 반응하는 것이 아니라 그 사람의 과거와 지금의 삶을 형성한 것이 무엇인지 고려하고, 그런 상황들이 어떻게 그를 자극했는지 파악하고, 긍정적인 의도를 진단한다. 어떤 상황이 트리거가 되어 그 행동을 자극했을까?

사람들은 때로 연민을 용납과 혼동한다. 연민을 가지는 게 그 행동을 용납하거나 호응한다는 의미는 아니다. 객관적이 되어서 상대를 판단하거나 재단하는 입장에 서지 않기로 선택한다는 뜻일 뿐이다. 이런 행동을 통해 우리는 사람들의 행동의 근원이 무엇인지 이해하고 따라서 그 점을 고려해 선 위의 방식으로, 진심 어린 발전의 행동으로 반응할 수 있다.

우리는 선 위의 행동에서 진정성과 연민이 '북엔드(bookend, 여러 권의 책을 세워 놓을 때 쓰러지지 않게 양쪽 끝에 받치는 것-옮긴이)'의 역할을 한다고 말하곤 한다. 진정성과 연민, 이 두 가지는 우리 내면의 가치를 소중하게 여기고 다른 사람의 내적 작용을 이해하도록 해준다. 그것이 우리가 가질 수 있는 가장 강력하고 긍정적인 힘이다.

선 아래 마음이 일으키는 8가지 행동

얼마 전 우리는 흔치 않은 경험을 했다. 마음유형분석지표를 받은 한 참가자가 그 결과를 믿을 수 없다고 저항한 것이다. 이 사람은 360도 다면 검사를 했고, 이는 그가 받은 결과에 동료 6명이 그를 평가한 평균 점수가 포함되어 있다는 뜻이다. 그는 동료 평가 점수표가 보여주는 결과에 화가 났다. 선 아래의 행동에서 점수가 높았고, 선 위의 행동에서는 점수가 낮았다. 자기 평가는 동료 평가와 매우 달랐다. 같은 행동에 대해서 정반대의 결과를 나타냈다. 마음유형분석지표 검사 결과를 받아들이기 힘들어하는 사람은 인생에서도 어려움을 겪고 있을 가능성이 높다. 두려움은 자존심으로 이어지고 자존심은 부정으로 이어진다. 그는 자신의 행동이 주변 사람들에게, 그리고 그가 삶에서 원하는 것을 달성하는 데에 어떤 영향을 주는지 알지 못하는 것 같았다. 그가 직면한 부정을 극복하기 위해서는 더 많은 증거가 필요했다. 결과에 정말로 만족하지 못하는 사람이 있을 경우 우리는 또 다른 지표를 무료로 제공한다. 우리는 그에게 말했다. "좋습니다. 다른 여섯 분을 고르시면 그분들께 설문을 보내죠."

그렇게 평가 결과가 준비되자 우리는 그를 따로 불러 결과를 공유했다. 원래의 여섯 응답자에게서 나온 결과와 거의 같았다. "전전혀 몰랐어요." 그가 할 수 있는 말을 그것뿐이었다. "정말 사람을 겸손해지게 만드는군요. 어떻게 제 자신을 개선할 수 있는지 알고 싶습니다." 이 말이 눈부신 발전의 시작점이었다.

이미 우리의 두뇌가 항상 '진짜 진실'을 보여주는 최선의 지표가 아님은 배웠다. 종종 선 아래의 행동과 함께하는 부정적인 감정들(죄책감, 자기 불신, 수치심)은 우리를 선 아래로 끌어내리는 악순환에 양분을 공급한다.

비효과적인 행동을 줄이는 가장 효과적인 방법은 아주 간단한 조치에서 시작한다. 눈을 뜨는 것이다. 선 아래의 행동을 이용하고 있음을 깨닫는 순간 비로소 당신에게는 다른 선택을 할 기회가 주어진다. 선 위로 옮겨가기 위해서는 자신에게 연민을 가져야 한다. 그리고 두려움이나 자존심에 의해 움직일 때는 자신을 보호하기 위해 누구나 이런 대응 전략에 의지함을 알아야 한다.

이 책을 읽으면서 당신이 배우게 될 선 아래의 행동들은 평범하고 일상적이다. 우리 모두가 어느 순간에는 이런 행동들에 의존한다. 우리 두 사람은 수십 년 동안 이런 아이디어를 연구하고 작업해 왔지만 여전히 선 아래로 미끄러질 때가 있다. 또한 가장 비효과적인 행동도 좋은 의도에서 나옴을 깨닫는 것이 중요하다. 이후 두려움이나 자존심에 이끌리면서 좋은 의도가 가려질 뿐이다. 이런 식이다. 열한 살인 당신의 딸이 친구들과 놀이공원에 갈 준비를 하고 방으로 들어온다. 부모인 당신은 "우리 공주님, 친구들과 외출하려고 정말 예쁘게 입었네. 즐거운 시간 보내. 사랑해!"라고 말할 수도 있지만 대신에 이렇게 말한다. "카디건은 어디 있니? 밖이 정말 추워. 감기에 걸리고 싶은 건 아니지?" 추운 날 아이가 옷을 따뜻하게 입었으면 하는 좋은 의도와, 따뜻하게 입지 않으면 딸이 감기에 걸릴 테고 그러면 내가 형편없는 부모가 된다는 두려움에서 나온 말이다. 하지만 아이는 자신을 날씨가 추운 줄도 모르는 애로 취급하는 짜증스런 부모를 볼 뿐이다.

이 시나리오는 마라와 우리 딸 태머라에게 일어났던 일이다. 태머라는 당시 열한 살이었다. 그녀는 그래도 마라에게 차분하게 이렇게 얘기할 만큼 공손했다. "엄마도 아시겠지만, 지금 엄마는 할머니랑 똑같아요." (이 지점에서 마라는 가슴을 움켜쥐고 크게 한숨을 쉬었다. 안 돼!) "엄마는 절 과보호해요. 가방에 카디건을 넣어뒀어요." 마라는 자신이 한 일을 되돌아볼 줄 알았기에 태머라에게 사과했다. "첫째, 평소에 어떤 심리학자랑 어울리기에 그런 단어까지 아는 거니? 둘째, 네 말이 맞아. 미안해." 우리는 20년이 지난 지금까지 이 일을 떠올리며 웃곤 한다.

여덟 가지 선 위의 행동 각각에는 그것을 '가장한' 선 아래의 행동이 있다. 좋은 의도에서 나왔다고 해서 선 아래의 행동이 선 위의 행동이 될 수는 없다. 분투는 가짜 탁월함인 반면 성취는 진짜 탁월함이다. 경쟁은 가짜 개선인 반면 변혁은 진짜 개선이다.

선 아래의 경향 각각을 당신에게 '훌륭한 친구'를 소개시켜줄 수 있는 '친구'로 생각하라. 정신과 마음을 모두 연다면 더 효과적이고 더 순수한 행복을 얻기 위한 강력한 통찰을 얻을 수 있을 것이다.

네 가지 자존심의 행동

마음이 자존심으로 인해 움직일 때, 잘난 체, 완벽주의, 대가를 개

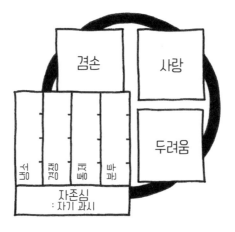

의치 않는 승리 추구와 같은 자기 과시 행동이 나타난다. 이는 다른 사람과의 진정한 유대를 막는다. 자존심 사분면에 뿌리를 둔 행동들은 냉소, 경쟁, 통제, 분투를 특징으로 한다.

'**냉소의 행동**'은 자존감을 높이기 위해 자신이 그 자리에서 가장 똑똑하고, 가장 재치 있고, 가장 재미있는 사람이 되어야 한다는 마음 자세에서 나온다. 냉소의 행동 뒤에 다른 사람과 관계를 구축하려고 노력하는 좋은 의도가 있는 경우도 있다. 그렇지만 진실해질 만큼의 강한 진정성과 내적 힘을 갖추지 못했기 때문에 냉소의 행동이 나오게 된다(사실 냉소는 가짜 진정성으로, 종종 직설적인 솔직함이나 자신감으로 모양을 바꾼다). 우리는 상호작용에서 우리를 어색하거나 취약하게 만드는 감정들과 안전거리를 유지해야 한다고 생각하고, 따라서 냉소나 비꼬거나 눈치 빠른 말에 의존해서 연결을 추구한다. 문제는 대부분의 경우 이런 것들이 위협적이거나 심지어는 유해할 수 있고 '지적 유희'가 될 수 있다는 점이다.

이 장의 앞부분에서 만나 보았던 모건의 남동생, 마이클이 그 예다. 가족의 역학으로 인해 그는 매우 불편한 상태였다. 그는 냉소를 이용해서 자신과 그 상황 사이에 거리를 만들고, 그 상황이 자신에게 영향을 주지 않는다고 생각했다. 하지만 당연히 상황은 그에게 영향을 미치고 있었다. 엄마의 비난에 대한 두려움에서 성장한 자존심으로 인해 그는 자신이 상황에 영향을 받지도, 상처를 받지도 않음을 증명하려 노력했다. 그 과정에서 그의 신랄한 언급은 다른 사람들에게 상처를 입혔다. 하지만 사실 그 행동을 통해 그는 자신의 마음이 불편함을, 다른 모든 사람과 마찬가지로 그 역시 즐겁고 애정이 충만한 가족을 원함을 전하려 노력하고 있었다.

많은 유머의 기본은 냉소다. 그렇다면 거기에 있는 진짜 문제는 무엇일까? 냉소는 가짜 진정성이다. 우리는 진실하다고 스스로를 설득하지만 실은 냉소로 진실을 왜곡하면서 그러는 편이 덜 고통스러울 거라고 생각할 뿐이다. 문제는 그것이 선 아래로 내려간 행동이기 때문에 효과가 긍정적이지 않다는 데 있다. 자기 비하적인 유머를 사용하면서 사람들을 편안하게 만들려 하지만 사실 당신은 혼자 움츠러들고 있을 뿐이다. 이는 스스로에게 진정성 있는 행동이 아니다. 그 행동으로 사람들이 당신과 함께 어떤 사람이나 어떤 대상을 비웃게 만든다. 당신이 진짜 의미하는 바를 말하는 대신 농담을 하는 것이다. 이것은 유머를 가장한 적대감이다. 당신은 사실을 인정하고 털어놓지 않은 채 부정적인 의견을 전하고 있을 뿐이다.

선량한 농담과 진짜 익살은 재미있고 친근하다. 그런 진짜 즐거움을 나누는 열쇠는 그 순간에 당신의 마음이 어디에 있는지 주의를 기울이는 데 있다. 차이를 아는 것, 당신을 움직이는 것이 자존심인지 사랑인지 아는 것, 당신은 아무리 재미있다고 생각하더라도 그런 냉소를 참아야 하는 때가 언제인지 아는 것이 중요하다. 때로는 내가 얼마나 재미있고 영리한 사람인지 드러내고 싶은 자존심이 나를 움직인다는 것을 솔직하게 인정할 필요가 있다.

'**경쟁의 행동**'은 최선의 내가 되고, 이기고, 다른 사람보다 나아지고 싶은 좋은 의도에 기반한다. 하지만 자존심이 나를 주도하기 시작하면 어떤 대가를 치르더라도 이겨야 한다는 욕구, 이기적인 야심과 다른 사람보다 낫다는 것을 확인하기 위해 지속적으로 스스로를 다른 사람과 비교하는 습관으로 이어진다. 과도한 경쟁은 과도한 비교가 되고 이는 다시 제약을 가하는 행동이 된다. 경쟁적 행동에 떠밀려서 우리는 과장하고, 조작하고, 심지어 다른 사람을 속인다. 경쟁의 행동은 자존감을 높이려는 대응 전략이기 때문에 우리 나름의 최선이 되겠다는 목표는 최고가 되는 것, 남보다 나아 보이는 것으로 뒤바뀐다. 경쟁의 행동에 의존할 때 우리는 방어, 질투, 시기를 내뿜고 있음을 알지 못하는 경우가 많다.

이 상황이 익숙해 보이지 않는가? 당신은 친구들과 좋은 시간을 보내러 나갔다. 저녁 식사를 하면서 한 사람이 최근의 휴가 이야기를 꺼낸다. 두 문장을 말하고 잠깐 뜸을 들이는데 다른 사람이 자기 이야기, '더 나은' 휴가에 대한 '더' 나은 이야기를 가지고 갑자기 끼어든다. 첫 번째 사람이 당신일 수도 있고 두 번째 사람이 당신일 수도 있다. 어느 쪽도 기분이 좋지 않다. 이유는 콕 집어 말할 수 없지만 말이다. 그 순간이 그날 저녁의 분위기 전체를 바꿀 수 있다. 유대감을 쌓는 즐거운 저녁 시간이 긴장이 감도는 시간이 된다. 2장에서 에바의 아들을 향한 경쟁적인 행동이 가족과의 애정이 충만했던 저녁 시간을 망쳤던 걸 기억하는가?

우리 두 사람이 가장 많은 저항에 부딪치는 부분은 경쟁이 선 아래의 비효과적인 행동이라는 아이디어다. 사람들은 경쟁이 좋은 것이라고 말한다. 물론, 우리도 건전한 경쟁심은 목적 달성에 도움이 된다고 생각한다. 하지만 건전치 못한, 자존심에서 기인한 경쟁의 행동은 선 위의 승리, 우리 나름의 최선이 되기 위한 노력과는 다르다. 경쟁적인 행동은 존엄성, 존경, 명예, 정직을 통한 승리를 위한 게 아니다. 다른 사람을 물리치고, 어떤 대가를 치르든 승리해서 자신이 가치 있는 사람이라고 느끼고자 하는 일이다. 프로 스포츠 세계에서 당신이 들었던 고무적인 이야기들을 생각해보라. 정직과 성실로 승리를 일궈내거나 당당하게 패배를 인정했던 사람들의 이야기와 속임수, 약물 복용, 승부 조작으로 커리어와 명성을 망친 사람들의 이야기를 비교해보라. 그 차이가 겸허에서 기인한 성취와 자존심에서 기인한 성취의 핵심이다.

'통제의 행동'은 가짜 신뢰다. 통제는 일이 '제대로' 되는 것을 원하되 다른 사람이 당신만큼 잘할 수 있다고 신뢰하지 않아서 모든 소소한 것까지 당신이 다 챙기는 것을 말한다. 분투의 행동(다음에 설명할 것이다)과 경쟁의 행동 사이에 있는 통제는 (극단에 이르렀을 때) 우리를 만사를 자기 뜻대로 하려는 '통제광'으로 만든다. 모든 것을 통제하려고 노력할 때, 사실 통제 불능의 상태가 된다. 모든 것을 반드시 계획에 따르도록 만드는 데 집중하게 되면, 그 과제는 우리의 시간표에 맞춰 우리 방식대로 완성된다. 이 행동에 자극을 받아 선 아래로 내려가면 우리는 세부 사항에 대해 강박적으로 변한다. 결과는 얻을지 몰라도 스트레스 지수와 적대감이 치솟는다. 지배, 오만, 다른 사람의 두려움을 촉발하는 강렬한 에너지를 내뿜게 된다. 우리가 가족이나 직장에서 힘이 있는 위치에 있을 때는 더 심해진다. 또한 사람들을 신뢰하지 못해서 결정을 내리게 두지 않음으로써 그들이 효과적인 문제 해결자로 성장하는 것을 제한한다.

우리가 말했듯이 이 16가지 행동 모두가 대단히 흔하다. 따라서 당신도 분명히 통제적인 상사나 동료를 만나보았을 것이다. 이런 행동은 양육에서도 나타난다. 마라는 몇 년 전 고향집에 갔을 때 문 앞에서 이런 말을 들었다. "날씨가 추운데 왜 스웨터를 안 입었니?" 따뜻한 환대라고 보기는 힘든 말이다. 마라 어머니의 통제 행동은 중요한 순간을 망칠 수 있었다. 태머라가 "지금 엄마는 할머니랑 똑같아요"라고 말했을 때 마라가 가슴을 움켜쥔 이유를 당신도 눈치챘을 것이다. 우리의 대응 전략은 의식적인 선택이 아니다. 마라의 어머니는 분명 '마라를 이 추위로부터 보호하지 못한다면 나는 좋은 엄마가 아냐'라고 생각했을 것이다. 작은 일이다. 하지만 그런 경험들이 마라를 선 아래로 끌어당기는 마음의 틀이 되었다. 마라는 선 아래로 끌려가는 대신 숨을 크게 한 번 쉬고, 의식적으로 연민을 선택했고, 가서 웃으면서 엄마를 끌어안았다.

'분투의 행동'은 모든 일에 대한 대답을 얻어야 하고 내가 옳아야한다는 욕구에서 비롯된다. 자존심은 탁월함을 달성하려는 좋은 의도를 짓밟는다. 그 대신에 우리는 모든 실수를 피하는 데, 따라서 모든 거부를 피하는 데 집중한다. 그 결과인 완벽주의로 인해 일에 중독되기도 하고, 과도하게 비판적인 사람이 되기도 하며, 삶의 어떤 부분에서 일이 잘되지 않을 경우 내적 자신감을 완전히 잃기도 한다. '충분하지 않다'는 마음의 틀은 분투에 기인한다.

스트레스가 무엇으로 구성되는지 아는가? 바로 분투다. 분투는 선 아래에 있고 성취는 선 위에 있다. 분투 행동의 소용돌이에 휘말리면 우리는 과제를 달성하는 동안 즐거움은 전혀 느끼지 못한 채 치열함, 불안, 긴장을 내뿜는다.

모건의 어머니, 낸시는 분투 행동에 의해 규정되고 제한된 삶을 살았다. 낸시의 자존감과 자신감은 모든 것을 완벽하게 만드는 데, 앞의 사례에서는 가족의 저녁 식사를 잘 준비하는 데 좌우됐다. 하지만 그녀가 만족하지 못하면서 그 스트레스와 불안은 사랑하는 사람들의 마음에 두려움을 불어넣었다. 충돌을 피하고, 사랑받고, 좋은 어머니이자 아내로 비춰지기를 가장 원하면서도 스스로 그것을 가로막고 있었다. 그녀는 내면의 의심을 잠재우기 위해서 환경을 완벽하게 하는 데 집착하고 있다는 걸 깨닫지 못했다. 가족들은 그녀의 행동으로 인해 어떤 느낌을 받는지 솔직히 드러낼 수가 없었다. 무슨 말이든 낸시는 늘 자신이 '충분하지 않다'는 말로 들었기 때문이다.

분투는 현대사회에서 중요한 문제다. 많은 사람들이 분투로 인해 어려움을 겪고 있다. 자신이 달성해 놓은 것들에도 불구하고 '충분하지 않다'는 느낌을 받기 때문에 스스로를 책망하고 누군가 자신의 허울을 알아낼까 봐 심하게 두려워한다. 이런 가면 증후군(impostor syndrome)은 분투에서 비롯된 문제다. 이 문제를 극복하는 일은 두려움, 인정에 대한 갈망을 인지하는 데서 시작한다.

네 가지 두려움의 행동

마음이 두려움을 바탕으로 작동할 때는 수동성, 열등감, 상대 기분 맞추기와 같이 우리를 제한하는 자기 보호적 행동이 나타난다. 인정 추구, 쉽게 발끈함, 의존, 회피 행동이 두려움 사분면에 뿌리를 두고 있다.

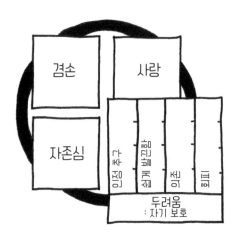

'인정 추구 행동'은 호감을 얻고, 받아들여지고, 다른 사람과 잘 지내려는 좋은 의도에서 비롯된다. 하지만 두려움이 사랑을 누르고 지나치게 친절하고 지나치게 협조적이고 지나치게 수용적인 대응 전략을 만들어낸다. 인정 욕구는 우리 모두가 타고난다. 하지만 거부에 대한 두려움 때문에 고통을 받는 사람들은 사람들의 인정을 받는 데 지나치게 집착하며, 이는 비위를 맞추는 형태로 드러난다. 그들은 다른 사람들이 자신을 어떻게 생각할까 걱정하고, 다른 상황에서는 어떻게 말할까 준비하느라 감정적 에너지를 소진한다. 그들은 거짓된 아첨과 가짜 겸손함을 내보인다.

부부가 새집으로 친구 몇 명을 초대한다. 손님들은 문을 열고 집에 들어서자마자 탄성을 지른다. "집 정말 좋다!" 현관밖에 보지 못했는데 말이다. 거실로 들어오면서는 야단스러운 칭찬을 잔뜩 늘어놓는다. 주방으로 들어서자 한 사람이 다른 사람에게 말한다. "우리도 저런 냉장고가 있어야겠어요!" 집주인인 남편이 주방에 페인트를 칠하고 싶다고 말하자 손님들은 열광적으로 그의 말에 동의한다. 하지만 아내가 반대하자 손님들은 바로 말을 바꾼다. "그래요. 지금도 너무 좋아요." 그들의 진짜 생각은 무엇일까?

누구나 때때로 인정을 추구하는 행동에 빠져든다. 하지만 이 행동을 일상적인 대응 전략으로 이용하며 산다면 심각한 문제에 이를 수 있다. 무리한 약속으로 스스로를 속박하고, '안 돼'라고 말해야 할 때 '알겠어'라고 말하고, 삶의 우선순위를 결정하는 데 어려움을 겪을 수 있다. 이 행동은 우리의 (자신과 타인에 대한) 진정성을 앗아가고 다른 사람들이 우리를 불신하게 만든다. 사람들은 당신이 정말 무슨 생각을 하는지 알 수 없다고 느끼기 때문이다.

'쉽게 발끈하는 행동'은 다른 사람으로부터 격려와 칭찬과 지지를 받고자 하는 좋은 의도에서 비롯된다. 하지만 긍정적 반응을 얻지 못하면 두려움으로 인해 피드백을 부정적 비판으로 인식하게 된다. 마치 사적인 공격처럼 느낀다. 그로 인해 지나치게 예민해지고 발끈하기 때문에 사람들은 눈치만 보면서 어떤 피드백도 주지 않게 된다. 쉽게 발끈하는 행동은 허위이며 우리의 성장을 막는다. 쉽게 발끈하는 행동에서 높은 점수를 기록한 사람은 다루기 힘든 태도를 보이며 불안정한 관계를 맺는 경향이 있다. 사람들이 그런 사람 곁에서는 솔직하고, 진정성 있고, 느긋한 태도를 가질 수 없다고 느끼기 때문이다. 낸시의 가족들이 낸시 주변에서 느낀 감정과 같다.

대개의 사람들은 직장에서 이런 행동이 어떻게 나타나는지 지켜본 적이 있을 것이다. 회의에서 예민한 동료가 아이디어나 전략을 발표하고 있다. 모두들 그에게 피드백을 주기 어려워한다. 자연히 회의실 안의 긴장감이 높아진다. 용기 있는 사람이 처음으로 목소리를 내자 발표자의 표정이 굳어진다. 사람들은 과도하게 분위기를 풀어보려고 노력하지만, 회의 막바지에 그 사람은 입을 꼭 다물고 부루퉁해서 아무런 말없이 자리를 뜬다. 모두에게 진이 빠지는 일이다.

'의존의 행동'은 거부에 대한 두려움이 다른 사람에게 봉사하고 옳은 일을 하고자 하는 좋은 의도를 압도하면서 나타난다. 자기 아이디어를 내세우는 위험을 감수하기보다 다른 사람이 주도하게 하는 쪽이 더 쉽고 안전해 보일 수 있다. 이런 사람들에게는 자기 의견, 자기 인식, 자기 자신을 신뢰할 만한 용기나 자신감이 없다. 따라서 다른 사람이 결정하게 하고 그들의 지시에 따르며 자기 목소리를 내지 않는다. 이 행동에서 높은 점수를 받는 사람들은 우유부단함이나 수동성을 보인다. 그들은 자신을 충분히 신뢰하지 않으며 따라서 자신을 끝없이 점검한다.

배우자에게 모든 결정을 맡기는 것처럼 보이는 친구가 있는가? 휴가를 어디로 갈지, 거실을 어떤 색으로 칠할지, 금요일에 어떤 영화를 볼지에 대해서 그들은 전혀 의논하지 않는 듯하다. 저녁에 한잔하러 가자고 부부를 초대하면 "그이한테 물어볼게"라고 답한다. 그런데 그런 사람이 직장에서는 대단히 단호하고 진정성 있는 모습을 보인다. 도저히 이해가 안 된다. S + T = B를 다시 떠올려보자. 우리는 특정 상황과 관계에서는 선 아래로 이끌리지만 다른 상황이나 관계에서는 그렇지 않다. 우리의 마음에 어떤 일이 일어났는지, 그것이 우리의 생각과 틀을 어떻게 형성했는지에 따라 달라지기 때문이다. 집에서는 의존적이지만 직장에서는 그렇지 않고, 부모에게는 의존적이지만 배우자에게는 그렇지 않고, 몇몇 친구들에게 유독 의존적인 식이다. 어떤 영역에 자신이 없으면, 우리는 대응 전략으로 의존적인 행동을 사용한다.

'회피의 행동'은 다른 사람의 기분을 상하게 하거나 화나게 하지 않겠다는 좋은 의도에서 비롯된다. 하지만 거부에 대한 두려움이 충돌을 처리하거나 위험을 감수하는 일을 피하게 만든다. 대응 전략으로서의 회피 행동으로 인해 우리는 책임을 지지 못하고, 스스로와 타인을 진정성 있게 대하지 못한다. 그냥 내버려두거나 물러나기로 결심하다 보니 문제는 해결되지 않는다. 우리는 거짓된 조화를 만들어내고 문제의 핵심은 절대 건드리지 않은 채 '문제를 카펫 밑으로 쓸어 넣어 버린다'.

앞서 제시했던 사례에서 모건의 아버지가 평화를 유지하기 위해 회피적으로 살면서 거짓된 조화를 꾀하는 것을 눈치챘는가? 저녁 식사 자리라는 특정한 순간에는 현명한 처사일 수 있지만 그런 유형의 회피는 가족 관계에 전혀 도움이 되지 않는다. 프로젝트에서 발을 빼는 동료 때문에 크게 곤란한데도 이야기를 꺼내는 대신 당신이 더 많은 일을 한 적이 있는가? 책임에 큰 부담을 느껴서 큰 프로젝트를 미루기만 한 적이 있는가? 친구 관계에서 반드시 해결해야 하는 갈등이 생겼지만 그 문제를 처리할 수 없다는 생각에 '유령처럼' 아무 일도 하지 않은 적이 있는가? 회피 행동은 삶의 모든 측면에서 대단히 흔하게 나타난다. 우리가 자존감에 양분을 공급하는 하나의 방법이기 때문이다.

우리는 두려움, 자존심이 기반이 된 행동들이 엄청난 스트레스와 불안을 야기한다는 것, 그런 스트레스가 덜한 선택안들이 있다는 것을 직관적으로 알고 있다. 하지만 선 아래에서 빠져나와 선 위의 행동을 강화하려면 일단 자신이 지금 어디에 있는지 알아야 한다.

지금의 나 vs. 내가 바라는 나

누구나 자주 마음 자세, 생각, 행동에서 내가 있고 싶은 곳과 실제로 있는 곳의 격차를 느낀다.

우리는 마음유형분석지표가 사람들이 현재 생각하고 행동하는 방식의 현실을 조명하는 데 도움이 된다고 믿는다. 마음유형분석지표는 자신이 현재 얼마나 효과적으로 사는지 파악하는 데 도움이 된다. 더불어 자신이 어떻게 살고 싶은지 정의하는 데에도 도움을 준다.

우리는 마음유형분석지표의 결과는 판단의 도구가 아니며 삶에 대한 개인화된 나침반을 만들어준다는 점을 항상 강조한다. 성품을 발전시켜감에 따라 결과는 변할 수 있다. 따라서 그 결과들을 당신이 진화하도록 격려하는 수단으로 여겨야 한다. 온라인 설문을 마치기 위해서는 75개의 진술에 두 개씩 답을 해야 한다. 처음에는 당신이 행동하고 싶은 방식, 당신이 가치를 두는 것, 당신이 열망하는 것을 기반으로 응답을 하고 이것이 당신의 '기준점'을 이룬다. 두 번째는 당신이 현재 행동하고 있는 방식을 기반으로 응답을 한다. 이것이 당신의 '자기 점수'를 이룬다. 응답을 마치면 당신의 결과와 그것을 읽는 법을 설명하는 개인별 성장 지침을 다운로드할 수 있다. 결과는 다음과 같은 그래프로 나타난다. 지표를 나란히 두고 비교하면 당신이 살고 싶은 방식과 당신이 현재 살고 있는 방식 사이의 차이가 확연하게 드러난다.

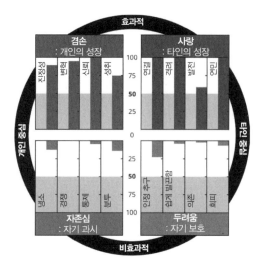

모건의 마음유형분석지표 : 기준점

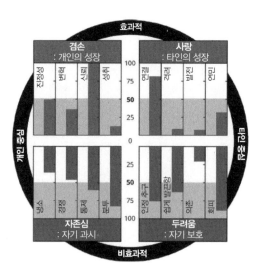

모건의 마음유형분석지표 : 자기 점수

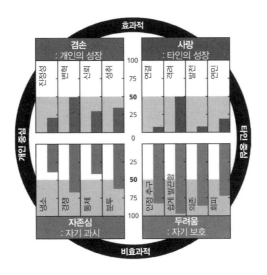

모건의 마음유형분석지표 : 타인의 평균 점수

이 장의 처음에서 만난 모건의 이야기로 돌아가 보자. 그녀는 360도 다면 검사를 받았다. 이는 그녀의 보고서에 세 사람의 동년배들이 동일한 75개 질문에 답한 평균 점수가 포함되어 있다는 의미다. 따라서 모건은 기준점(어떻게 행동하고 싶은가)과 자기 점수(현재 어떻게 행동하고 있다고 생각하는가), 다른 사람들이 평가한 평균 점수를 받게 되었다. 그녀가 받은 결과가 무엇을 보여준다고 생각하는가?

모건은 두려움 기반 행동에서 특히 높은 점수를 기록했다. 낸시의 자존심 기반 행동이 모건에게서 자기 보호를 유발한 것이다. 그녀는 종종 비난을 받고 있다는 느낌이나 충분하지 않다는 느낌을 받았다. 결과를 바탕으로 자신이 대응 전략을 통해 가짜 안전을 만들어내고 있음을 확인한 모건은 자신의 패턴을 바꾸고 두려움 기반 행동들을 줄이기로 선택했다. 그녀는 집에서뿐만 아니라 직장에서도 자신이 두려움에 기반해서 살고 있었다는 것을 겸허하게 인정했다. 통제적이고 분투적인 사람들과 있을 때는 특히 심했다. 이제 그녀는 자신의 마음의 틀들을 파악하고 분투적이고 통제적인 다른 사람들이 그녀를 어떻게 자극하는지 알게 되었다. 그녀는 자기 보호에 대한 자신의 욕구가 직장에서 주변 사람들에게 어떤 영향을 주고 있었는지도 이해했다. 다른 사람들은 그녀를 사람들에게 관심이 있는 따뜻한 사람으로 보지 않았다. 모건에게는 몹시 놀라운 결과였다. 그녀는 자기 계발 행동을 강화하면서 보다 성취에 중점을 두는 진정성 있는 사람이 되기 위해 노력하기 시작했고 이로써 그녀는 다른 사람과 함께 있을 때 좀 더 자신감을 가질 수 있게 되었으며 다른 사람들도 그 긍정적인 영향을 느꼈다. 이는 가족과 직장에서의 관계, 그녀의 인생 전체에 엄청난 영향을 미쳤다.

선 아래에서 위로, 안에서 밖으로

선 아래 행동들은 삶에 대한 밖에서부터 안으로의 접근법에 기반한다. 나를 인정해주고, 나의 자존감을 높여주는 사람과 환경을 찾아 헤매는 것이다. 우리는 인정 욕구를 타고났다. 그래서 인정 추구 행동에 자극을 받을 때가 많다. 마음속의 공백을 채우려고 노력할 때는 그런 행동이 가져다 줄 수 있는 것보다 더 많은 것을 필요로 한다. 따라서 자존심에 기반한 대응 전략에 의존하게 된다. 자극을 받으면 우리는 자기 세계를 통제하거나(분투와 통제) 남보다 나음을 입증함으로써(경쟁과 냉소) 가치를 입증하려 한다.

삶에서 원하는 인정을 얻지 못하거나 마음속에 거부의 상처를 갖고 있을 때는 자신을 보호하기 위해 두려움에 기반한 행동에 쉽게 빠진다. 쉽게 발끈하는 것은 제1 방어선이다. 의존과 회피 역시 자존감을 보호하고 인정 욕구에 먹이를 주는 대응 전략이다. 현대사회에서는 이런 행동들이 돈, 승진, 트로피, 칭찬 등의 다양한 형태로 우리가 추구하는 인정을 가져다준다.

밖에서 안으로의 삶은 번영과 성장 전략이 아니라 입증과 보호를 위한 일련의 대응 기제다. 이런 대응 기제는 공백을 채우지도 상처를 치유하지도 못한다. 이 때문에 우리는 그 행동을 계속 반복한다. 슬프게도 이런 식의 삶은 우리의 성품을 키우지도 강화하지도 못한다. 직장의 경우, 아이러니하게도 자기 보호적 행동을 사용해서 일자리를 지키고자 노력할수록 해고될 가능성이 높아진다. 자기 과시적 행동을 사용해서 자신을 홍보하려고 노력할수록 분위기를 해치는 사람으로 낙인찍히고 내 몫이라고 생각한 승진에서도 누락될 가능성이 커진다.

삶에 대한 안에서 밖으로의 접근법을 취할 때 우리는 자존감이 높아지고 확실한 목적의식을 가질 수 있다. 안으로부터 성품을 키우고, 내가 누구인지 파악하고(7장 진정성과 변혁) 어디로 향하는지 알 수 있다(8장 신뢰와 성취). 이후 우리는 다른 사람 역시 자존감을 높이고 확실한 목적의식으로 이끌어 그들과 함께 진전하고자 하는 욕구를 가지게 된다. 이는 성장 중심의 사랑 행동(연결, 격려, 발전, 연민)으로 나타난다. 성공의 일반적인 척도에서 본다면, 선 위의 행동이 삶에 가져다주는 보상은 선 아래의 행동과 다르지 않다. 하지만 선 위의 행동에서 얻는 에너지와 충족감은 선 아래의 행동에 종종 뒤따르는 피로, 스트레스, 불안과 전혀 다르다.

우리는 마음, 생각, 행동을 선 아래에서 선 위로, '밖에서 안으로' 방법에서 '안에서 밖으로' 방법으로 바꾸기를 선택할 수 있다. 우리가 살아가는, 매일 우리를 선 아래로 끌어내리는 문화에서는 매 순간 그런 선택에 직면한다. 선 위의 선택을 자주 할수록 우리는 더 강해지고 그 선택이 더 쉬워지며 결국 우리의 기본적인 작동 방법으로 삼을 수 있게 된다.

타인의 마음은 어떤 유형일까
마음유형분석지표로 보는 우리 마음의 형태

한 오디오 제조업체가 새로운 헤드폰을 출시하고 두 달이 지났을 때였다. 회사의 상황은 좋지 않았다. 매출 목표를 달성하지 못했으며 새로운 헤드폰의 성능도 좋지 않았다. 고객의 불만이 끊임없이 쏟아지고 있었다. 음량 조절 부분의 기술적 결함 때문이었다.

테리사는 작은 회의 테이블에 몸을 기대고 있었다. 주먹을 쥔 채 눈에 힘을 주고 동료들을 쳐다보며 말했다. "처음부터 일이 제대로 되었다면 지금 이런 상황에 있지는 않았을 겁니다."

"무슨 뜻이죠?" 제품개발팀장인 대런은 테리사가 이렇게 자신에게 책임을 뒤집어 씌운다는 게 믿기지 않았다. 그의 팀은 회사에서 가장 성과가 좋았다. 얼굴이 달아올랐고 목소리를 조절하기가 어려웠다. "우리는 마감에 맞춰서 훌륭한 제품을 내놓았습니다. 우리는 마케팅팀이 신상품 출시회를 잘 마치도록 지원했습니다. 마케팅팀이 할 수 없었다면…"

"우리 마케팅팀은 주어진 상황에서 훌륭하게 일을 해냈습니다."
그녀가 대답했다. "하지만 당신네 제품개발팀은 우리 팀이 정말로
필요한 정보를 찾아다닐 때 전혀 도움이 되지 않았습니다. 그래서
지금 저희가 이 기술적 문제를 처리해야 하는 겁니다. 우리의 잘못
이 아닌 것이 분명한데도요."

"두 사람 모두 화난 고객들 같잖아요!" 영업팀장인 베티나가 말
했다. 냉소 어린 목소리였지만 미소가 그 말을 한결 부드럽게 들리
게끔 만들었다. 그녀는 지방 매장과 할인점 별로 정리된 매출 수치
를 꺼내들었다. "영업 목표를 조정하기 위해서 여러분께 정보 갱신
을 요청했었죠. 그 정보가 필요합니다."

테리사는 불만스러운 듯 한숨을 쉬었다. "베티나, 뭘 또 원하는지
모르겠네요. 우리가 가지고 있는 건 다 보냈다고요."

"이 상황을 반전시키기 위해서는 모든 마케팅 자료를 상세히 조
사해야 해요." 베티나는 문제를 해결하기 위해 모든 상세한 사항을
알아야 했다. CEO인 티머시는 영업팀에 제품 문제에 대한 즉각적
인 해법과 다음 분기의 새로운 마케팅과 영업 계획을 요청했고, 그
녀는 실수를 하고 싶지 않았다. 그녀는 생각했다. '그를 실망시키는
것이 나여서는 안 돼. 절대 그런 일이 일어나게 두지 않아.'

대런이 끼어들었다. "저는 우리가 당장 움직여야 한다고 생각합
니다. 정보를 모으는 데 시간을 더 허비할 수 없습니다. 제품 문제를
처리할 아이디어를 몇 가지 생각해봤습니다."

"모든 사람의 관점에 대해 논의할 필요가 있어요, 대런." 베티나
가 대답했다. "우리가 정하는 계획은 당신 팀뿐 아니라 우리 모두에

게 영향을 준다고요."

"마크와 당신 아이디어들에 대해서 의논해봤나요?" 테리사가 물었다. "어떤 계획이든 효과가 있으려면 그의 의견이 필요해요."

운영과 제조의 협업을 책임지고 있는 마크는 테이블에서 약간 물러나 긴장이 고조되는 모습을 지켜보면서 회의 내내 침묵을 지켰다. 그에게는 눈앞에 있는 좋은 해법이 보였지만 잠자코 있었다. 그는 생각했다. '효과가 없을지도 몰라.' 그리고 말했다. "아직 보지 못했습니다. 대런이 제 의견을 묻기 전에 팀원들과 조사를 하고 있겠죠."

테리사는 무시하는 투로 말했다. "당신은 그 논의에 참여해달라는 요청을 기다리고만 있어서는 안 되는 입장 아닌가요?"

이야기는 뚜렷한 결론 없이 겉돌기만 했다. 한 시간이 지났을 때 그들에게 남은 것은 계획에 대한 흐릿한 틀뿐이었다. 모두 불만이 가득 차 있었다. 모두 더 빨리 움직여서 더 나쁜 결과를 막아야 한다는 부담감을 느꼈다. 남 탓이 이어졌다. 난관에서 벗어날 수 있을 것 같지가 않았다. 그러나 다행히도 그들은 모두가 그 브랜드와 제품에 대해 열정을 갖고 있었고 목표(문제를 해결하고 매출을 올리는 것)가 같았다.

앞서의 네 장을 읽고 자신의 마음유형분석지표 검사를 마친 후라면 당신은 이 네 사람의 대응 전략을 몇 가지는 알아봤을 것이다. 테리사, 대런, 베티나는 자기 과시 행동에서 상당히 높은 점수를 받을 것이다. 테리사와 대런은 경쟁의식으로 인해 서로에게 비난을 퍼부었다. 두 사람 모두 나쁜 결과가 자신들의 성과, 즉 자신의 자존감에 그림자를 드리우기를 원치 않기 때문이다. 이 세 사람은 통제에 대한 욕구도 대단히 높아서 함께 힘을 합쳐 문제를 해결하는 능력을 저해하고 있었다. 베티나의 냉소와 테리사의 분투로 인해 회의 시간의 긴장은 높아졌다. 한편 마크는 대단히 의존적이고 회피적인 행동을 보였다. 그는 위험을 회피하느라 팀과 회사를 도울 수 있는 아이디어를 내놓지 않았다. 그 회의에서 그들이 한 일은 서로의 선 아래 행동에 반응하는 것뿐이었다.

우리는 이런 유형의 역학으로 고민하는 많은 팀과 작업을 한다. 보통 실적이 떨어지거나 위기에 맞닥뜨리거나 재정적 손실의 가능성이 나타나면 이런 상황은 바로 두려움을, 따라서 선 아래의 행동을 자극한다. 분투·경쟁·통제 행동은 리더들에게 특히 흔하다. 이런 행동이 가시적인 결과를 내기 때문이다. 하지만 개인적으로 치러야 할 대가나 조직 문화와 팀 성과의 측면에서 치러야 할 대가가 상당히 크다. 이런 행동이 극단으로 치달으면 오만이 된다. 이때가 되면 객관성, 혁신, 민활함은 사라지고 사람들은 방어적이 된다. 이런 식의 선 아래의 삶은 에너지와 시간을 갉아먹는다. 이는 엉성한 의사결정, 역효과를 내는 계략, 기업적 규모의 모략으로 이어질 수 있다. 이런 행동은 가족이나 다른 환경으로 옮겨졌을 때에도 마찬가지로 해로운 효과를 낸다.

문제에 직면했을 때 가장 많이 접하게 되는 행동은 책임 전가다. 이런 문제는 스트레스가 많은 프로젝트, 위기, '성격 차이(personality clash)'에서 유발된다. 선 아래의 대응 전략들은 다른 사람들에게서도 선 아래의 행동을 자극하면서 긍정적인 목표를 가지고 전진할 수 없게 만드는 악순환을 유발한다. 당신 가족의 역학이나 사회적 상황에서도 이런 모습을 관찰한 적이 있을 것이다. "네가 먼저 그랬잖아"라는 말을 들으면 대부분의 사람들이 무척이나 생생한 어린 시절의 기억들을 떠올린다.

하지만 어떤 사람이든, 어떤 팀이든 이런 선 아래 행동들이 전부는 아니다. 예를 들어 마크는 대단히 믿을 만한 인물로 알려져 있다. 동료들은 그의 가치를 높이 평가했다. 그는 사람들이 함께 일하기를 원하는 다재다능하고 호감이 가는 사람이다. 그는 신뢰와 연결에서 높은 점수를 기록했고 진정성과 연민 행동에서도 강세를 보였다. 베티나 역시 사랑 사분면에서 강세를 나타냈고 인기가 있었다. 테리사는 겸손 기반의 행동, 특히 진정성, 변혁, 성취에서 대단히 높은 점수를 기록했다. 사람들은 탁월함에 대한 집중도의 측면에서 테리사를 높이 평가했다. 대런은 성취 면에서 뛰어난 성과를 올렸다. 동료들은 그의 헌신과 일을 해내는 능력을 인정했다.

문제는 이 사람들이 선 아래의 행동에 갇혀 있을 때 일어나는 일이다. 그들은 왜 그런 일을 할까? 그들 삶의 다른 영역에서는 그런 행동이 어떻게 나타날까? 그들은 선 위로 이동하는 데 도움을 줄 통찰을 어떻게 얻을 수 있을까?

우리는 선 위로의 이동이 현실적으로 어떻게 나타나는지, 선 아래의 행동에서 벗어날 때 어떤 힘을 가지게 되는지 보여줄 것이다. 이 장에서는 지금까지 함께 논의해왔던 모든 내용을 요약하면서 구성 요소들이 어떻게 조화를 이루는지 탐구한다. 네 가지 원리, S + T = B, 트리거, 마음의 틀, 진실, 공백, 상처, 서약, 마음속의 황금은 우

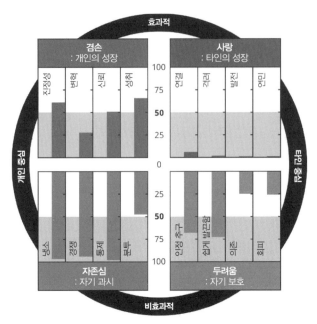

대런의 마음유형분석지표 : 타인의 평균 점수

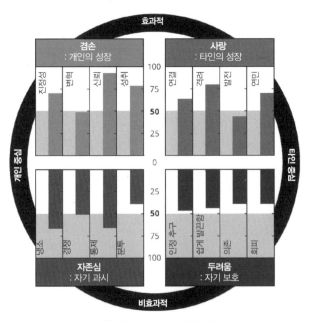

베티나의 마음유형분석지표 : 타인의 평균 점수

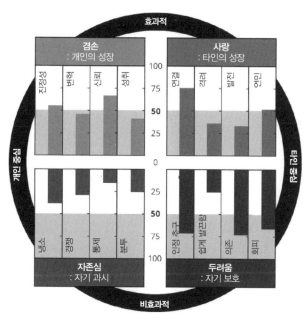

마크의 마음유형분석지표 : 타인의 평균 점수

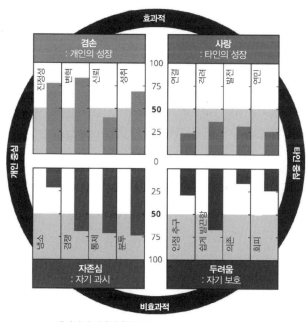

테리사의 마음유형분석지표 : 타인의 평균 점수

리의 삶을 형성하는 행동 패턴들을 만든다. 우리가 하는 일의 이유 뒤에 무엇이 있는지를 배우면 자신과 다른 사람을 위해 좋은 자질을 내보일 기회를 얻을 수 있다.

이 장에서 묘사하는 사람들과 그들의 여정은 모두 함께 작업했던 실제 인물에 기반하며 세부적인 사항 일부는 사생활 보호를 위해 변경했다. 그들의 이야기가 당신의 통찰력을 드러나게 하고 당신이 자신의 행동을 변화시키고 주변 사람들에게 긍정적인 영향을 줄 기회를 찾는 데 도움을 주길 희망한다.

당신의 마음유형분석지표를 옆에 두고 이 장을 읽는다면 각 사례에서 어떤 일이 일어나고 있는지 읽고 관련 행동을 자기 삶의 요소와 연결시킬 수 있을 것이다. 당신 자신의 삶과 당신의 행동이 함께 일하고, 생활하고, 사귀는 사람들을 자극하는 방법(또 그 반대 방법) 사이의 상호작용에 대해 생각해보자.

선 아래 마음에 갇혀 있을 때 우리의 행동

제품 출시와 관련한 문제가 있고 얼마 지나지 않아, 테리사, 대런, 베티나, 마크는 마음유형분석 워크숍과 코칭 프로그램에 참여했다. CEO 티머시는 리더들 사이는 물론이고 나머지 직원들에게도 문제가 있다고 판단하고 조치를 취하기로 결심했다. 그룹 워크숍에서 팀원들은 마음유형분석 검사를 하고 결과를 받았다. 자기 점수 결과는 스스로를 어떻게 평가하는지를 보여줬고 다른 사람들이 평가

한 평균 결과도 포함되어 있었다(그들은 자신에 대해 평가할 9명의 응답자를 직접 선택했다). 결과가 그리 놀랍지 않은 사람도 있었지만 상황이 완전히 다른 사람도 있었다.

내가 그들보다 낫다는 걸 증명해야만 해

그날 저녁 집에 돌아온 대런은 신경이 곤두서 있었다. 그의 약혼녀 섀넌은 무슨 일이냐고 물었지만 퉁명스런 반응뿐이었다. 말싸움으로 번질지도 모른다고 생각하면서도 그녀는 대답을 재촉했다.

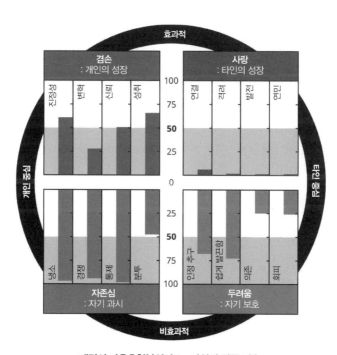

대런의 마음유형분석지표 : 타인의 평균 점수

"우리 팀이 무슨 생각을 하고 있는지 전혀 모르겠어." 대런이 내뱉었다. "이걸 좀 봐. 정말 사람들이 이렇게 생각한다고? 내가 전혀 고무적이지 않고 연민이 없어서 공감도 하지 못하는 사람이라고?" 그는 공중에 흔들던 결과지를 소파에 내던지면서 목소리를 높였다.

익히 알고 있는 그 어조를 들은 섀넌은 망설이면서 외교적인 대답을 만들어내려고 노력했다. 그들은 2년 전부터 함께 지내고 있었지만 결혼이 가까워지면서 그녀는 의구심을 갖기 시작했다. 대런을 사랑했지만 그녀가 힘들 때 그는 위로가 되지 못했다. 그에게는 그녀가 높이 평가하는 장점들이 많았다. 하지만 그녀는 아플 때 보살핌을 바라거나 갑자기 꽃다발을 안겨주는 깜짝 이벤트를 기대해서는 안 된다는 것을 알고 있었다. 그런 식으로 평생을 살 수 있을까? 지금은 그런 대화를 할 때가 아니었지만 그가 받은 이 피드백에 대해서 솔직해지고 싶었다. 그녀는 팀원들의 생각을 이해했기 때문이다.

"팀원들을 격려하기 위해서 특별히 한 일이 있어?"

"무슨 소리야?"

"누군가 일을 잘 해냈을 때 인정은 해줘? 좋은 아이디어를 칭찬해? 당신이 그들을 지지하고 있다는 것을 보여주고 있어?"

"사람들에게 관심을 보여주냐는 말이야?"

"내 생각에는 거기에 답이 있는 것 같아."

대런은 얼굴이 다시 달아오르는 것을 느꼈다. 끔찍했던 팀 회의와 그날 워크숍 동안의 토론이 떠올랐다. '나는 자극을 받고 있어.'

그가 생각했다. '섀넌이 한 말이 나를 자극하고 있어. 왜일까?'

워크숍에서 마음의 공백과 상처에 대해서 이야기를 시작하자 그는 대단히 불편해졌다. S + T = B의 가치는 이해했지만 직장은 예전의 형편없는 상사에 대해 불평을 하거나 어린 시절의 슬픈 이야기를 공유할 만한 장소는 아니었다.

회사에는 대런이 12살 때 아버지를 잃었다는 사실을 아는 사람이 몇 없었다. 그는 어머니와 세 명의 동생들과 병원 대기실에 앉아 아버지의 응급 심장 수술이 끝나기를 기다리고 있었다. 결국 의사가 나와서 아버지가 수술 중에 돌아가셨다는 말을 전했다. 당연하게도 대런은 엄청난 무력감을 느꼈다.

동생들을 키우는 어머니를 도우면서도 대런은 학교에서 좋은 성적을 받았다. 큰 부담 속에서도 성공할 수 있음을 증명해야 했기 때문이다. 아버지의 사랑과 어머니의 관심이 줄어들면서 생긴 공백은 경쟁과 통제 행동을 만들어냈고, 그 행동이 평생 그와 함께했다. 아버지의 죽음과 그 이후 자신의 경험은 '모든 것은 내게 달려 있다. 나는 혼자다', '인생은 짧다. 그러니 빨리 성공해야 한다', '감정에 휩쓸리지 말자. 그건 너무 고통스러운 일이다'라는 내면 서약을 만들어냈다. 청소년기에 형성된 이런 내면의 서약들은 대런이 모든 상황을 자신의 가치를 증명할 기회로 해석하고, 마음 주위에 벽을 세워 감정이 자신을 압도하지 못하게 만드는 틀의 토대가 되었다. 냉소는 벽을 만드는 손쉬운 방법이었다.

대런의 마음 자세, 사고, 행동은 첫 직장에서 좋은 성과를 거두는 데 유용했다. 그 회사의 문화는 성과를 중요한 척도로 삼았다. 이런 문화는 대런과 잘 맞아떨어졌다. 자기 계발의 문제를 마주할 필요가 없었고 다른 사람들을 발전시키는 일에 관여하면서 자신을 내보일 필요도 없었다. 하지만 판이한 문화를 가진 현재 조직의 리더 역할은 대런에게 무척 힘겨웠다. 마음유형분석 결과로 인해서 그는 그 이유를 생각해보게 되었다.

대런은 자신의 어린 시절이 자신에게 영향을 줬음을 알았지만, 아직 그의 마음과 머리와 행동 사이의 관계를 인정할 준비는 되어 있지 않았다. 하지만 회사에서 자신의 커리어를 지키고 새넌과의 관계도 지키기 위해서는 빠른 시간 안에 그 준비를 갖춰야 했다.

통제력을 잃으면 뭔가 잘못될 거야

대런은 몰랐지만 베티나 역시 아버지 없이 자랐다. 베티나의 어머니는 겨우 16살에 베티나를 낳았다. 얼마 되지 않아 그녀의 아버지는 베티나에 대한 모든 책임을 거부하고 떠났다. 그녀의 고국에는 양육비를 강제할 수 있는 법이 없었기에 베티나의 어머니는 생계를 유지하기 위해서 한꺼번에 세 가지 일을 해야 했다.

그녀의 인생에는 늘 조부모가 함께했다. 어머니와 조부모 사이에서 그녀는 늘 사랑과 배려를 느꼈다. 하지만 아버지가 자신을 버렸다는 데에서 오는 수치심을 없애주지는 못했다. 그의 부재를 설명하기 위해서 그녀는 사람들에게 아버지가 다른 지역에서 일을 하며 주말에만 가끔 집에 들른다고 말하곤 했다. 이 거짓말을 들키지 않기 위해서 그녀는 어린 시절 내내 자신의 인생에 다른 사람을

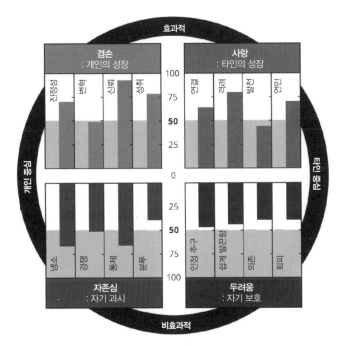

베티나의 마음유형분석지표 : 타인의 평균 점수

온전히 받아들이지 못했다. 한편으로는 가족의 상황을 숨겨야 했고, 다른 한편으로는 사람들과 어울리고 싶었던 그녀는 또래들과 관계를 구축하고 돋보이기 위해서 건방지고 냉소적인 유머를 사용하곤 했다.

어머니와 조부모의 희생에 보답하려는 내적 욕구 덕에 베티나는 학교에서 좋은 성적을 거뒀다. 사람들이 똑똑하다고 칭찬할수록 그녀는 그런 말들을 자기 가치를 입증하는 방편으로 사용했다. 그런 말을 많이 들을수록 통제력이 커진다고 느꼈다.

베티나는 대학에서 남편을 만났다. 그들은 10년간 결혼 생활을 했다. 아들과 딸 한 명씩을 두고 친밀하고 애정 넘치는 가정을 만들었다. 집에서는 사랑받고 인정받는다고 느낄 수 있었다. 그래서 냉소, 경쟁, 통제와 같은 자존심 중심의 행동은 유발되는 경우가 거의 없었고, 사랑을 중심으로 한 연결, 격려, 연민의 힘과 겸손을 중심으로 한 행동들이 자존심 중심의 행동을 중화시켰다. 하지만 직장에서는 달랐다. 베티나는 좋은 성과를 거둬야 했고 자신을 증명해야 했다. 이 때문에 그녀는 비슷한 선 아래 대응 전략을 가진 대런이나 테리사 같은 동료들에게 늘 자극을 받았다. 그녀는 3년간 영업팀을 이끌었고 이전에는 6년 동안 영업과장으로 일했으며 팀 내의 절차와 시스템을 구축하는 데 중요한 역할을 했다. 그녀는 깊고 넓은 지식을 갖추고 있었고 그 점을 만족스러워했다. 지식은 자존감을 높이고자 하는 욕구를 진정시키는 안정제였다.

한편 그녀의 팀원들은 회사 생활이 쉽지 않았다. 다른 회사에서 경력을 쌓은 새로운 팀원들이 영업팀의 운영 방식을 개선하거나 혁신할 방안을 가지고 있어도 그녀는 통 받아들이지 않았다. 뒤에서 그들은 베티나를 '거절의 여왕'이라고 불렀다. 팀원들은 그녀를 좋아했고 여러 면에서 그녀가 좋은 리더라고 생각했다. 그들이 개인적인 문제로 어려움을 겪을 때면 큰 힘이 되어주는 존재였다. 그녀는 모두를 잘 알고 있었고 각자의 장점과 단점을 파악하고 있었으며 팀의 협력을 도모했다. 반면에 도전이나 반박을 좋아하지 않았고 그 때문에 팀원들은 자신들이 회사에 기여한다는 느낌을 받을 수 없었다.

동료들도 같은 느낌을 받았다. 베티나를 좋아했지만 팀의 운영 방식, 다른 팀과의 협력, 영업 성과에 대한 세부적 사항의 공유 방식을 바꾸게 하려면 정말 긴 시간이 걸릴 거라고 생각했다. 주변 사람들은 그녀가 좀 더 협조적이라면 아주 좋겠다고 생각했다.

시키는 것만 하면서 안전하게 가자

그 회의가 있고 며칠 후 마크는 제조상의 문제를 해결할 아이디어를 계속 생각하고 있었다. 그는 대런이 공유한 아이디어가 효과는 있겠지만 완벽하지 않다는 걸 알고 있었다. 마크가 질문을 하면 대런은 화를 내거나 신랄한 말을 뱉는다. 그의 대응 전략은 마크를 그런 상황에서 도피하게 만들었다.

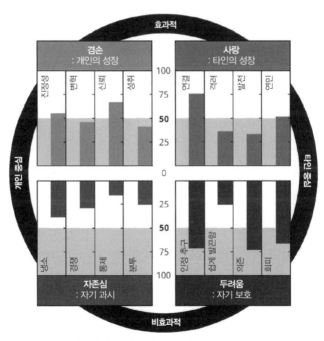

마크의 마음유형분석지표 : 타인의 평균 점수

두려움 기반 행동에 사로 잡혀 있을 때는 다른 사람의 냉소적이거나 통제적 행동에 자극을 받는 경우가 많다. 상대의 행동이 강해질수록 그들이 혹평하고 비난하거나 거부하리라는 두려움 때문에 우리의 도피 성향은 더 강해진다.

마크는 고위 관리직에 익숙지 않다. 그 역할은 마크에게 매우 힘겨웠다. 처음부터 일을 망치고 싶지 않았기 때문에 그는 자신의 결정을 몇 번이고 확인했다. 진이 빠지는 일이었다. 그는 '몸을 사리고 묵묵히 일만 하라'는 아버지의 가르침을 거의 매일 되새겼다(그의 아버지는 한 회사에서 중간 관리자로 거의 30년 동안 일했다). 공격적인 문화를 갖고 있던 이전의 두 직장은 그의 이런 생각을 고착시켰고 '위험을 감수하거나 튀는 행동을 하지 말자. 그건 너무 위험하다'라는 마크의 내면 서약이 만들어지는 데 큰 몫을 했다. 마크는 열심히 일했고 그 점이 그의 신뢰 점수에 나타난다. 그는 성실하고 능력 있는 사람으로 인정을 받았고 그 덕분에 승진해서 절차와 체계가 잘 갖춰진 팀을 이끌게 되었다. 하지만 리더는 주도권을 잡고, 팀을 옹호하고, 팀의 입장을 대변하며, 회사의 발전에 헌신해야 했다. 그는 아직까지는 그런 모습을 보여주지 못했다.

마크는 비생산적이었던 회의 이틀 후에 자신의 마음유형분석지표를 검토했다. 방어와 회피 쪽의 높은 점수가 두드러져 보였다. 그는 이 결과를 그 회의에서의 자기 행동과 CEO 티머시에게서 최근 받은 피드백에 연관지었다. 그는 언제나 도움을 구하는 데 어려움을 느꼈고 새로운 직책을 맡으며 더 심해졌다. 하지만 그 악순환을 타개하는 방법을 알지 못했다. 팀과 회사에서 효과적인 리더가 되는 데에 격려와 발전에서의 낮은 점수가 걸림돌이었다. 그는 깨달았다. "이 피드백은 시기적절했던 것 같아. 마침내 무사 안일을 바라는 내면 서약들을 내려놓아야 할 때가 왔어." 그는 효과적인 리더가 되고 싶었고 필요한 부분에서는 도움도 받고 싶었다. 그 욕구는 도움을 구하는 데 대한 두려움보다 더 커졌다. 지금이 바로 그 문제에 대해서 조치를 취할 때였다. 티머시는 훌륭한 코치였고 마크가 다른 사람을 실망시킬까봐 두려워하는 대신 자신감과 열의를 얻도록 적절한 피드백을 주었다.

완벽하지 못하면 모든 걸 잃게 될 거야

테리사는 배우는 일에 열심이다. 그녀는 성장과 개선의 기회를 선물로 받아들인다. 마음유형분석지표 결과를 받았을 때 그녀는 그리 놀라지 않았다. 그런 식으로 자신의 행동에 대해 생각해본 적은 없었지만, 과거에 받았던 피드백을 통해서 자신이 때때로 전투적인 태도를 가지며 그럴 때 사람들이 조금 두려워한다는 걸 알고 있었다.

자신의 삶을 되돌아보면서 그녀는 동료들의 생각이 옳음을 깨달았다. 테리사는 개천에서 나온 용이었다. 가난하게 자랐기 때문에 어려서부터 싸워서 얻는 법을 배워야 했다. 부모는 그녀에게 더 좋은 환경을 제공하고 싶어 했지만 그들 역시 가난한 환경에서 교육받지 못하고 자란 처지였다. 이런 가족의 상황이 그녀를 고립시켰다. 학교에 들어가서 처음 몇 해 동안은 허름한 차림 때문에 놀림감이 되어야 했다. 좋은 머리를 타고난 그녀는 가난에서 빠져나오기

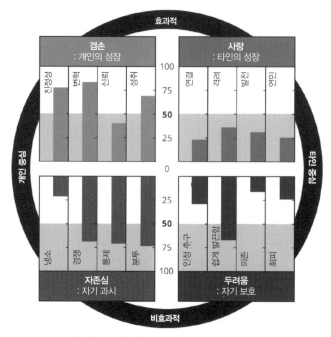

테리사의 마음유형분석지표 : 타인의 평균 점수

로 마음먹고 학교에서 좋은 성적을 받는 데 전력을 다했다. 동생들을 돌보다 짬이 날 때면 공부를 했다. 그녀의 가족 중에는 대학은 말할 것도 없고 고등학교를 졸업한 사람도 없었다. 그녀는 장학금을 받아 고등학교와 대학교를 다녔다.

테리사의 분투 행동은 다시는 가난해지지 않겠다는 간절한 욕망 (내면 서약)에서 비롯되었다. 그것이 높은 성과를 올리도록 그녀를 채찍질했다. 따돌림을 당했던 경험은 두 가지 마음의 틀을 만들었다. 첫째, 남이 너를 공격하기 전에 네가 먼저 공격해라. 이 세상에서는 무엇이든 싸워서 얻어내야 한다. 둘째, 탄압받는 사람이나 약자는 반드시 보호해야 한다. 그녀 자신이 그런 보호를 받지 못할 때가 많았기 때문이다. 그녀의 강한 성격에도 불구하고 팀원들은 그녀를 좋아했다. 언제나 자신들의 편이 되어줬기 때문이다. 하지만 다른 동료들은 그녀가 자기 팀을 지나치게 감싼다고 생각했다. 부서 간의 갈등을 야기할 정도로 말이다.

그녀는 사랑 사분면의 낮은 점수가 무척 마음에 걸렸다. 남편과는 돈독한 관계를 맺고 있었지만 다른 사람들처럼 친밀한 친구 관계는 맺지 못했다. 친한 친구가 한두 명 있기는 했지만 그들과 내밀한 감정이나 문제를 공유하지는 못했다. 그녀는 생각했다. '왜 꼭 그래야 해? 언젠가 그런 이야기가 나에게 불리하게 작용할지도 모르잖아.' 한 친구가 최근 병원에 입원했지만 그녀는 병문안을 갈 시간이 없었다. 솔직하게 말하면 병문안에 쓸 시간이 없었다. 회사 일을 가장 우선했기 때문이다. '회사 일이 중요하지. 안 그래?'

당신과 내가 크게 다르지 않다는 진실

우리 모두는 생각, 행동, 세상을 보는 방식, 즉 우리의 진실을 형성하게 될 스토리를 가지고 있다. 우리는 테리사, 대런, 마크, 베티나와 마찬가지로 AND다. 매 순간 우리의 행동은 정황, 즉 S + T = B에 좌우될 것이다. 문제는 어떻게 하면 선 아래의 전략에 빠지도록 자극받을 때에도 선 위에서 움직이느냐다. 우리의 트리거, 마음의 틀, 진실, 내면 서약이 무엇인지 배울 수 있다면 대부분의 정황에서 선 위에 머무를 수 있는 기회를 얻게 된다.

이런 면에서 우리 모두가 다르지 않다. 우리는 다른 배경을 가진 다른 사람이지만 모두에게 공통되는 점이 있다. 어떤 두 사람이 모두 경쟁적인 대응 전략을 가지고 있다 해도 그 근원은 매우 다를 수 있다. 이렇게 마음의 틀은 매우 다르더라도 행동은 비슷하게 나타날 수 있다. 그 점을 알면, 동료, 친구, 가족에게 그리고 심지어는 길에서 만난 낯선 사람에게도 훨씬 쉽게 연민을 가질 수 있다.

선 아래의 행동이 리더십팀 내의 역학을 움직이고 그들의 능력을 약화시키고 있음을 본 CEO 티머시는 회사의 문화를 좀 더 좋은 방향으로 전환하는 일에 의욕적으로 임했다. 재무 분야의 경력을 가진 재능 있는 리더 티머시는 선 위로의 자기 계발 과정을 거친 사람

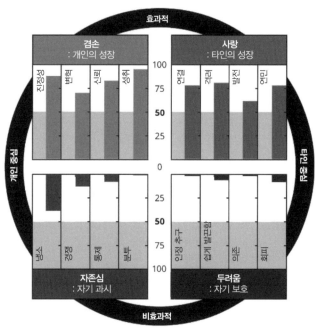

티머시의 마음유형분석지표 : 타인의 평균 점수

업무에서의 효과성

참가자에게 매우 낮은 점수에서 중간 점수를 준 응답자
(21,117명, 17%)

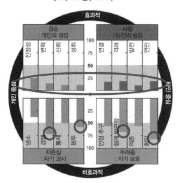

참가자에게 높은 점수를 준 응답자
(54,332명, 45%)

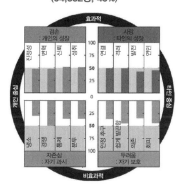

참가자에게 매우 높은 점수를 준 응답자
(45,474명, 38%)

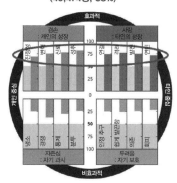

이었다. 그러면서 자신만만하고 경쟁심이 강한 젊은 중역에서 진정성과 연민의 마음을 가진 리더로 발전했다. 그는 좋은 성과를 내면서도 주변 사람들을 감화하는 코칭을 하는 것으로 유명했다.

티머시는 누적된 마음유형분석 자료(응답자가 10만 명 이상)를 보고 깊은 인상을 받았다. 그는 특히 '업무에서의 효과성' 질문과 선 위의 행동 점수 사이의 관계에 집중했다.

두려움과 자존심으로는 건전한 직장 문화를 만들지 못한다. 티머시는 그 점을 알고 있었다. 그리고 대런, 테리사, 마크, 베티나 역시 겸손과 사랑으로 변화를 만들어낼 수 있음을 눈치채기 시작했다. 다만 그들의 지나온 삶을 고려해 어떤 방식을 취할 것인가가 유일한 문제였다.

타인을 향한 연민의 마법

테리사는 남편과의 저녁 식사 자리에서 자신의 피드백에 대한 이야기를 나누었다. 특히 사랑 사분면에서 점수가 대단히 낮았고, 자신의 마음의 틀들이 자신에게 얼마나 나쁜 영향을 주었는지 발견하게 되었다는 이야기를 전했다. 그녀는 남편과 대화를 하면서 깨달음을 얻을 수 있었다. 팀 회의 다음 날, 테리사는 다른 사람들에게 취약성을 드러내고 다른 접근법을 시도하기로 마음먹었다. 그녀는 대런의 사무실을 찾았다. 그녀가 말했다. "우린 이야기를 좀 나눠야 할 것 같아요. 저는 이번에 출시된 제품이 제 궤도를 찾는 게 모두에게 가장 좋다고 생각해왔어요. 협력에 대해서 워크숍에서 논의했던 것, 그러니까 이기적 자아와 자존심이 방해하게 두지 않고 진정한 협력을 해보면 어떨까요?"

대런은 그녀에게 기대와 냉소가 섞인 시선을 주었다. "당신이 마침내 이 일을 시작할 준비가 됐다고 하니 반갑네요."

"대런, 당신도 그렇겠지만 전 이리 재고 저리 재는 게임은 이제 하고 싶지 않아요. 과거는 깨끗이 잊고 베티나와 마크도 참여시켜서 새 출발을 해보는 건 어떨까요? 상황을 반전시켜야 한다는 생각에만 매달려봐요."

대런은 테리사의 결연한 어조에 조금 놀랐지만 결국 고개를 끄덕였다. 그가 한숨을 쉬며 말했다. "그래요. 당신이 무슨 말을 하는지 알겠습니다. 저도 서로 물어뜯는 데 지쳤어요. 우리 모두가 같은 목표를 좇고 있다는 걸 알고 있습니다." 그는 수화기를 들고 마크와 베티나에게 전화를 걸어 즉시 회의를 갖기로 했다.

네 명이 방에 모이자 테리사가 다시 나섰다. "여러분, 대런과 저는 우리 모두가 같은 목표를 지녔다는 걸 깨달았어요. 모두 회사의 성공을 바라죠. 저는 우리가 저마다 가치 있는 전략들을 가졌다고 생각해요. 모두가 헤드폰 라벨링 문제를 해결하고 재출시를 성공적으로 이끌기 위한 전략들일 테죠. 워크숍에서 배운 선 위의 행동을 실천에 옮겨서 차례로 아이디어를 내보는 건 어떨까요?"

"좋아요." 베티나가 동의했다. "한 가지 조건이 있어요. 모두가 말을 끊거나, 빈정거리거나, 깎아내리지 않고 각자의 말을 다 들어보는 거예요. 선 위의 행동을 유지합시다."

다른 사람들이 고개를 끄덕였다.

이어서 베티나가 나섰다. "그렇다면 저 먼저 할게요. 우린 지역 영업 전략을 강화하기 위해 노력해왔지만, 솔직히 말해 성과를 내는 데 어려움을 겪고 있어요. 저는 이 문제로 고전 중이에요." 그녀는 한숨을 쉬고 동료들을 찬찬히 지켜봤다. 그녀는 지금까지 직장에서 그 정도로 솔직하게 자신의 취약성을 인정한 적이 없었다. 반발이 있을까 조마조마했다.

"그 문제를 처리할 방안을 찾을 수 있을 것 같네요." 마크가 신중하게 입을 열었다. 다들 놀란 눈으로 그를 바라봤다. 그가 그렇게 빨리 토론에 참여한 적이 없었기 때문이다. 그들은 늘 침묵을 지키다가 회의 말미에서야 입을 여는 그에게 익숙했다. "전 공장이 라벨을 다시 붙인 헤드폰을 지역 센터로 신속히 보내게 하고 그동안 마케팅팀은 시카고 오디오 컨퍼런스를 재출시의 기회로 삼아 거기에 집중하는 게 좋다고 생각합니다."

대런은 의자에 등을 기대며 말했다. "당신이 이미 공장의 조업 중지 상태를 해제시켰을 거라고 생각했는데요…" 그는 테리사와 눈이 마주치자 바로 말을 멈췄다. "미안합니다, 마크. 제가 규칙을 어겼습니다."

대런의 사과에 놀라면서도 기분이 좋아진 마크는 말을 이었다. "고마워요, 대런. 저는 이 계획이 효과가 있을 거라고 생각합니다. 우리 함께 이렇게 해보는 게 어떨까요?"

"좋습니다. 그럼 시간을 좀 벌 수 있겠네요. 시카고에서 주요 인플루언서들을 위해 뭔가 특별한 일을 할 수 있는 기회가 될 거예요." 베티나가 미소를 지었다.

"이 방에 모인 지 30분도 되지 않았는데 이미 실행 가능한 계획에 동의했다는 게 놀랍지 않아요?" 테리사가 경탄했다.

대런이 말했다. "안심하긴 이르지 않아요? 실제로는 아무것도 한게 없습니다." 그가 생각했다. '이런, 또 냉소가 시작됐군. 다시 한번 해보자.' "미안해요. 너무 냉소적이었죠. 분위기를 가볍게 만들려고 한 거였습니다. 그리고…" 그가 눈을 내리깔면서 말했다. "여러분 모두 애써주신 데 감사드립니다."

"고마워요, 대런." 테리사가 대답했다. "당신이 방금 한 것처럼 자신에게 그리고 우리가 오늘 한 것처럼 다른 사람에게 계속 솔직함을 유지한다면 함께 일하는 방식을 바꿀 수 있을 거예요. 어쩌면 부서 간 알력 문제를 해소할 수 있을지도 몰라요. 자기 영역과 팀을 보호하려는 목적에서 우리 각자가 그런 알력의 선두에 있었음을 인정해야 할 거예요."

일련의 회의를 통해서 그들은 이 그룹(각자의 팀이 아닌)이 그들이 가장 우선해야 할 팀이라는 결론에 이르렀다. 쉽지 않은 일이었지만 그들이 화합하는 하나의 팀으로 발전하는 데 핵심적인 요소였다. 그들은 그들 사이에서 용납할 수 없는 몇 가지 행동들에 대해서 합의를 보았다. 누군가 선 아래의 대응 전략에 빠질 때면 서로 지적하기로 했고 방식에도 합의했다. 서로에게 도움이 돼주기로 약속했고 그 약속을 여러 차례 실천에 옮겼다. 서로에 대한 신뢰가 뿌리를 내리기 시작했다. 우여곡절이 있었지만 그들은 약속에 충실했다. 결국 그들은 냉소를 맞닥뜨려도 성을 내는 대신 미소를 짓고, 우유부단한 팀원 앞에서도 관대해지고, 그 상황에서 가능한 해법을 끌어내는 질문을 할 수 있게 되었다. 심각한 문제에 대한 회의 중에 긴장이 고조되기 시작하면 그들은 S + T = B를 실천했다. 회의실에 마음유형분석지표 포스터를 걸어두어서 자신들의 스타일을 상기했으며, 지표 사분면 색상의 스티로폼 공 네 개를 회의 테이블 위에 둬서 선 아래 내려갔을 때 힌트를 주고, 선 위의 행동을 할 때 소리 없이 칭찬을 하는 데 사용했다. 테이블 너머로 가볍게 공을 던질 때도 있다. 하지만 그 자체가 그들이 얼마나 발전했는지를 보여주었다. 대런이 우리에게 말했다. "이런 것들을 모두 알기 전에 그 공을 테이블에 두었다면 저는 의식을 잃고 쓰러졌을 겁니다. 상당히 고통스러웠을 테니까요."

선 위의 행동은 선 위로의 선순환을 낳는다. 그 선순환으로 깊이 들어가면서 그들은 진정한 최선의 자신과 공명함을 알게 되었다. 이제 그들은 스트레스를 덜 받고 시간을 아끼며, 전보다 더 효과적으로 의사결정을 한다. 모두가 선 위의 방식으로 상호작용하는 법을 배웠기 때문이다.

시작부터 감정이 고조되었던 첫 회의를 생각해보라. 베티나는 통제감을 느끼기 위해서 모든 정보를 모으겠다고 나섰고 테리사는 그 모습을 공격으로 받아들이고 투쟁 모드에 돌입했다. 마크는 대런의 냉소를 피하기 위해 한발 물러서 있었고 대런은 어떤 대가를 치르건 결과를 얻어내기 위해 애쓰면서 방해가 되는 모든 것을 쓰러뜨릴 준비를 하고 있었다. 물론 이들은 여전히 부침을 겪는다. 그들도 사람이니까. 하지만 이제 그들은 마라가 가장 좋아하는 질문을 할 수 있게 되었다. '나는 과거의 경험(틀)에 기반해서 지금 상황에 반응하고 있는 걸까?' 자신을 자극하는 것이 무엇인지, 자신의 마음의 틀이 어디에서 형성되었는지, 자신이 내보여야 하는 황금이 어디에 있는지 인식함으로써, 이 네 사람은 선 위의 생각과 행동으로의 의식적인 변화를 일으킬 수 있었다.

대런은 자신이 직장에서 대단히 긍정적인 변화를 일으켰음을 인식하고 있었다. 하지만 가정에서는 더 큰 변화가 필요했다. 그는 섀넌에게 자신의 냉소적인 태도로 인해 그녀의 신뢰를 잃은 부분이 무엇인지 말해달라고 부탁했다. 눈물과 함께한 섀넌의 대답 덕분에 대런은 친구들로부터, 직장에서 받아왔던 모든 피드백을 마음으로 받아들일 수 있었다. 두 사람이 결혼할 즈음에 대런은 그의 아버지가 자랑스러워할 만한 성공한 사람이 되어 있었다. 외적인 성공은 물론이고 팀의 발전에 자신의 생각보다 훨씬 더 많은 애정을 쏟고, 회의 도중에 밀어붙이려는 태도가 나타날 때면 사과를 하고 마음을 다스릴 줄 아는 진실한 사람이 되었다. 섀넌은 그에게서 많은 꽃을 받게 되었다. 꽃과 함께 짧지만 진심이 담긴 카드도 전해졌다. 그는 이제 애정이 넘치는 배우자이자 아버지다.

당신은 마크, 테리사, 대런, 베티나의 삶과 그들이 사고와 행동에서 일으킨 변화에 대한 이야기를 읽으면서 자신의 마음유형분석지표 결과를 봤을 것이다. 자신의 삶에도 그런 종류의 변화를 일으키겠다는 의욕이 불타고 있을지도 모르겠다. 그렇다면 어떻게 해야 할까? 어디에서부터 시작해야 할까?

2부

마음은 어떻게 무기가 되는가

Above The Line

선 위에 머무르는 3단계 전략

지금 당신은 이런 혼잣말을 하고 있을 것이다. "그래, 알겠어. 그런데 어떻게 하면 선 위에서 살고 지도할 수 있는 거지?" 6장부터 10장에 걸쳐 당신이 삶의 모든 면에 적용할 수 있는 방법들을 소개하려 한다. 성품을 강화하고 결국에는 당신의 자연스러운 일부가 될 수 있는 기술들로, 마음(Heart) + 양식(Smart)의 조합이다. 성격을 바꾸라는 게 아니다. 우리는 당신의 능력을 발전시키고 지혜를 키울 기회를 제공하는 것이다.

"최선의 것을 취하고 나머지는 흐름에 맡겨라"라는 말이 있다. 2부를 읽으면서 당신에게 특히 공감이 가는 부분들이 있을 것이다. 그런 부분을 취해서 이용하라. 6~9개월 후에 다시 2부를 훑어보면 다른 부분이 눈에 들어올 것이다. 그때는 그 부분을 자기 계발에 이용하라.

성품을 키우고 개발하는 일은 운동과 비슷하다. 열쇠는 지속성과 코칭이다. 체력은 하루아침에 키워지지 않는다. 성품 역시 그렇다. 두 경우 모두 정말 차이를 만들 수 있는 방법을 적용하도록 옆에서 지도해줄 사람이 필요하다. 이 장들을 '최선의 자신' 체육관에서 당신을 맡아줄 개인 트레이너로 생각하라. 긴 시간에 걸쳐 배운 내용을 적용하다 보면 당신의 삶에 개인적으로 그리고 직업적으로 엄청난 발전, 성장, 좋은 일들이 찾아올 것이다. 지속적으로 실천하고, 멘토·친구·동료·배우자에게 '진실을 말하는 자'의 역할을 맡겨라.

이제는 당신이 우리가 사용하는 용어에 익숙해졌기 때문에 앞으로는 선 위(above the line)는 ATL로 선 아래(below the line)는 BTL로 표시하기로 하자.

BTL에서 ATL로, 즉 더 좋은 쪽으로 움직이는 비결은 다음의 세 가지 단계에 있다.

- 1단계. 거울 보기-내게 무슨 일이 일어나고 있는 걸까?
- 2단계. SBTB: 멈추고(Stop), 숨을 쉬고(Breathe), 생각하고 (Think), 행동한다(Behave)-이 순간 어떻게 해야 할까?
- 3단계. 마음 설계하기-앞으로 어떻게 해야 할까?

리처드는 집에 도착해 진입로로 들어서다가 핸들을 쥔 두 손에 힘이 들어가는 것을 느꼈다.

"젠장!"

'차고 문 닫는 걸 기억하는 게 그렇게 힘들어?' 그는 속으로 고함을 쳤다. '그게 양자역학이라도 돼? 그냥 버튼 하나만 누르면 되는 거잖아.' 그는 브레이크를 밟고 차에서 내린 후 차 문을 쾅 닫고 집으로 뛰어 들어갔다.

수전은 CEO가 내려보낸 새 계획을 지지하는 부장의 처사가 어이 없었다. 그 계획은 효과가 없을 테고 오히려 역효과를 내면서 매출과 생산성을 떨어뜨릴 게 분명했다. 이렇게 밀어붙이기 전에 그녀 팀의 누구에게라도 물어봤어야 했다. 그녀는 이 일을 돕지 않을 생각이다. 부장이라면 팀을 설득할 다른 사람을 찾아내겠지만 그녀는 다음 회의 때 부장에게 이 말을 전할 생각이다.

"마라, 차 키 어디에 뒀어요? 당신이 마지막으로 썼잖아요."
"몰라요. 내가 마지막이 아니에요."
"당신이 마지막으로 썼어요."
"아니라니까요."
'당신 때문에 공연에 늦겠어!'

공감이 가는가? 이번 주에 당신은 끼어드는 차에 경적을 울릴까 고민한 적이 있는가? 동료가 회의에서 당신 아이디어를 비난해서 혈압이 오르지는 않았는가? 당신이 빌린 자동차는 준비되어 있지 않고 호텔 예약은 잘못되어서 불만이 치솟았는가? 빨리 외출 준비를 하지 않는 아이에게 소리를 지르고 싶었는가? 당신을 BTL로 끌어내려 습관적인 대응 전략에 의존하게 하는 다른 사건이 있었는가?

위와 같은 경우에는 그런 일이 일어나게 마련이다. 아주 정상적인 반응이지만 가장 효과적인 대응은 아니다.

우리는 매일 우리를 BTL로 가도록 자극하는 상황을 만난다. 자극을 받아 마땅한 상황도 있다. 우리가 사는 세상, 우리의 삶에는 정말로 옳지 않거나 정의에 반하는 일이 일어나곤 하니까. 하지만 겉보기에는 그런 듯해도 '진실'이 아닌 '나의 진실'에 기반해 공격으로 여기는 일도 있다. 교통 체증이나 지각처럼 일상적으로 다뤄야 하는 상황들도 있다.

—— 무엇이 그 사람을 화나게 하는지 보면 그 사람이 얼마나 훌륭한 사람인지 판단할 수 있다.

에이브러햄 링컨

매일, 매 시간, 때로는 매 순간 우리에게는 더 좋은 쪽으로 향할 수 있는, 습관적인 BTL 스타일에서 ATL 스타일로 행동을 변화시켜 나갈 수 있는 기회와 선택이 주어진다. 리처드와 수전이 그랬고 우리 두 사람도 마찬가지였다. 비효과적인 행동에 의존할 위험에 처했다는 신호를 알아보기만 하면 됐다. 다행히도 우리는 그렇게 할 수 있었다.

리처드는 막 문 안에 들어서서 걸음을 멈추고 심호흡을 했다. 그가 그리 중요치 않은 일에 왜 그렇게 화가 났는지 생각해봤다. 그는 그날 회사에서 팀원 한 명이 마감을 지키지 않아 하루 종일 좌절하고 진이 빠진 상태였다. 직장에서 ATL을 유지하기 위해 모든 에너지를 소진했다. 집에 들어가면서 그는 더 깊게 심호흡을 하고 대응 전략이 아니라 자애로운 자신의 모습을 되찾기로 선택했다.

수전은 성급하게 부장에게 이야기를 하기 전, 부장이 새로운 계획의 결함을 깨닫게 하기 위해 자신이 어떤 행동에 들어가려 하는지 곰곰이 생각해봤다. 그러자 그것이 자신의 진짜 의도가 아닐 수도 있음을 깨달았다. 그녀가 정말로 원하는 건 팀이 계속해서 좋은 성과를 내는 것이었다. 부장의 바람도 같을 게 분명했다. 그들이 정말 이야기를 나누어야 할 주제는 그 바람을 어떻게 실현시켜야 하는가 하는 문제였다. 그녀가 부장의 생각이 얼마나 잘못되었는지 그리고 그녀가 옳다는 데 중점을 둔 대화를 나눴다면 그는 귀를 기울이지 않았을 테고 대화는 좋지 않게 끝났을 것이다.

마라와 스티븐은 서로의 탓을 하고 누가 마지막에 열쇠를 가지고 있었는지 따지는 일을 멈추고, 잠시 호흡에 집중하면서 마음을 가라앉힌 뒤 함께 열쇠를 찾았다(현실성이 없다고 느껴질 정도로 평화로운 결말이지만 우리는 실제로 그렇게 했다. 적어도 그때는 말이다!).

꾸준히 더 좋은 것을 향한 실천을 시작하는 많은 사람들은 주변 다른 사람들의 변화를 보면서 놀라곤 한다. "상사가 나를 더 존중해주는 것 같아." "제 배우자가 다정해졌어요." "우리 아이들이 제 말을 더 잘 들어줘요." 우리가 이야기했듯이 ATL은 ATL을 낳는다. 다른 사람들에게 마음속의 겸손과 사랑을 보여주면 그에 고무된 상대도 같은 일을 한다. 중요한 건 누군가가 시작해야 한다는 것! 때로는 어른스럽게 나서서 ATL을 향한 길로 먼저 들어서는 사람이 되어야 한다. 혼자서 이렇게 생각한 적이 있지 않은가? '그건 우리 상사/배우자/아이들/부모에게는 먹히지 않아.' 다른 사람이 변하지 않더라도 당신은 변할 수 있다. 그로 인해 당신은 보다 긍정적인 마음으로 더 강해졌다는 느낌을 받으면서 그 상황에서 빠져나올 수 있다.

스스로 다른 사람의 행동이나 상황 때문에 BTL로 끌려 내려가지 않는다는 신뢰를 가지면 엄청난 힘이 생긴다. 오래전 우리 프로그램의 한 참가자가 과정을 마친 뒤 이렇게 말했다. "더 이상 낡은 트리거와 마음의 틀에 지배받지 않겠습니다." 얼마나 긍정적인 내면 서약인가? 차분함을 기반으로 행동할 때 우리는 어려운 상황도 다룰 수 있고 자신에 대한 진실함을 유지할 수 있다는 자신감을 더 강하게 느낀다. 우리는 가장 중요한 것에 집중하고 나머지는 흘려보내는 법을 배우게 된다. 타인에 대한 연민과 이해가 성장하면서 우리는 원하는 관계를 구축할 수 있다.

이제 ATL의 행동으로 향하는 3단계를 자세히 살펴보자.

1단계. 거울 보기

'거울 보기'는 ATL 행동으로 향하는 첫 단계다.

자신의 행동을 거울 보듯 들여다보는 것은 쉽지 않은 일이다. 우리가 항상 스스로를 명확하게 볼 수 있는 건 아니다. 이 때문에 내게 무슨 일이 일어나고 있는지 확인할 수 있는 몇 가지 방법을 제시

한다. 아래와 같은 질문을 스스로에게 던지거나 당신의 개인별 성장 지침을 참고하라.

1. 압박감을 느끼는 상황에서 나는 어떤 BTL 전략을 사용하는가?

2. S + T = B을 상기해보라. BTL로 향하게 하는 자극은 어떤 상황에서 발생하는가?

3. 어떤 마음의 틀이 실행되고 있는가? 어떤 공백, 상처, 내면 서약이 나의 감정을 지배해왔으며 그 틀의 구축을 도왔는가?

4. 여기에서 진실은 무엇이며 나의 진실은 무엇인가?

5. 다른 상황에서 비롯된 부정적인 긴장을 여전히 유지하고 있거나 지치지는 않았는가?

6. 나의 자아가 집착하는 것 중에 내가 내려놓아야 할 것은 무엇인가?

7. 마음의 틀이 작동할 때, 나는 거부감을 느끼거나 충분하지 못하다는 느낌을 받거나 항상 나를 증명하고 성과를 올려야 한다거나 내가 옳아야 한다는 필요를 느끼는가?

8. 다른 사람들의 긍정적인 의도는 무엇인가? 그들에게는 어떤 일이 일어나고 있는가?

9. 우리가 공유하는 의미와 진실은 무엇인가?

10. 나 자신과 다른 사람에 대한 관용을 어디까지 확장시킬 수 있을까?

몸은 거짓말을 하지 않는다

2장에서 말했듯이, 우리 두뇌에 저장된 틀들에는 과거의 경험과 연관된 기억들이 각인되어 있다. 그리고 당신에게 일어났던 생리적 반응도 함께 각인되어 있다. 이 반응들은 두뇌의 투쟁-도피 기제에서 비롯된다. 이는 에피네프린(또는 아드레날린) 분비를 자극해 우리의 에너지와 힘을 높인다. 이후에도 위협이 사라지지 않으면 코티솔('공공의 적 1호'라는 별칭을 가진)을 분비해 삼엄한 경계 태세를 유지하면서 도망가거나 자신을 보호할 준비를 갖추게 한다.

대부분의 사람들은 스트레스의 신체적 증상을 인지하지만 그것을 항상 자극을 받았다는 신호로 생각하지는 않는다. 생리적 반응이 극단적이지 않을 때라면 더 어려운 일이다. 보통 우리는 그런 반응을 자극받은 틀과 연관 짓지 않는다. 틀이라는 걸 기억조차 하지 않으니까 말이다. 자신의 반응에 대해 생각하는 데 도움을 주기 위해 자극을 받고 있다는 생리적 신호들의 목록을 검토해보자.

가슴 조임

가슴/배의 열감

위 부위의 통증/메스꺼움

말하는 속도의 변화

목소리의 변화(높아지거나 낮아지거나 떨리는 등)

단어 또는 세부 사항을 잊어버리는 일

갑작스러운 두통이나 눈 뒤의 통증

눈 마주침을 피하기

상대방을 뚫어지게 쳐다보기

손톱 물어뜯기

손을 꼭 쥐기

손가락으로 탁자를 두드리기

이를 앙다물기

펜이나 다른 작은 물건을 계속 만지작거리기

의자 돌리기

다리 떨기

발 구르기

당신의 몸은 거짓말을 하지 않는다. 하지만 당신의 신피질은 거짓말을 잘한다. 신피질은 당신을 보호하기 위해 거짓말을 뱉는다. 2장에서 말했듯이, 신피질은 스스로를 보호하겠다는 바람으로 대단히 논리적으로 삶의 전략을 만드는 곳이기 때문에 우리가 대응하고 있는 느낌을 주는 데 도움이 되는 (가짜) 방어 전략을 사용한다. 신피질은 세상에서 제일가는 거짓말쟁이다. 의도는 좋더라도 말이다.

연습문제 나의 조기 경보 시스템

조기 경보 시스템, 즉 우리가 자극을 받고 있다고 말해주는 특유의 생리적 반응들을 파악하기는 쉽지 않다. 우리는 BTL 대응 전

락에 의존했기 때문에 자극을 받았음이 확연한 최근의 순간을 찾아 S + T = B를 자세히 살펴보길 권한다.

1. 이렇게 하기 위해서는 우선 상황을 떠올려야 한다. 이후 다음의 질문을 생각하면서 그 상황을 자세히 연구한다. 어떤 상황인가? 그 상황을 마음의 눈으로 보면서 거기에 무엇이 있었는지, 주변, 색상, 소리(가능하자면 냄새까지)에 주의를 기울인다.

2. 거기에 누가 있는가? 무슨 말을 들었는가? 어조는 어떤가?

3. 그로 인해 당신은 어떤 감정을 느꼈는가?

4. 당신 몸의 각 부분에 집중한다. 손과 발, 팔과 다리, 몸의 중심부, 얼굴과 머리. 감정이 고조되기 시작할 때 무슨 일이 일어나는가?

5. 이런 일이 얼마나 자주 일어나는가? 어떤 상황에서 일어나는가?

6. 마지막으로 이런 식으로 얼마나 오래 살았는지 생각해본다. '그 반응은 얼마나 오래된 것인가?'(자신에 대한 중요한 정보를 드러내는 핵심 질문이다)

잘 진행되지 않을 때는 그 장면의 세부적인 부분으로 더 깊이 들어간다. 그 감정을 다시 경험하게 될 수도 있다. 그러면 그때의 생리적 반응이 나타날 것이다. 그에 대해 합리적인 해석을 시도하지 마라. 그 감각을 그대로 느끼고 기록해둔다. 반응과 감정이 너무 강렬한 경우 '이런 감정들과 반응이 나타나는군. 그저 내게 일어나는 일일 뿐이야. 그 자체가 나는 아냐. 지나간 일이고 현재가 아냐. 이제는 심호흡을 하면서 내 마음을 거기에서 떨어뜨릴 수 있어'라고 말함으로써(필요하다면 소리를 내서) 생리적 반응과 감정으로부터 거리를 두는 연습을 한다.

이런 활동의 목표는 자극 상황을 다시 체험하려는 게 아니다. 자극을 받았을 때 당신의 몸이 어떻게 반응하는지를 그 시작부터 제대로 파악해서, 다음에는 그런 상황이 다가올 때 잘 감지해서 더 현명하게 반응하는 법을 배우는 것이다. 생리적 반응을 마음의 틀과 연관시키는 법을 배우면 상황을 좀 더 잘 파악할 수 있고 따라서 자신의 반응을 보다 잘 관리할 수 있다.

자극 받는 때를 알면, 하던 일을 멈추고 무슨 일이 일어나고 있는지 고려하고 다음에 할 일에 대해서 더 나은 선택을 할 수 있는 기회를 얻게 된다. 우리의 신피질이 이용하는 대응 패턴을 중단시키고 ATL 전략으로 새로운 마음의 틀을 만들 수 있다.

2단계. SBTB: 멈추고, 숨을 쉬고, 생각하고, 행동한다

멈추고, 숨을 쉬고, 생각하고, 행동하는 과정은 기본적으로 이렇게 전개된다.

1. **멈춘다**(Stop, 변화가 일어난다!)

   하고 있는 일을 말 그대로 멈춘다. 이야기를 하고 있었다면 문장을 끝내거나 말을 잠시 멈춘다. 앉아 있거나 서 있었다면, 그 상태에서 멈춰 자신의 상태를 인식한 뒤에 자세를 약간 바꾼다(선 다리의 무게중심을 다른 다리로 옮기거나 앉은 자세를 바꾼다). 다른 사람은 눈치채지 못할 정도로 아주 작은 움직임이면 족하다. 하지만 의미를 둔 움직임이기 때문에 당신은 그 움직임을 인식할 수 있다. 외적인 움직임은 작지만 당신이 생각하는 의미는 크다!

2. **숨을 쉰다**(Breathe)

   코로 숨을 깊이 들이쉬고 내쉰다. 대화를 멈추지 않고 주위의 사람들에게 이상하게 보이지 않게 심호흡을 할 수 있는 방법을 알려달라는 사람들이 있다. 그렇게 극적일 필요는 없다. 다른 사람들이 이야기를 하게 두고 코를 통해서 조용히 깊은 호흡을 하면 족하다. 폐를 확장한다. 앉아 있다면 등받이에 기대어 약간 더 편안하고 개방된 자세를 취한다. 서 있다면 무게중심을 약간 옮긴다. 이런 의도적인 작은 변화들이 두뇌에 '흥분을 가라앉히라'는 신호를 준다. 두 번만 심호흡을 해도 긴장을 크게 완화하고 두뇌에 산소를 다시 공급하고, 더 명확하게 사고할 수 있다.

3. **생각한다**(Think)

   세 가지 I를 생각한다. 여기에서 내 의도(intention)는 무엇인가? 의도가 다른 사람들에게 어떤 인상(impression)을 만들고 있는가? 내 행동이 다른 사람에게 어떤 영향(impact)을 주고 있는가? 의도적(intentional)인 (그리고 솔직한) 답을 해야 한다.

그런 다음 의식적으로 자신에게 긍정적인 말('침착하자', 1장의 1분 베이스 캠프에서 했듯이 '사랑이 있는 곳을 향하자' 등)을 하는 데 집중하고 자신이 현재의 생리 상태에서 더 차분한 상태로 이동하는 것을 느낀다. '선 위로 향하자'라고 말하거나 '연민, 진정성, 연결의 방향으로 가자' 등과 같이 구체적인 스타일에 초점을 맞추는 사람들도 있다. 가장 효과적인 방법은 호흡하고 생각을 바꾸고, 다시 호흡하고 생각을 바꾸는 것이다.

4. 행동한다(Behave)

스스로를 당신이 지금 사용하고자 하는 ATL 사고나 행동으로 전환시킨다. 마라는 분투의 와중에 BTL에 있음을 느낄 때(또는 스티븐이 BTL에 갇혀 있다고 친절하게 지적할 때) 이 절차를 사용한다. 하던 일을 멈추고, 몸의 긴장을 인식하고, 몸을 이완시키고, 호흡을 하면서 이렇게 말한다. "내려놓자." 그리고 달성의 행동(뭔가를 이루는 데 분투보다 훨씬 나은 방법)으로 옮겨간다.

간단하지 않은가? 하지만 스트레스, 분노, 불안의 상황에서는 매우 어려운 일일 수도 있다. 따라서 우리는 SBTB 접근법을 지원할 일련의 도구와 기법을 개발했다.

멈추는 법

BTL로 끌려갈 때는 몇 가지 생리적 반응이 나타날 테지만 몸과 목소리의 모든 방식이 영향을 받지는 않는다. 자세와 목소리는 행동의 한 측면이고, 모두가 알다시피 말의 내용이 아니라 말하는 방식으로 중요한 신호를 보낼 수 있다. 몸과 목소리를 조정하는 일은 우리의 생각에도 영향을 미치면서 마음을 가라앉히는 데 도움을 준다.

자극을 받았다는 느낌이 들면 다음의 간단한 단계를 이용해서 몸과 목소리가 ATL 신호를 보내도록 한다.

- 긴장을 풀고 어깨에 힘을 뺀다.
- 손을 옆으로 내리거나 테이블 위에 둔다. 앞에서 살짝 마주 잡아도 좋다(이렇게 하면 말하는 동안 상대를 손가락으로 가리키거나, 위협적인 손짓을 할 수 없다).
- 표정과 목소리의 긴장을 푼다
- 미소를 짓고 근육의 변화를 느낀다. 눈으로도 미소를 짓는다.
- 목소리를 음을 조금 높이거나 낮추는, 또는 크기를 크게 하거나 작게 하는 변화를 고려해본다. 화가 나거나 언짢을 때 목소리가 커지는 사람이 있는가 하면 그 반대인 사람도 있다. 어떤 사람은 낮은 음성으로 이야기를 하고 어떤 사람은 높은 음성으로 이야기를 한다. BTL에 빠졌을 때 어떻게 하는지 파악하고 의식적으로 거기에서 벗어나도록 한다.

숨을 쉬는 법

머릿속을 사로잡는 생각들 때문에 눈앞에서 벌어지는 일에 집중할 수 없다고 느낀 적이 있는가? 할 말이 전혀 생각나지 않거나, 단순히 자동차 열쇠를 찾지 못하고 있을 뿐인데 언쟁이 말도 안 되게 심각한 상황으로 치달은 경우는 없었는가? 논리나 이성이 완전히 사라진 듯이 느껴지지는 않았는가?(실제로도 그리 다르지 않다!)

스트레스를 받거나 자극을 받으면 우리의 두뇌는 위협(실제든 상상이든)을 처리해야 할 상황으로 판단하고 논리적 규칙이나 사회적 행동을 제어하는 신피질의 혈관을 수축시킨다. 그리고 혈류의 방향을 변연계로 바꾼다(모든 혈류는 아니다. 그렇게 되면 우리는 죽을 테니까). 변연계는 감정을 통제하고, 우리 마음의 틀이 저장되고, 투쟁-도피 반응이 시작되는 곳이다. '생존 모드'로 들어가면서 우리의 인지 과정은 위축된다. 두뇌의 혈류는 위험할 때 목숨을 부지할 책임을 맡은 부위로 이동한다. 그 위험이 감정적인 위험일 때도 마찬가지다.

그 순간, 우리 두뇌는 마비된 듯 보이고 통찰, 판단, 객관화, 자기 인식은 제한된다. 이런 모든 기능은 신피질에서 일어난다. 시야가 좁아지면서 눈앞의 위협(우리를 자극한 것) 너머의 다른 것을 생각하지 못한다. 회의에 참석했다가 다른 사람이 당신의 아이디어에 대해 비난하는 말을 듣고 갑자기 위협을 느낄 경우, 당신의 논리와 객관성은 완전히 사라진다. 머릿속은 하얗게 되고 훤히 알고 있던 정보도 생각해내지 못한다. 이후 당신은 그 상황을 걱정하기 시작하고, 초점을 잃고, 무슨 얘기를 듣고 있는지 놓치고, 다시 그에 대해 걱정한다. 혈류가 두뇌의 투쟁-도주 반응을 맡은 곳으로 향하면 변연계가 그런 느낌을 받았던 과거의 상황을 확인하는 일에 나선다. 변연계가 장악하면 우리는 과거의 틀을 무시하거나 더 좋은 것을 지향하는 데 어려움을 겪게 된다(대니엘 골먼(Daniel Goleman)은 이를 편도체 납치(amygdala hijack)라고 불렀다). 폭주하는 반응과 신체적 감각은 다른 모든 것을 짓밟으며 가능한 최악의 방법으로 이 문제를 해결하려고 한다. 싸움을 통해서 말이다. 이런 방법들이 효과가 있겠는가? 없을 것이다.

두뇌가 이 일을 자동적으로 한다면 도대체 우리가 그 과정에 어떻게 개입한단 말인가? 대답은 어이가 없을 정도로 쉽다. 물론 그 순간에 기억해내기는 쉽지 않지만 말이다. 자극받았음을 인지하면 멈추고 숨을 쉬면 된다. 이렇게 간단하다(그리고 힘들다).

자신이 방금 들은 말에 집착하기 시작했다고 느끼면, 자극을 받았다는 어떤 신호라도 느끼면, 몇 번 심호흡을 해줘야 한다. 그래야 혈액에 산소를 공급하고 신경계를 진정시킬 수 있다. 혈관이 확장되면서 혈류의 방향이 논리와 명확성을 맡는 두뇌 중추로 향할 수 있다. 그제서야 비로소 우리는 상황에 대해서 좀 더 논리적이고 객관적으로 생각하고 신체적, 감정적으로 우리에게 무슨 일이 일어나고 있는지 파악할 수 있다.

두뇌가 제 기능을 찾고 자극을 인식하면 당신이 왜 그처럼 반응했는지 생각해보고 그 이유를 마음에서 일어나고 있는 일과 연결시켜보라. 이렇게 하면 신피질이 나서서 '보호하자!'라는 BTL의 대응전략 대신 효과적인 ATL 전략을 제안한다.

호흡은 돈이 들지 않는 데다 사랑의 정신에 접근하는 가장 좋은 길이다. 사실 '정신'은 호흡을 의미한다. 하던 일을 멈추고 호흡을 하면, 두뇌에 산소가 공급될 뿐 아니라 마음속의 정신이 전환되면서 우리 안의 분위기와 우리로부터 공명하는 파동을 변화시킬 수 있다. 스티븐이 자주 얘기하듯이 "모든 행동에는 정신이 깃들어 있고 모든 정신에는 행동이 깃들어 있다". 호흡을 통해서 우리는 우리를 둘러싼 에너지를 바꿀 수 있다.

생각하는 법

브라이언은 호감형의 똑똑한 사업가다. 그는 젊은 시절 자기 사업을 시작했다. 어리고 경험도 적었기 때문에 사업은 성공으로 이어지지 못했다. 그가 변호사가 없이 계약을 한다는 점을 악용한 판매업자로 인해서 그는 사업 실패를 경험하게 되었다. 브라이언은 그 업자를 신뢰했다. 좋은 사람처럼 보였기 때문이다. 그래서 계약서를 철저히 검토하지 않았고, 그 일은 재정적으로나 감정적으로 그를 거의 파괴해버렸다. 결혼 생활까지 난관에 봉착했다.

브라이언은 몇 년 후 다시 사업을 시작할 정도로 회복력이 있는 사람이었다. 그 사업은 성공적이었다. 현재 그와 아내는 두 명의 아이를 두고 있다. 브라이언은 가족이 재정적 위험에 처하게 하지 않아야 한다는 생각에 압박감을 느끼고 있었다. 첫 사업 경험에서 얻은 오랜 마음의 틀 때문에 동업은 전혀 고려하지 않았다. 그는 판매업자와의 관계를 업무적인 쪽으로만 유지했고 자립적인 회사를 구축하는 데 초점을 맞췄다. '완벽한' 업무 처리와 모든 결정에의 관여를 통해서만 그의 사업을 안전하게 지킬 수 있다고 믿으며 통제와 분투의 태도를 고수했다.

그가 신뢰하는 한 관리자가 브라이언에게 좋은 사업을 제안했다. 동업을 한다면 회사가 제공하는 서비스를 확대할 수 있었다. 귀를 기울여야 할 때라는 느낌이 들었다. 그는 잠재적인 동업자와 회의를 가지게 되었다. 정말 좋은 조합처럼 보였다. 첫 회의는 다음, 또 다음 회의로 이어졌다. 브라이언의 망설임에도 불구하고 결국은 계약을 하기로 이야기가 진척됐다.

그 과정 내내 브라이언은 주저했고, 자신이 왜 주저하는지 알 정도로 자기 인식을 잘하고 있었다. 그는 아내에게 몇 번이나 "지난번에 어떤 일이 일어났는지 생각해봐요"라고 말하기도 했다. 하지만 한편으로는 좋은 기회이며, 수차례 검토했고, 잠재적 동업자인 조애나가 정말 좋은 사람이라는 것도 알고 있었다. 조애나는 업계에 대해 대단히 잘 알고 있었고 그보다 오랫동안 그 사업을 했으며 함께 있으면 즐거운 사람이었다. 그들은 서로를 좀 더 잘 알기 위해서 부부 동반으로 몇 번이나 식사를 함께 했다. 하지만 즐거운 시간을 가질 때에도 브라이언은 동업 이야기만 나오면 긴장을 하곤 했다.

계약서를 함께 검토하는 마지막 회의 날이 찾아왔다. 한 조항 한 조항을 검토해가면서 브라이언의 불안감은 점점 커졌다. 그는 이익 분배에 대한 이야기가 시작되자 어지러움을 느꼈다. 어조는 딱딱해졌고 말이 뚝뚝 끊겼다. '나는 사인 못 해!' 그가 생각했다. '실패하면 어떻게 해? 그녀가 욕심을 내서 나를 곤경에 처하게 하면 어떻게 해? 다시 내 가족을 위험으로 내몰 수는 없어!' 마케팅 계획에 대한 최종 결정권 문제를 두고 감정이 막 폭발하려는 찰나, 그는 무슨 일이 벌어지고 있는지 깨달았다. 그는 멈추고, 호흡하고, 자신에게 이렇게 말했다. '그건 그때고 지금은 지금이야. 그때와 달라. 이젠 괜찮아. 용기를 가져.'

한 시간 뒤 그들은 새롭게 맺은 동업 관계를 축하하며 앞으로의 밝은 미래를 기대하고 있었다.

호흡과 계약서 사인 사이에 일어난 어떤 일이 브라이언으로 하여금 신뢰의 도약을 가능하게 했을까? 그는 기본적인, 하지만 필수적인 질문에 답을 했다. '나의 머릿속과 마음속에서는 어떤 일이 일어나고 있을까?'

낡은 틀과 행동 패턴에도 불구하고 브라이언은 처음 사업 실패를 경험했을 때와는 다른 사람이 되었다. 지금의 그는 근면하게 일해 온 경험 많은 사업가였다. 또한 이전의 동업자와 매우 다른 사람과의 동업을 고려하고 있었다. 조애나는 오랫동안 사업을 해왔고, 좋은 실적을 가졌으며, 그가 아는 한 부정하게 사업을 한 이력이 없었다. 브라이언은 신뢰를 구축해야 했다. 겸손을 통해서 스스로에 대한 신뢰를, 사랑을 통해서 다른 사람에 대한 신뢰를 구축해야 했다. 하지만 그의 오랜 집착이 그 일을 힘들게 만들고 있었다.

우리는 ATL과 BTL 행동의 차이를 집착과 믿음의 차이라는 측면에서 설명하곤 한다. ATL 행동은 제품이나 서비스에 대한 믿음, 사람에 대한 믿음, 팀에 대한 믿음, 든든한 가족과 친구에 대한 믿음에 근거한다. 반면에 BTL 행동은 집착으로 정의된다. 완벽한 결과, 자신의 위치, 옳은 것, 자신이 세상에 투영하는 이미지, 존중, 인정, '인위적 조화'에 대한 집착으로 말이다. 우리는 그런 것들이 자기의 가치를 입증할 수 있다고 믿기 때문에 거기에 집착한다. 그런 대응 전략에서 벗어나는 법을 사람들에게 코칭할 때 우리는 종종 이렇게 묻는다. "이 순간 당신은 무엇에 집착하고 있습니까?" 브라이언의 경우 거기에는 자신과 회사를 보호하는 것과 자신이 빈틈없는 사업가임을 증명하는 것, 이렇게 두 가지 측면이 있었다.

집착은 잘 드러나지 않는다. 정당화하기가 쉽기 때문이다. 우리는 분투나 통제 모드에 들어가서 완벽한 결과와 일의 진행 방식에 집착하는 사람에게 '꼼꼼한', 'A형 스타일', '일에 열성적인'과 같은 긍정적인 말을 사용한다. 다른 사람이 자신을 인식하는 방식에 집착해서 위험을 기피하고 방어와 회피 모드에 있는 사람에게는 '협동을 잘 하는', '예의 바른', '사람들과 잘 지내는'과 같은 말을 사용한다.

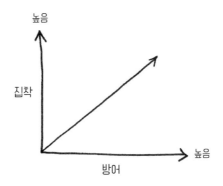

계약을 위한 회의에서 브라이언은 자신에게 무슨 일이 일어나고 있는지 깊이 생각하면서 믿음의 첫걸음을 뗐다. 그는 잠재적 동업자에 대해 아는 사실과 상대방을 향한 믿음에 대해서 생각했다. 이후 실패라는 자신의 '어두운 비밀'을 조애나에게 맡기기로 선택했다. 그는 첫 사업에서 일어난 일과 그 경험으로 인해 사업적 관계에 대해 편안히 느낄 수 없어서 사람을 믿지 못하고 전투적이 된다는 점을 그녀에게 간략하지만 진심을 담아 설명했다. 그 간단한 조치 덕분에 그의 마음은 해방됐고 새로운 동업자는 그를 더 잘 이해하게 됐다. 덕분에 둘 사이의 신뢰는 더 견고해졌다.

내려놓으라는 말이 꿈을 내려놓으라는 뜻은 아니다. 꿈에 대한 집착을 내려놓으라는 말이다. 집착을 내려놓으면 선 위로 올라설 수 있다. 최선의 자신이 될 수 있다. 성장과 새로운 아이디어에 개방적인 자세를 취할 수 있다. 그러면 당신이 기대한 것보다 더 큰 기회를 받아들일 수 있다.

행동하는 법

정말 간단한 일을 해보자.

- 정말 실용적인 태도를 취한다.
- 너무 복잡하게 만들지 않는다.
- ATL 양식을 선택한다. 그에 대해 연구하고 관련된 방법을 연습한다(7장~10장에서 다룬다).

- 당신이 생각하고 있는 것에 대해 생각해본다(S + T = B).
- 그리고 그렇게 행동한다!

때로는 아무것도 하지 마라

자극을 받고 결국 BTL로 떨어질지도 모른다는 생각이 드는 상황에서 가장 좋은 선택은 때로 아무 말도 하지 않고, 아무 행동도 하지 않는 것이다. 문제 해결에 집착하고 뭐든 당장 해치우기를 바라는 세상에서는 가장 어려운 선택일 수 있다. 통제·분투·인정 추구·방어와 같은 행동에 매달리는 경향이 있을 때에는 더 어려운 일이다. 전략적 철수는 회피와 다르다. 두려움이 아닌 겸손과 사랑을 기반으로 움직이기 때문이다. 우리는 스스로 자신의 감정을 아직 통제하지 못한다거나 다른 사람이 공유하려는 정보들을 진정성과 연민을 가지고 들을 준비가 되어 있지 않았음을 알 수 있는 지혜를 갖추고 있다.

주의를 기울이지 않으면 전략적 철수는 쉽게 BTL 신호를 보낼 수 있다. 따라서 그 전략을 조심스럽게 사용해야 한다. 상대에게 이런 식으로 말해보자. "이것은 중요한 문제입니다. 우리가 함께 논의할 필요가 있다고 생각합니다. 다만 지금이 최적의 시간인지는 모르겠군요. 잠시 시간을 가졌다가 다시 이 문제를 다루는 게 어떨까요?" 당신의 긍정적인 의도를 표현하는 언어를 개발하라. 이런 문장은 회복하기 어려운 BTL의 악순환으로 들어서는 것을 막는 데 도움이 된다. 스티븐의 아버지가 종종 말씀하시는 대로 "좀 걸을까?"도 좋다.

물론 진정성과 성취, 연결의 강화를 원한다면 실제로 그 문제로 돌아가야 한다. 전략적 철수는 회피 행동으로 변질될 수 있다는 위험을 안고 있다. 따라서 감정이 고조되지 않았을 때 사람들과 다시 대화하려는 분명한 목적의식과 결단력을 갖추어야 한다.

3단계. 마음 설계하기

내일, 다음 주, 다음 달…. 당신 스케줄 표에는 이미 삶에 스트레스를 주는 무언가가 있을 것이다. 계획대로 진행되지 않고 있는 프로젝트에 대해 상사와 가질 회의일 수도 있고, 팀원들과의 까다로운 성과 회의나, 너무 오래 머물러서 폐가 되고 있는 손님과의 대화일 수도 있다. 그것이 무엇이든 그 상황의 어떤 점은 당신을 자극할 것이고 당신의 두뇌는 비슷한 상황에서 수년 간 *끄집어내왔던* 낡은 틀들 중 하나를 꺼내들 것이다. 당신은 이 점을 알고 있다. 일이 으레 그렇듯 제대로 마무리되지 않으리란 점도 말이다.

우리는 회의를 위해서 의제와 슬라이드와 보고서를 준비한다. 다음 번 모임에 나가서 이야기할 휴가 계획을 완벽하게 만드는 데 시간을 들인다. 그러면서 성품(마음 자세, 사고, 행동)을 설계하는 일에 대해서는 거의 생각하지 않는다. 자극받을 수 있다는 점을 알면서도 말이다. 성품 설계는 자신을 ATL에 머물게 하고 상호작용, 특히 까다로운 상호작용에 대해 좋은 느낌을 가지게 한다. 방법은 간단하다. 다섯 가지 단계만 거치면 된다. 5분만 투자해서 이 활동을 한다면 BTL 상황을 시작도 하기 전에 완화시킬 수 있다.

연습문제 성품을 설계한다

1. 곧 있을 자극이 될 만한 상황을 확인한다. 달력에 회의, 약속, 행사 등 당신에게 자극이 될 수 있는 일을 메모해둔다. 왜 그 일에 자극받을 가능성이 있다고 생각하는가?

2. 다른 사람들에게 나올 수 있는 잠재적인 BTL 행동을 확인한다. 그들의 마음과 정신에서 일어나는 어떤 일이 그들을 BTL로 보낸다고 생각하는가? 그런 행동의 긍정적인 의도는 무엇일까?

3. 당신의 경우 어떤 마음의 틀이 자극을 받을지 확인한다. 과거의 비슷한 상황에서 그런 틀로 인해 당신은 어떤 반응 또는 행동을 보였는가?

4. 좀 더 나아지자! 개인적 가치관에 더 부합하고 더 효과적인 결과를 얻기 위해서 어떻게 반응하거나 행동하고 싶은가?

5. 마음의 틀을 교체한다. 이 상황에서 당신이 사용할 수 있는 보다 효과적인 틀(긍정적인 경험이나 마음의 중심에 있는 황금에서 형성된 틀)은 무엇인가?

겸손이 두려움보다,
사랑이 자존심보다 강함을 기억하라

브라이언을 비롯해 우리가 이 책에서 언급한 모든 사람들은 마음 자세를 바꿈으로써 행동을 변화시켰다.

성장 중심의 사랑은 자아 중심의 자존심을 극복한다. 용기 있는 겸손은 자기 제한적 두려움을 극복한다. 우리는 이것을 'X팩터'라고 부른다. 성장 중심의 사랑에서 점수가 높은 사람들은 자아 중심의 자존심에서 점수가 낮고, 용기 있는 겸손에서 점수가 높은 사람들은 자기 제한적 두려움에서 점수가 낮음을 종종 보게 된다.

이제 당신도 알겠지만, (자존심 중심 행동을 통해) 자신을 증명하려는 욕구는 자기를 내세우는 일에 집착하게 만든다. 결과를 성취하는 한편으로 우리 마음속 성장 중심의 사랑에 집중하면, 우리는 진심으로 타인에게 도움을 주고, 존중과 존경의 마음으로 관계를 맺게 되면서, 자기 집착을 극복할 수 있다. (두려움 중심의 행동을 통해) 자신을 보호하려는 욕구는 그에 대한 집착을 만든다(역설적이게도 일자리를 지키기 위해 자기를 내세우는 삶을 살수록 구조 조정 때 해고당하는 첫 번째 사람이 될 가능성은 높아진다). 마음속의 용기 있는 겸손에 초점을 맞출 때는 자신의 있는 그대로의 선한 영향력, 거기에 더해 성장의 가능성까지 받아들이게 된다. 수용을 통해 인정에 대한 집착을 극복할 수 있기 때문이다.

그렇다면 우리에게 무슨 일이 일어나고 있는지를 생각하는 순간에 겸손과 사랑에 집중한다는 건 무엇을 의미할까? 첫 단계는 무척

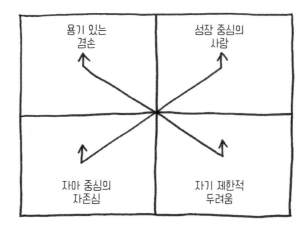

간단하다. 자아 중심의 자존심에 기인해 작동하고 있음을 깨달았을 때에는 성장 중심의 사랑에 집중하고, 자기 제한적 두려움에 기인해 작동하고 있음을 깨달았을 때에는 용기 있는 겸손에 집중하면 된다.

위의 그림에서 볼 수 있듯이 한 쪽의 증가는 다른 한 쪽의 감소를 가져온다. 따라서 ATL이 올라가면 BTL은 내려간다.

타인과 함께 성장하라

리더들이 마음유형분석을 배울 때 주의할 점이 있다. 마음유형분석이 결과를 달성하기 위한 과정임을 잊고 오로지 지나치게 이상적인 '트리 허깅(tree hugging, 자연의 중요성을 일깨우는 환경보호 홍보 활동의 하나–옮긴이)' 쯤으로 생각해서는 안 된다는 것.

양팔 저울에서 한 팔에 무게가 많이 실리면 그 팔은 아래로 기운

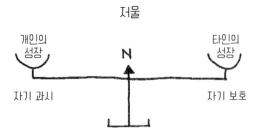

다. 저울의 균형이 무너지고 평형이 깨지면 오히려 비효과적일 수도 있다. 마음유형분석 사분면에서도 마찬가지다. 타인의 성장에서 높은 점수를 내고 개인 성장에서 낮은 점수를 낸다면, 저울은 기울고 그 사람의 행동이 자기 보호적으로(지나치게 수동적이고, 지나치게 친절한) 보일 테고 성과는 좋지 못할 것이다. 마찬가지로 개인적 성장에서 높은 점수를 내고 타인의 성장에서는 낮은 점수를 낸다면, 저울이 기울고 행동은 자기 과시적으로 보일 테고 바람직하지 못한 문화가 조성될 것이다. 진짜 목표는 저울 위에서 개인의 성장과 타인의 성장이 균형을 이루는 것이다.

내 행동 패턴을 기록하고 분석하라

BTL로 이끌렸던 최근의 기억은 언제인가? 그 이후 당신은 무엇을 했는가?

우리는 결과와 거의 상관이 없는 상황의 세부적인 부분, 즉 우리의 통제를 넘어서는 양상이나 다른 사람들의 사소한 행동에 집착하곤 한다. 그리고 이런 '자기 분석'에 근거해서 자신의 행동을 정당화한다. 어떤 일이 일어난 이유를 생각하고 말하는 데 많은 시간을 들이면서도 진상은 파악조차 못할 때가 있다. 쳇바퀴를 도는 햄스터처럼 그저 한곳을 빙빙 돌기만 할 뿐 앞으로 나아가지 못하고 그 자리에서만 움직인다.

이것이 행동 보고(Behavior Debrief)의 기반이다. 행동 보고란 S + T = B를 빠르게 분석해 과거를 되짚어 당신의 사실과 의견을 모은 뒤 미래에 초점을 맞춘 결론을 내리는 활동이다. 행동 보고의 가장 좋은 방법은 메모다. 형식은 자기에게 맞다면 무엇이든 좋다. 문제에 대해서 생각하는 데 그치지 말고 적어둬서 다음에 비슷한 상황에서 성품 설계가 필요할 때 참조한다. 특정한 BTL 양식에서 벗어나 특정한 ATL 양식을 강화하는 작업을 시작할 때는 한동안 일주일에 한 번씩 행동 보고 활동을 하기를 권한다.

연습문제 행동 보고

S(상황): 어떤 상황이었는가? 내가 같은 방식으로 행동한 다른 상황과 어떤 면에서 비슷한가?

B(행동): 나는 어떤 행동을 했는가? 그 결과가 효과적이었는가, 비효과적이었는가?

T(생각): 나에게 어떤 일이 일어났는가? 무엇이 나를 자극했는가? 어떤 마음의 틀이 작동했는가? 나는 결과에 집착하고 있었는가,

아니면 상황의 어떤 측면에 집착하고 있었는가? 나의 마음은 어디에 있었는가?

결과: 다음에 내가 다르게 할 수 있는 게 한 가지 있다면 무엇일까? 그것을 어떻게 실행에 옮길까? 그 첫 단계는 무엇일까?

변화에는 시간이 필요하고 꾸준히 단계들을 밟아나가는 의지가 필요하다. 〈유럽 사회심리학 저널(European Journal of Social Psychology)〉에 발표된 한 연구는 새로운 습관을 들이는 데, 즉 새로운 신경 경로가 고정화되고 이전의 것을 중단시키는 데 평균 66일이 걸린다고 밝혔다. 새로운 습관에 더 많은 노력이 필요할수록, 확립되는 데 더 긴 시간이 필요하다. 두뇌의 배선은 편리한 지름길을 택하고 우리에게 보다 자연스러운 일을 하면서 변화를 위한 노력과 맞서도록 만들어져 있다. 여기서 열쇠는 시간과 일관성이다.

마음, 생각, 행동을 ATL로 바꾸기 위해 우리가 공유한 전략을 사용하기 시작했다면 자신에 대한 연민을 발전시켜라. 삶은 복잡하고 우리는 우리를 BTL로 끌어내리는 새로운 책임, 새로운 관계, 새로운 문제에 끊임없이 도전을 받는다. 지금 당신을 가장 괴롭히고 고통스럽게 하는 대상과 싸우는 데 집중하고 계속 앞으로 나아가라. 앞으로는 지금 당신에게 갇혀 있다는 느낌을 가져다주는 게 무엇인지에 따라 당신이 시도해볼 수 있는 유용한 전략을 공유할 것이다. 다음 달 또는 다음 해에 당신이 뭔가 새로운 것과 맞서게 될 때는 이 부분으로 돌아와서 당신의 기억을 되살려보라. 이 접근법들은 모든 문제에 효과가 있기 때문에 새로운 어떤 문제에도 적용시킬 수 있다.

그때까지는 과정을 신뢰하고(TTP!) 인내심을 가져라. 인생은 성장의 기회들로 가득하다. 그런 기회들이 우리가 스스로 원하는 사람이 될 수 있는 근사한 여정을 만들어준다.

내가 누구인지 알다
마음을 무기로 바꾸는 행동 ① 진정성 ② 변혁

— 자기 자신이 되어라. 다른 모습에는 다 나름의 주인이 있다.

오스카 와일드

우리 내면 깊숙한 곳에는 진정한 자신이 되라는 외침이 존재한다. 두려움의 요새나 자존심의 감옥에 갇히지 않고 나 자신이 되는 자유를 누리라는 외침이. 당신이 아는 사람 중에는 스스로에 대한 확신이 있으며 자신이 누구인지 잘 알고 자신의 가치를 기반으로 용기와 진심을 가지고 움직이는 사람이 있을 것이다. 그들은 자신과 타인에게 솔직하며 그렇게 취약성을 드러냄으로써 다른 사람도 진실해질 수 있게 만든다. 그들은 변화와 성장을 추구하며 솔직한 피드백에 좌절하지 않는다. 아니 오히려 솔직한 피드백을 기대한다. 이것이 진정성과 변혁에 강한 사람의 모습이다.

냉정을 잃지 않고 차분하고 자제력이 있고, 누구에게나 찾아오는

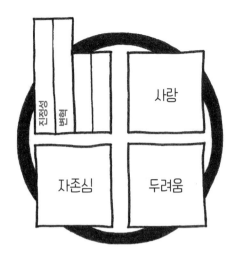

삶의 혼란스러운 순간에 둘러싸여 있으면서도 가치관에 부합하게 사는 듯 보여서 우리의 존경을 받는 그 사람들은 마음의 핵심, 성품의 가장 좋은 측면을 기반으로 움직인다.

헨리는 제품개발팀의 책임자로 엔지니어링 업계에서 획기적인 신제품 개발을 이끌고 있다. 헨리의 팀이 이 큰 사업과 함께 다른 자잘한 업무들을 다뤄야 하는 부담에 시달리는 모습을 본 회사의 CEO는 모든 프로젝트를 감독할 중역 한 명을 고용했다. 새로운 이사는 훌륭한 경력을 가졌고, 업계의 언어를 아는, 그 자리에 꼭 맞는 사람처럼 보였다. 불행히도 실제로는 그렇지 않다는 사실이 곧 드러났다.

  몇 개월이 지나는 동안 헨리의 프로젝트는 전혀 계획대로 진척되지 않았다. CEO는 이 새로운 중역으로부터 "직원들의 일 처리가 원활하지 못하네요"라는 말만 들었다. 사실 그 사람은 그 일을 감당할 만한 능력이 없었고 자신이 말한 만큼 그 분야에 대해 잘 알지도 못했으며, 이 때문에 자신이 가장 똑똑한 사람임을 계속 증명하려 했다. 그는 경쟁·냉소·통제의 태도로 효과가 없을 방식을 제품 개발에 적용하라고 종용했다. 헨리와 동료들이 공통된 경험을 바탕으로 다른 제안을 하면 그는 무시했다.

헨리는 어떻게 했을까? 아무것도 하지 않았다. 헨리는 두려움에 사로잡혀 있었다. 괜한 풍파를 일으킬까봐 그보다 전문 지식이 적은 사람에게 결정을 맡겨두고만 있었다. 자신의 생각이 맞다는 걸 알면서도 말이다. 새 중역의 지시만을 기다리며 침묵을 지켰다. 안전함을 느끼기 위해서였다.

헨리의 마음유형분석지표가 어떤 모습일지 예측할 수 있겠는가? 인정 추구, 의존, 회피 행동에서 높은 점수가 나왔다. 그의 행동을 이끄는 것이 무엇인지 마주한 일, 즉 두려움이 자신을 움직이고 있음을 알게 된 일은 그에게 돌파구가 되었다. 우리와의 대화에서 그는 사생활에서도 같은 방식으로 행동한다고 이야기했다. 그는 결혼 생활에서의 문제와 가족 간의 불화도 직접적으로 다루지 않고 덮어두기만 했다. 그의 삶을 규정하는 요소는 불안, 우울, 불면이었다. 그는 이런 요소들을 당연하게 여겼다. 하지만 그가 원하는 삶의 방식은 아니었다. 대화 중에 그가 갑자기 이렇게 선언했다. "저는 허위의 라이프 스타일을 만들고 있습니다." "저는 저 자신을 속이고 있어요. 다른 사람도 속이고 있고요. 더 이상은 이렇게 살고 싶지 않습니다."

쉬운 일이 아니었지만 마침내 그는 이사의 방을 찾았다. 불행히도, 일은 잘 진행되지 않았다. 상황에 대한 논의를 두 번 더 시도했지만 마찬가지였다. 이사는 헨리의 우려를 귀담아들으려 하지 않았으며 무관심하고 산만해보였다. 심지어는 헨리가 그에게 이야기를 하는 동안 휴대전화 메시지에 답을 하기도 했다. 헨리는 좌절하고 불만이 가득한 상태로 세 번째 회의를 마쳤다. 그리고 이 상황에 대해서 뭔가 다른 일을 더 해야겠다고 생각했다. 그가 책임진 일이었기 때문이다. 자신이 그렇게 하지 않는다면 스스로에게, 팀에게, 프로젝트에, 회사에 진실해질 수 없다고 생각했다.

이틀간 깊은 생각을 거듭한 그는 자신이 상황을 변화시키는 사람이 되어야 한다는 결론을 내렸다. 진실해지기로 마음을 먹은 그는 CEO와의 독대를 청했다. 다음 날 헨리는 약간 불안한 마음으로 CEO의 사무실로 걸어 들어가 이렇게 말했다. "솔직하게 말씀을 드려도 되겠습니까? 어떤 일이 일어나고 있는지 설명을 드려야겠습니다." 힘겨운 순간이었지만 인생에서 가장 중요한 날을 만들어낸 순간이기도 했다. 그날은 두려움으로부터 벗어나 진정성과 변혁을 향해 가는, 더 좋은 쪽을 향한 시작이었다.

쉬운 여정은 아니었지만 이제 헨리는 자신은 물론 다른 사람에게도 당신이 만나게 될 어떤 사람보다 더 솔직한 사람이 되었다. 그는 어려운 순간에도 진실되게 행동한다. 항상 자신에 대해서 배우고 자신을 계발할 기회를 찾고 기다린다. 그는 한 인간으로서, 배우자로서, 부모로서, 리더로서 불안감은 낮고 자신감은 높은 사람이 되었다. 두려움 속에 살던 사람에서 이제는 다른 사람들이 스스로에게 진실해질 수 있는 용기를 찾도록 돕는 사람으로 변화했다. 허위가 아닌 진짜 라이프 스타일을 얻은 것이다.

가장 솔직한 내 모습과 만나는 방법

마음유형분석 모델을 왼쪽에서 오른쪽으로 살필 때 진정성과 변혁은 가장 먼저 보게 되는 두 가지 ATL 행동이다. 왜일까? 두 가지는 함께할 때 자기 인식의 투석기가 되기 때문이다. 이 두 행동이 지표에서 나란히 등장하는 이유가 여기에 있다. 그들은 개인적 성장의 겸손 사분면에서 마음 + 양식 중 마음을 나타낸다. 신뢰와 성취는 양식 부분이다(8장에서 다룬다). 우리가 정말로 진정성(진실과 투명성)이 있고 변혁(지속적인 학습과 개발)을 추구할 때, 우리는 외부 세계뿐 아니라 자신에게도 솔직해질 수 있다.

진정성과 변혁 쪽으로 마음을 움직인다는 것은 우리의 장점과 약점에 관해 발견한 것을 공개적으로 논의하고, 피드백을 받고, 개선 방법을 찾는 데 기꺼이 나선다는 의미다. 마음유형분석지표에는 참가자의 삶의 질에 대한 질문들이 있다. 응답 결과에서 자기 계발에 집중도가 높고 행동, 건강, 개인적·직업적 효율이 높은 사람에게 변혁 행동이 많이 나타난다는 점이 드러났다. 진정성이 있는 사람은 두려움이 없으며 개방적이고 신뢰할 수 있다. '진실성'은 이들을 설명할 때 가장 처음 사용하게 되는 단어다. 그들의 진정성은 상대도 취약성을 인정하고 마음을 열 수 있게 해주어 더 나은 관계를 만든다.

CEO 및 고위 관리자들과 가진 대화에서 그들이 새로운 직원을 고용할 때 가장 원하는 자질은 진정성과 변혁으로 드러났다. 놀라울 것도 없는 일이다. 유명 기업의 CEO들의 생각을 다룬 〈포브스(Forbes)〉의 한 기사에는 '성장 사고방식', '호기심', '겸손', '삶의 가치관', '실패를 배움의 기회로 보는'과 같은 말들이 계속 등장하니까. 이런 생각과 이런 마음 자세를 발전시킨다면 우리는 두려움의 속박에서 벗어날 수 있다. 진정한 성품은 비난, 불의, 실망, 배신에 직면해서도 ATL을 유지하게 해준다.

다음의 여섯 가지 사항을 유념한다면 진정성과 변혁 행동을 증폭시킬 수 있다.

1. 습관적으로 택하는 선 아래 행동부터 체크하라

우리가 쉽게 빠지게 되는 특정한 종류의 BTL 행동을 확인하는 게 진정성과 변혁 행동으로 향하는 첫 단계다.

엘리나와 마주치기란 대단히 힘들다. 첫 만남에서 그녀가 어찌나 빠르게 주방이며 욕실로 도망치는지, 우리는 놀랄 수밖에 없었다. 그녀는 사람들의 눈을 거의 보지 않았다. 친해지기가 몹시 어려운 사람이었다.

리더와 그 배우자들이 함께한 수련회의 첫날, 그녀는 온종일 조용히 앉아 있었다. 둘째 날, 변연계와 마음을 활용하는 활동이 기운을 북돋운 덕분에 그녀는 겨우 입을 열었다. 삶의 어려운 상황을 되돌아보고 자신의 행동이나 다른 사람의 행동을 주도하는 것이 무엇인지 탐색하던 그녀는 평정을 잃기 시작했다. 두려움이 걷잡을 수 없이 커지고, 더 이상 자신의 상태를 무시할 수 없는 상황에 이르자 그녀는 그녀에겐 무엇보다 어려웠을 행동을 했다. 다른 사람들이 자신을 어떻게 생각할지에 대한 두려움을 극복하고 자리에서 일어서서 이렇게 말했던 것이다. "저는 못하겠어요." 그녀는 눈물을 터뜨리면서 회의실에서 뛰쳐나갔다. 그날 오후는 물론이고 다음 날까지 그녀는 방 안에 틀어박혀 있었다.

엘리나는 두려움 때문에 실제의 그녀의 모습과는 다른 사고방식, 마음 자세, 신체에 갇혀 있었다. 그녀는 뚱뚱했고 심각한 건강상의 문제를 안고 있었다. 신체적인 문제는 낮은 자존감, 거부와 비난에 대한 두려움에서 비롯되었으며 다시 거기에 양분을 공급했다. 그녀는 사람들의 판단에 대한 두려움, 사람들이 자신을 어떻게 생각할지 걱정에 사로잡혀 있었다. 자신이 충분하고, 예쁘고, 똑똑하다고 느낀 적이 없었기 때문이다. 두려움과 걱정이 너무나 심해서 체중 조절 프로그램이나 전문가들조차 그녀에게는 자극이 될 정도였다. 코치나 참가자들이 '실패한 사람'으로 자신을 평가할 거라고 생각했고 그 때문에 외부에 도움을 구하기를 꺼렸다.

하지만 때로는 실패도 돌파구가 될 수 있다. 어느 순간, 그녀는 자기 깊숙한 곳에 일어나고 있는 일에서 벗어날 수 있는 돌파구를 마주했다. 진정성을 찾았다. 그날의 행동은 그리 생산적인 행동은 아니었지만 솔직했고 다른 사람들의 생각에 대한 두려움보다 강했다. 우리는 워크숍으로 되돌아온 그녀에게 뭔가 변화가 있음을 알아차릴 수 있었다. 자신에게 일어났던 일을 설명하기 시작하는 그녀의 모습에서 용기가 확연하게 드러났다. 개별적으로 대화를 나누는 자리에서 우리는 그녀에게 이렇게 질문했다. "자신을 더 낫게 만들고자 하는 당신의 욕구와 그렇게 오랫동안 원해왔던 변화를 일으키려는 용기가 두려움보다 크다면 어떻겠습니까?"

엘리나는 자신에게 두려움의 요새(사람들이 자신에 대해 어떻게 생각할까에 대한 자신의 생각)에서 벗어날 용기가 있음을 입증했다. 첫걸음을 떼자 다음 걸음을 뗄 힘이 생겼다. 그녀는 그날 하루 종일 스스로에게 이런 질문을 던졌다. '내 마음속의 황금은 무엇일까? 어떻게 하면 진정성과 용기를 갖출 수 있을까? 어떻게 하면 사람들에게 사랑을 느끼고 줄 수 있을까? 어떻게 하면 사랑을 받을 수 있을까?'

이후 몇 년 동안 엘리나는 회피와 의존과 인정 추구에서 벗어나 진정성과 변혁을 좇기 위해 노력했다. 그녀는 끈기 있고 꾸준하게 자기 마음속의 공백과 상처를 찾고 치유하려 애썼다. 언젠가 그녀는 이렇게 말했다. "제 안에는 갇혀 있는 여자가 한 명 있어요. 그녀에게도 나름의 목소리, 의견이 있죠. 저는 평생 그걸 공유하기를 두려워해왔어요. 하지만 이제는 그녀를 찾을 거예요."

엘리나는 자신의 가장 큰 문제를 해결하기 위해 전문 프로그램에 참여했다. 음식을 자기 위안으로 삼는 행동을 고치기 위해서였다. 그녀에게는 코치가 생겼다. 그녀는 지역 공동체에서 사람들을 격려하고, 그들에게 격려받고, 그들 앞에서 취약성을 드러내면서 공동체의 적극적인 일원이 되었다. 그녀는 자신의 껍질에서 나와, 내면에서 발견한 아름다운 여성을 세상과 공유하기 시작했다. 그녀는 다시 음식을 즐길 수 있게 되었다. 더 이상 판단과 실패의 두려움에 짓눌리지 않았기 때문이다. 날이 갈수록 그녀는 건강해졌다. 그후 2년 동안 그녀는 45킬로그램을 감량했다. 사람 만나기를 두려워했던 그녀는 설득력 있는 강연자가 되어 여성 단체 행사에서 활약하고 있다. 우리는 그녀가 수백 명의 청중 앞에서 강연을 하고 기립 박수를 받은 첫 강연 자리에 참석하는 영광을 누렸다.

평생 엘리나를 괴롭혀온 자존감 문제가 완전히 사라진 것은 아니다. 하지만 그녀는 이제 자신에 대한 연민을 가지고 그 문제에 대해 이야기할 수 있고 자신의 마음과 생각을 ATL로 유지할 수 있다. 최근 그녀는 "요즘 자아상의 문제로 고민 중"이라는 말과 함께 과거의 사진을 포스팅했다. 자신이 얼마나 먼 길을 걸어왔는지, 자신이 얼마나 강한지를 스스로에게 일깨우기 위해서였다.

우리는 모두 엘리나 못지않게 강하다. 성품을 발전시킬 충분한 능력을 가지고 있다. 세상은 우리에게 취약성을 감추라고 가르친다. 하지만 진짜 자신을 드러내기 위해서는 직면하기 두려웠던 일을 스스로 인정하고, 쓰고 있던 가면을 벗는 힘든 순간을 겪어내야 한다. 1장에서 이야기했듯이, 두려움은 자존심으로 이어지고 자존심은 부정으로 이어진다. 솔직한 자기 인식의 돌파구를 통과하는 순간, 우리를 BTL에 가둬두는 부정으로부터 자유로워질 수 있다. 엘리나와 마찬가지로 우리 모두가 돌파구를 찾아 통과할 수 있다. 아무리 괴로운 부분에 대해서라도 말이다. 그리고 인내와 끈기를 가지고 변혁에 나설 수 있다. 엘리나와 마찬가지로 우리는 우리의 여정을 지원해줄 사람들을 모을 수 있다. 그리고 마침내 엘리나와 마찬가지로 이 여정이 개인적·직업적·신체적·감정적·영적 변혁 등 너무나 많은 종류의 변혁으로 이어지는 모습을 발견할 수 있을 것이다.

당신이 인생에서 할 수 있는 가장 용기 있고 겸손한 일은 자신에게 솔직해지고, 그 후 당신이 원하는 사람으로 변화하기 위해 노력하는 것이다. 그 여정에 나서는 사람은 많지 않다. 하지만 자신이 누구인지 알고, 늘 AND인 그 온전하고 멋진 사람을 수용하는 데에서 오는 안정감은 그 싸움을 가치 있게 만든다.

2. 냉소와 경쟁심을 뛰어넘어라

우리의 연구에 따르면, 통계적으로 진정성과 변혁의 행동에 정반대편에 있는 것은 쉽게 발끈하고 회피하는 행동이다. 이들은 두려움에 기반한다. 지금까지 배웠듯이, 우리는 불안정하고 두려움이 클수록(충분하지 않다고 느끼고 건설적 피드백을 거부로 받아들이고 발전의 기회를 회피할수록) BTL 대응 전략에 더 많이 의지하게 된다. 괜찮다는 느낌을 위해 자기 보호나 자기 과시에 정신을 집중하고 감정적 에너지를 쏟는 대신 자신이 누구인지 받아들이고 스스로 자신감을 가질 때, 우리는 판단에 대한 두려움이나 자존감을 만들어내기 위해 인정을 갈망하는 데에서 비롯되는 불안으로부터 자유로워질 수 있다.

진정성과 변혁의 행동으로 성장하면 냉소와 경쟁의 경향에 맞서는 데에도 도움이 된다. 냉소적인 태도를 취하면서, 우리는 진정성을 유머를 통해서 보여주는 것뿐이라고 스스로를 합리화한다. 실제로는 당신의 진짜 생각이나 느낌을 말하는 걸 회피하고 있으면서 말이다. 냉소가 회피의 도구라는 말은 받아들이기가 쉽지 않다. 우리는 종종 냉소적인(sarcastic)이라는 단어를 '스타캐스틱(starcastic)'이라고 말한다. 주목을 끄는 스타들처럼 냉소는 '나를 봐줘요'라는 뜻이며 경쟁과 인정 추구의 또 다른 형태이기 때문이다. 이때야말로 정말로 자신을 들여다봐야 할 시간이다. 당신의 냉소는 진정성에서 나오는가? 당신이 얼마나 영리한지 보여주기 위한 것은 아닌가? 우리 모두가 AND라는 것을 기억하라!

경쟁을 통해 우리는 나아지고 성장하기 위해 노력하고 있다고 스스로를 속인다. 하지만 실제로 초점은 나 자신을 더 나은 사람으로 만드는 일보다는 다른 사람 위에 서는 일에 가 있다. 개인적 성장, 특히 성품 성장과 같이 우리에게 더 큰 만족과 자신감과 자존감을 가져다주는 일보다는 트로피나 승진, 돈과 같이 피상적이고 외적인 형태의 '개선'에 초점을 맞춘다. 눈에 보이는 외적 척도를 통해 자신과 다른 사람들에게 내가 얼마나 능숙한지 과시하려는 것이다. 그 극단적인 형태가 승리를 위해서 하는 부정 행위다. 프로 스포츠에서 이런 예를 종종 찾아볼 수 있으며 안타깝게도 이 부분에서 등반가도 예외는 아니다. 등반가들이 에베레스트산의 고지대 캠프에서 산소통을 훔친 사건이 보도되기도 한다. 과열된 경쟁이 낳은 극단적인 행동이다.

3. 변화하고픈 내 모습을 확인하라

자기만의 사고와 마음 자세가 만든 오솔길을 따라갈 때, 우리가 누구인지 알기 위한 또는 내 오솔길의 형태를 바꾸기 위한 여정을 시작할 돌파구에 이를 수 있다. 몇 분간 시간을 내서 다음 다섯 가지 질문에 대해 생각해본다. 당신이 진정성과 변혁을 원하고 있는 부분이 어디인지, 그 이유는 무엇인지, 다른 상황에서 그런 행동을 막는 것은 무엇인지 검토하는 데 지침으로 이용할 만한 질문들이다.

거울을 들여다보고 물어보라.

1. 자신 그리고 다른 사람들이 진정성을 가질 수 있게 하는 당신 성품 속의 용기, 겸손, 황금을 찾았을 때는 언제인가? 그런 상황들의 공통적인 맥락은 무엇인가?

2. 당신 삶의 어느 부분에서 변혁을 추구하고 있는가? 무엇이 개인적 성장을 추구하게 만들었는가?

3. 삶의 특정한 측면(인간관계 등)에서 진짜 자신을 더 드러내게 되는 상황이 있는가?

4. 개인적인 변혁과 성장을 위해 노력할 때 가장 어려움을 겪는 부분은 무엇인가? 변혁과 성장의 어떤 측면이 가장 어렵게 보이는가?

5. 트리거, 마음의 틀, 진실, 공백, 상처, 내면 서약을 진단하는 작업을 돌아볼 때, 특정한 상황에서 진정성과 변혁으로 향하는 길을 가로막는 것이 있다면 무엇인가?

4. 기준이 되는 가치관을 세워라

제프는 회사 밖에서 이루어지는 리더십팀 워크숍에 참석하고 있었다. 회의실 뒤쪽 구석에 앉은 그는 몸을 뒤로 기댄 채 팔짱을 끼고 얼굴을 찌푸리며 우리가 자기소개를 하고 곧 시작할 프로그램에 대해서 설명하는 모습을 지켜보고 있었다. 소개 시간이 돌아오자 그는 주저 없이 이렇게 말했다. "미안하지만 저는 우리가 여기에 왜 와 있는지 모르겠네요. 우리 사업은 내리막길을 가고 있고, 모두들 메일함에 이메일이 100통씩은 와 있을 겁니다. 문화에 시간과 돈을 써야 한다고요? 사랑과 겸손에요? 농담이시겠죠?" 그는 억지로 그 자리에 있었고 CEO로서 어떻게 이런 '시간과 자원 낭비'에 동의하게 되었는지 의아하게 생각했다.

이 회사의 두려움과 자존심의 문화는 제프의 냉소와 통제 행동 때문에 더 강화되었다. 그는 똑똑하고 유능했지만 날카로운 재치로 사람들의 의견을 박살내는 버릇이 있었다. 사람들은 그를 두려워했다. 사업상의 문제 해결에 매달리는 그의 열정은 자기 자신의 문제를 해결하지 못하는 무능력을 가리기에 썩 좋은 가면이었다.

변화는 자신의 마음유형분석지표 기준점과 자신과 다른 사람들의 평가 결과, 팀의 전체 결과를 보는 데에서 시작되었다. 냉소의 영향과 진정성의 가치를 이야기하면서 우리는 '진실성'이라는 단어를 사용했다. 진실성을 가지고 마음에서 우러난 진실을 말하는 것은 진정성 있는 행동의 정수다. 그 단어가 제프에게 반항을 일으켰다. 그는 이미 그 중요성을 믿고 있었다. 그리고 진실성이 인생에서 가장 지키고 싶은 가치관이라고 주장했다. 그런데 자신의 냉소적인 행동이 진짜 진실성과 얼마나 거리가 먼지 깨닫고는 충격을 받았다. 동료들에 대한 자신의 행동이 두려움과 자존심에서 비롯되었으며, 그에 대한 반응으로 다시 두려움과 자존심을 낳았고, 그것이 회사의 문화에 영향을 주었음을 알게 되었다.

제프의 개인적 변혁에는 상당한 시간이 필요했다. 그는 용기를 끌어모아 자기 계발의 방향으로 나아갔다. 팀원과 동료들에게 자신이 냉소적이 되거나 경쟁적 언어를 사용할 때면 지적을 해달라고 부탁했다. 자신이 분위기를 장악할 수 없도록 다른 사람들에게 회의를 주재하게 했다. 그는 주위에 있는 사람들을 안심시키기 위해 노력했다. 이렇게 그는 더 효과적인 리더이자 코치가 되었다. 제프가 첫걸음을 뗀 덕분에 다른 사람들이 다음 조치를 취할 수 있었다. 시간이 흐르면서 그에 대한 사람들의 신뢰는 커졌다. 그는 우리와 함께 작업했던 사람들 중에 가장 진정성 있고 변혁적인 리더가 되었다. 개인적으로도, 팀에서도, 회사에서도 말이다.

가치관에 따르는 방식으로 스스로를 규정할 때 우리의 자존감은 행동과 결과로부터 독립적으로 존재하게 된다. 이로써 우리는 비난으로부터 자신을 보호하거나 자신을 증명하는 데 덜 집중하면서 보다 진정성 있는 사람이 된다. 제프가 그의 마음 자세를 바꾸기 시작하고 자신이 옳다는 데, 또 '똑똑한' 사람으로 보이는 데 덜 집착하면서 그의 진정한 자기, 즉 그의 높은 가치관, 정당성에 대한 신념, 다른 사람들이 그들의 최선을 달성하도록 돕는 헌신이 빛을 발하기 시작했다. 일하면서 느끼는 즐거움이 커졌고 동료나 팀원과의 관계는 더 많은 충족감을 주게 되었다.

어떻게 하면 자신의 가치관에 따라 사는 데 초점을 맞출 수 있을까? 실제로 어떤 가치관에 따라 살기를 원하는지 아는 게 도움이 된다. 제프는 그것을 알고 있었다. 자기 이해는 돌파구의 근원, 더 수준 높은 자기 인식의 근원이다. 여러 종류의 가치관을 살피고 그 안에서 무엇이 당신에게 가장 의미 있는지 가려내라. 자신의 가치관을 알고 나면, 일상에서 그 가치관을 계속 염두에 두어라.

가치관 각인시키기

자신의 가치관을 계속 염두에 두고 사는 데 어려움을 겪는 사람들에게 우리가 종종 추천하는 방법이 있다. 단어의 머리글자를 이용해서 기억하기 쉽게 만드는 방법이다. 당신이 누구인지 또는 당신의 가장 높은 가치가 무엇인지 압축하는 단어부터 시작한다. 당신의 이름을 사용해도 좋다. 이제 그 첫 글자로 시작하는 당신의 가치관을 담은 단어나 어구를 찾는다. 스티븐은 자신의 성 'Klemich'를 이용했다.

K: 친절(kindness)

L: 사랑(love)

E: 충분한 경제활동(economy of enough)

M: 타인을 위한 봉사의 사명(ministry in service of others)

I: 진실성(integrity)

C: 정신력(courageous in character)

H: 겸손한 마음(humble heart)

당신을 진정성에서 멀어지게 하는 방식의 자극을 받고 있다는 느낌이 들 때는 당신만의 단어를 되뇌면서 그 상황에서 ATL을 유지하기 위해 필요하다고 생각되는 행동과 가치관을 선택한다.

가치관에 따르는 삶 설계하기

가치관은 우리가 누구인지 정의하는 데 도움이 된다. 그러므로 그것들을 명확하게 이해한다면 자신에 대해 보다 잘 알 수 있다. 성품 계발을 위한 계획을 세우듯이 자신의 가치관과 신념에 따라 사는 방법을 계획한다면, 힘든 상황에서도 진정성을 키우고 유지하는 데 도움을 줄 수 있다. 가치관 각각에 연관해 삶의 방식을 개선하는 행동을 하나씩 선택하면 일상적으로 그 가치에 의지할 수 있게 된다. 좇기가 힘든 가치관이 어떤 것인지, 특정한 상황에서 자극을 받았을 때 도중에 실패하는 경향이 있는 가치관이 어떤 것인지 가려내라. 그런 평가를 바탕으로 의지할 수 있는 한두 가지 행동을 선택하면 보다 일관적으로 진실성 있게 행동하는 데 도움이 된다.

짐은 열정적인 운영 책임자이자 공정한 ATL 리더로 매일 진정성을 더해가는 사람이었다. 하지만 가정 내에 진짜 문제가 있었다. 짐은 자신이 원했던 또는 될 수 있다고 믿었던 그런 아버지나 남편이 아니라는 이야기를 해주었다. 그의 저녁 시간은 온통 일로 채워졌다. 짐은 분투와 통제 성향으로 인해 매일 저녁 집에 들어온 후에도 이메일과 문자 메시지를 확인하는 데 매달렸다. 전화를 받으면 아이들은 아버지의 주의를 끌기 위해서 말을 안 듣고 까불기 시작했다. 그는 휴대 기기가 가족과의 저녁 시간을 망치고 긴장을 야기한다는 것을 알았다. 이 때문에 그는 우리의 도움을 받아 가족에게 가치를 두는 행동 계획을 세웠다.

매일 저녁 집 근처에 이르면 그는 길 한쪽에 차를 대고 정말 급한 메시지들을 처리했다. 다음으로 전화를 비행기 모드로 설정해서 알림이나 벨소리에 유혹당하는 일이 없도록 만들었다. 집에 도착해 처음 한 시간은 오로지 가족에게만 집중했다. 이후 휴대 기기를 통해 소통해야 할 일이 있을 때만 가족들에게 그가 무슨 일을 하는지 알리고 다른 방으로 가서 일을 처리했다. 이로써 짐은 가족과 함께하는 시간에 온전히 집중할 수 있었다. 그날 저녁 급한 연락이 올 예정이라면 그는 가족들에게 그 사실을 미리 알렸다. "아빠가 기다리는 연락이 있어. 전화가 오면 받아야 해."

가정에서 나타난 결과는 대단히 긍정적이었다. 저녁 시간에 회사일에 대한 경계를 설정해두고 팀원들에게 급한 일에만 답할 것이라고 알리고 나자, 오히려 팀원들이 주도적으로 결정을 내릴 기회가 늘어났고 모두가 일과 생활의 균형을 찾게 되었다. 스트레스가 줄어들었고 자율성과 만족감은 높아졌다.

5. '진실을 말하는 자'가 필요하다

얼마 전 우리는 친구 부부와 여행을 떠났다. 여행 중에 이탈리아 알프스의 한 암벽을 오르기로 계획했다. 톰은 그 계획에 매우 기대감을 갖고 있었다. 등반을 하자고 부추긴 것도 그였다.

장소를 선정한 후(스티븐이 이전에 올라본 곳) 우리는 저녁 식사를 하면서 등반에 대한 이야기를 나눴다. 톰의 조사 활동이 시작되었다. 톰은 온라인으로 사진과 동영상, 다른 사람들의 이야기를 찾아냈다.

등반 전날 톰이 스티븐에게 말했다. "미안한데, 난 못 갈 것 같아. 사실 그 생각만 해도 머리가 아파. 내가 고소공포증이 있는 거 알지? 도전해보려고 노력은 해왔는데 이번 등반은 너무 과한 것 같아."

두려움이 한 사람의 인생을 제한하게 놓아둔 것처럼 보이는가? 톰의 경우에는 오히려 그 반대다. 몇 년 전 그가 의지하던 BTL 전략은 경쟁과 인정 추구의 방향이었다. 인정 추구 행동에 매어 있을 때는 진정성을 갖기가 대단히 어렵다.

다른 사람보다 더 나아지는 게 자신의 성장보다 중요한 자아 중심의 경쟁 행동이 더해지자 톰의 진정한 자신(가치관, 깊이 있는 지혜, 마음속 황금)은 빛을 볼 기회가 거의 없었다. 그런 행동들은 톰이 우리와 친분을 맺고 10년 간 우리와 함께 등반을 감행하지 않은 이유였다. 그는 경쟁이 안 된다고 생각했고 굳이 굴욕을(그의 생각일 뿐이다) 감수할 필요가 없다고 여겼다.

톰이 여전히 그런 행동들의 손아귀에 있었다면, 그는 그 상황을 어떻게 처리했을까? 정해진 등반 날까지 기다렸다가 꾀병을 부리거나 등반을 시도했다가 패배하고 굴욕감을 느낀 뒤 우리를 멀리했을지도 모른다. 그 상황을 성장의 기회로 만든 건 아내 리즈가 여전히 등반을 원한다는 점이었다. 그녀가 남편이 할 수 없는 등반을 해냄으로써 여행 전체의 분위기가 망가질 수도 있었다. 그가 자신의 진정성 있고 변혁적인 사고와 행동을 강화하는 노력을 하지 않았다면 말이다.

자신의 역량에 대한 수용과 강한 자존감 그리고 모두가 즐거운 여행을 했으면 하는 마음이 더해져서 톰은 자신의 두려움을 솔직하게 털어놓았다. 뿐만 아니라 어떻게든 자신을 밀어붙여보고 싶다는 (꼭 암벽이 아니더라도) 욕망도 드러냈다. 우리는 리즈와 마라는 예정대로 등반을 하고 톰과 스티븐은 산의 후면(대단히 가파르다!)을 트레킹하기로 결정했다. 그날 하루 종일 아내와 붙어 있게 될 이탈리아인 등반 가이드 카를로를 본 톰은 그 결정이 좋은 결정이었는지 의심하거나 BTL의 강력한 이끌림을 느꼈을지도 모른다. 하지만 톰은 리즈의 새로운 도전을 정말로 기뻐해주었고 그녀를 격려해줬다. 주차장을 떠나기도 전에 아내와 카를로가 사진을 네 장이나 찍었는데도 말이다! 정상에서 만난 우리는 서로를 진심으로 축하했다(트레킹은 암벽 등반만큼이나 힘들었다!). 우리는 긴 길을 서로 도와가며 내려왔다. 톰의 진정성 덕분에 입 밖에 내기 꺼려지는 경험이 아닌, 기꺼이 공유할 근사한 이야깃거리를 갖게 되었다.

진실을 말하는 사람이 되는 것은 대단히 힘든 일이며 정확한 자기 인식과 용기를 필요로 한다. 모든 일이 그렇듯이, 진짜 감성을 숨기고, 의견 공유를 피하고, 성장의 기회를 부정하는 방식으로 실패의 두려움을 감추고 싶어지는 상황에는 주의를 기울여야 한다. 그래서 그 과정에서 우리를 지원해줄 다른 사람들이 필요한 것이다.

주변에서 찾아라

누군가를 코칭할 때면 우리는 '자연 상태'의 그 사람을 관찰한다. 앤드루는 그를 지나치게 치열하고 심지어는 공격적으로까지 보이게 하는 습관을 가지고 있었다. 열정적으로 혁신에 대해 이야기했고, 회사의 매출을 걱정하는 회의를 할 때면 사람들 쪽으로 몸을 내밀고 심각한 표정을 지었으며, '반드시'나 '전적으로'와 같은 단어들을 사용했고, 손으로 사람을 가리키거나 자르는 시늉을 했다. 스스로 ATL로 움직이고 있다고 느끼는 때에도 다른 사람들은 그의 행동을 BTL로 인식했다. 앤드루의 문제는 이런 것들이 무의식적으로 이루어질 때가 많은 습관적인 행동이라는 점이었다. 그에게는 진실을 말하는 자가 필요했다.

우리는 비서에게 부탁을 해보라고 권했다. 회의 중에 이런 행동이 나타나려고 하면 그의 시선을 잡은 뒤 귀걸이를 만지는 식으로 드러나지 않게 신호를 달라고 말이다. 아무도 알아채지 못했지만 앤드루는 신호를 알아보고 자신의 자세와 표정을 이완시키고, 손을 탁자에 올려놓고, 의자 뒤로 기대앉고, 어조를 조정했다. 그런 것들이 천천히 그의 습관으로 자리를 잡았다. 그에 따라 그의 의견과 피드백에 대한 사람들의 반응도 달라졌다. '실시간'으로 행동을 잡아내는 '진실을 말하는 자'가 없었다면 그런 변혁은 더 힘들고 오래 걸렸을 것이다.

앞서 했던 가치관에 대한 제프의 이야기에서, 당신은 그가 어떻게 지금과 같은 리더가 될 수 있었는지를 보여주는 중요한 문장을 발견했을 것이다. 제프는 팀원과 동료들에게 그가 냉소적이 되거나 경쟁적 언어를 사용할 때면 지적을 해달라고 부탁했다. 자기 인식은 순전히 내적인 노력만으로는 달성되지 않는다. 두뇌는 '진실'보다 '나의 진실'을 앞세우는 데 아주 유능하다. 그렇지 않다면 뛰어난 운동선수에겐 코치가 필요치 않을 것이다! 우리가 언제 최선의 모습인지 또 언제 그렇지 않은지 파악하려면 외부의 피드백이 필요하다. 우리의 행동에 대한 광범위한 인식이 함께해야만 효과적인 변혁이 가능하다.

'진실을 말하는 자'를 구해서 그들이 당신의 관점에 동의만 하거나 냉정한 진실을 피하지 않고, 객관적인 의견을 솔직하게 말할 기회를 갖게 하라. 진정성과 열정을 가진 사람, 그 순간에 당신이 필요로 하는 방식으로 자신의 생각을 공유할 수 있는 사람을 찾아라. 물론 '진실을 말하는 자'의 진정성 있는 도움을 원한다면 우선 당신이 '진실에 귀를 기울이는 자'가 될 준비가 되어 있어야 한다. 당신의 마음 자세와 사고를 용기 있는 겸손에 두어야 한다. 피드백을 잘 받아들이기가 힘들다면, 또는 쉽게 상처를 받고 있다면, '진실을 말하는 자'가 하는 말을 수용하기 위한 준비 작업이 필요하다.

마지막으로 한 가지 더! 너무 뻔하지 않은 곳에서 '진실을 말하는 자'를 한 명 더 찾는 것도 좋다. 중역들 이외에 일선에서 일하는 사람들(고객을 대하는 사람, 제품을 만들거나 디자인하는 사람, 고객의 문제를 처리하는 사람 등)의 의견과 관점을 좇는 데 시간과 에너지를 쓰는 고위 경영진이 좋은 예다. 워런 버핏(Warren Buffett)이 자신이 아는 똑똑한 사람들의 특질(전통적인 지능의 개념과는 전혀 관계가 없다)을 이야기한 적이 있다. 그가 마지막으로 언급한 똑똑한 사람들의 특징은 "주제에 대한 모든 관점을 파악하기 위해 노력한다"는 점이었다. 가까이에 있는 사람들에서 벗어나 외부 사람들에게 의견을 구하지 않고서는 할 수 없는 일이다. 리더나 조직은 물론 개인의 일상생활에서도 마찬가지다.

진실한 피드백을 끌어내는 네 개의 질문

유용한 피드백을 얻는 간단한 접근법을 소개한다. 우선 '진실에 귀를 기울이는 자'에게 특정한 상황에서 또는 특정한 행동에 집중해서 당신을 관찰해달라고 부탁한다. 다음으로 이 네 가지 질문을 한다.

1. 내가 잘한 부분은 무엇인가?(청찬)
2. 내가 더 잘할 수 있었던 부분은 무엇인가?(방향 전환)
3. ATL 행동을 실행할 수 있는 기회를 놓쳤는가?
4. 나의 발전을 돕기 위해 해줄 수 있는 한 가지 제안이 있다면?

6. 취약성을 드러내라

내 친구 한 명은 아주 유명한 항공사의 조종사다. 그는 시드니발 국제선 A380 항공기를 조종한다. 어느 날 태평양을 건너는 비행 중에 그 악명 높은 붉은 불빛이 번쩍이며 그와 부기장에게 사소한 기술적 문제가 있음을 알렸다. 그들은 절차를 검토하고 항공교통관제소와 논의 끝에 어려운 결정을 내렸다. 남은 비행시간은 8시간이고 되돌아가는 데는 4시간이 채 걸리지 않았기 때문에 안전을 위해서 그들은 비행기를 돌렸다.

당신이 그 비행기의 승객이었다면 어떤 느낌일지 상상해보라. 우선, 겁을 먹을 것이다. 태평양을 건너는 비행에서 4시간 거리를 되돌아간다는 건 작은 일이 아니다. 둘째, 불만스러워하거나 짜증을 내거나 심지어는 화를 내는 사람들도 있을 것이다. 기장은 방송을 통해 차분한 목소리로 그 결정을 전달하고 이유를 설명한 후, 승무원들로부터 사람들이 불만을 표하고 있고 개중에는 공격적인 사람도 있다는 이야기를 들었다. 노련한 부기장에게 잠시 비행을 맡긴 그는 조종실을 떠나 객실의 복도로 들어섰다. 쏟아지는 질문에 가능한 한 투명한 답변을 했고 그 결정에 대해 몇 번이고 끈기 있게 설명했다. 그리고 침착하지만 결연한 목소리로 승객들에게 이 결정은 승무원들과 아무런 관련이 없고 그들의 목표는 남은 비행 동안 승객들을 최대한 편안하게 만들어주는 것이므로 승무원에게 불만을 표출하지 말아달라고 부탁했다. 이런 진정성 있는 행동(우리가 쓰고 있는 가면 뒤에서 나오기 위해 조종실을 나온 행동)에는 용기와 연습이 필요하다.

약점을 드러내라
....

변혁을 원하는 사람들은 성장에 대한 필요나 욕구를 숨기려 하지 않는다. 발전의 필요를 인정하는 건 생각만큼 충격적이지 않다. 더구나 장담하건대 당신을 잘 아는 사람은 이미 그에 대해 인식하고 있다. 계발에 대한 욕구를 이야기할 때 치부를 드러낸다는 뜻으로 "더러운 빨래를 밖에 넌다"라고 표현하는 사람도 있다! 그것을 왜 '더러운' 빨래라고 불러야 할까? 당신에게 가까운 사람에게 의도적으로 마음을 터놓고 취약성을 인정하며 그들에게 당신에 대한 코칭을 맡기면, BTL 습관을 없애고 더 나은 습관을 만드는 데 더욱 몰입할 수 있다.

브레네 브라운의 취약성에 대한 우수한 연구에 고무된 몇몇 심리학자들은 흥미로운 부조화에 대해서 연구하기 시작했다. 브레네 브라운은《마음 가면(Daring Greatly)》에서 이 부조화를 다음과 같이 설명한다. "우리는 다른 사람에게서 날것 그대로의 진실과 개방성을 보는 것을 좋아한다. 하지만 우리 안에 있는 것을 보여주는 데에는 겁을 먹는다." 우리 모두가 솔직함을 원한다면, 왜 그에 대해서 평가받기를 두려워할까? 연구자들은 수백 명의 참가자들에게 다른 사람이 의도적으로 취약성을 드러내는 시나리오를 보여준 뒤 그에 대해 어떻게 반응할지 묻고, 그들이 같은 상황에 처했다고 상상해보라고 요구했다. 압도적으로 많은 참가자들이 다른 사람의 취약성 인정보다 자신의 취약성 인정을 덜 긍정적으로 인식했다. 연구자들은 이 현상에 '아름다운 허점 효과(beautiful mess effect)'라고 이름 붙이고 "우리는 내면적으로는 약점으로 느껴지는 취약성도 그것을 다른 사람에게 내보일 경우, 외부에서는 이런 행동을 용기로 받아들인다는 것을 발견했다"라고 결론지었다. 다른 사람들은 그런 용기를 봤을 때 우리를 더 신뢰하게 되고, 우리를 용서할 가능성이 높아지며, 우리와 있을 때 더 안전하다고 느낀다.

취약성을 드러내기 위해 꼭 낯선 사람으로 가득 찬 강당의 무대 위에서 발표를 해야 하는 건 아니다. 가족, 친한 친구, 팀, 가까운 동료들에게 성장의 기회를 공유하는 것처럼 간단한 일일 수 있다. 당신이 공유하고 싶은 내용에 대해서 생각하고, 당신의 사고와 마음 자세가 겸손에서 비롯된 진정성과 변혁에 굳게 뿌리를 내리고 있는지 확인한 뒤에 솔직하고 투명하게 자신을 드러내면 충분하다. 그후에는 놀랄 만한 보상이 기다리고 있다.

자신의 두려움을 확인하라

스스로를 억제하고 있거나 자신이 가면이나 허위 뒤에 숨어 있다고 느껴질 때에는 자신에게 다음의 세 가지 질문을 던져보라.

1. 지금 내가 솔직하고 투명한 태도로 취약성을 인정한다면 내가 두려워하는 일이 일어날까? 그렇다면 진정성을 보이지 않음으로써 내가 달성하려는 것은 무엇인가(내가 집착하고 있는

것은 무엇인가)?

2. 나의 진짜 의견, 감정, 아이디어를 공유하지 않으면 나는 어떤 느낌을 갖게 될까?

3. 두렵거나 불편하지 않다면 지금 가장 말하고 싶은 것은 무엇 인가?

진정성이 담긴 말을 연습하라

진정성 있는 반응을 만들어야 할 때마다 의지할 수 있는 문구를 만들어두자. BTL의 이끌림을 느낄 때마다 사용할 수 있는 문장이 있다면 어색함이 덜해지고 보다 자신감이 생길 것이다. 정해진 엄격한 규칙이나 지름길이 있는 건 아니다. 그렇다고 당신이 '진정성의 로봇'이 되기를 바라지는 않는다. 초보자들에게 권하는 문장 몇 개를 소개한다.

- 그런 식으로는 생각해보지 못했어.
- 도움이 되는 관점이네요.
- 네가 그런 식으로 생각하는/느끼는 줄 몰랐어.
- 솔직하게 말해줘서 고마워.
- 타당성이 있는 아이디어라는 생각이 드네요.

이런 말을 한 뒤에 다음과 같은 말을 하면서 당신이 솔직하게 공유하고 싶은 내용으로 이야기의 방향을 바꾼다. 이때는 연민의 마음이 함께해야 한다.

- 나는 좀 다르게 생각하는데…
- 솔직하게 말해도 된다면…
- 내 관점은 다른데…
- 그 상황에 대한 내 느낌이 어떻냐면…
- 내 아이디어/생각은 다른 접근 방식인데…

의견에는 차이가 있고 그 사실 때문에 어떤 사람을 나쁘게 인식할 필요는 없다. 이렇게 대화 속에 한계선을 설정해둔다면, 의견이 달라도 일련의 BTL 대응과 맞대응으로 이어지지 않을 수 있다.

- 우리가 같은 의견이 아니더라도 괜찮아요.
- 우리는 같은 것이라도 다르게 볼 수 있습니다. 그건 문제가 되지 않아요.
- 우리의 의견은 모두가 똑같이 소중합니다.

대화의 분위기가 가열된다면, 앞 장에서 공유했던 가장 중요한 전략을 기억하라. '멈추고, 숨을 쉬고, 생각하고, 행동한다.' 다른 감정, 의견, 관점이 판단의 한 형태가 아니라는 생각에 집중한다. 우리는 그저 서로 다를 뿐이다. 진정성을 유지하면서 당신이 반드시 '옳아야' 한다는 욕구를 내려놓는다. 다른 사람들의 관점 그리고 그 순간 그들에게 일어나고 있을지도 모를 일에 대해 마음을 열어라. 거기에서 발견하게 되는 것들이 당신을 놀라게 할 것이다.

어떻게 마음·사고·행동의 변화가 삶에 변혁을 가져올 수 있을까? 진짜 진정한 자기가 될 기회, 성장을 거듭해서 최선의 자신이 될 기회로 가득한 세상을 본다면 변혁에 이를 수 있다. 우리가 공유한 전략들은 당신이 사고와 마음 자세를 바꾸는 데 도움을 줄 잠재력을 가졌다. 하지만 그렇게 하기 위해서는 일단 첫걸음을 떼야 한다. 표면적으로는 대부분의 일들이 쉬워 보일 것이다. 반대로 깊은 진정성과 변혁에 헌신해서 보다 일관되게 ATL로 살아가겠다는 의도를 가지고 이 전략들을 이용하는 데는 고된 노력이 필요할 것이다. 그러나 거기에는 삶을 뒤바꾸는 혜택이 뒤따른다. 당신은 온전하고 진정한 자신이 되는 데 따르는 힘을 발견할 수 있고, 자신을 확장시키고 강화시켜 원하는 사람이 될 수 있다. 이후 그 놀라운 사람은 방향과 목표를 알아보고 세상으로 나아가 세상을 바꿀 수 있는 힘을 갖게 될 것이다.

내가 어디로 향하는지 알다
마음을 무기로 바꾸는 행동 ③ 신뢰 ④ 성취

—— 지속적인 성장과 진보 없이는 개선, 성취, 성공도 아무런 의미가
없다.

벤저민 프랭클린

우리는 신뢰와 성취의 행동을 통해 목적 지향적인 삶을 만들 수 있
다. 이것은 마음 + 양식에서 양식, 개인 성장에 기여하는 겸손 사분
면 중에서도 과제 집중적인 행동이다. 신뢰와 성취는 함께 작용해
서 인생의 방향을 설정하고 유지한다. 그것은 목적 지향적 행동으
로, 우리가 어디로 향하는지 알게 해준다. 미래라는 지도에 고정적
인 하나의 점이 있어서 우리가 시간과 에너지를 거기에 쏟는다는
의미가 아니다. 인생이 변화하듯 목적도 변화한다. 높은 성과를 달
성하는 사람들은 변화의 시간 동안 새로운 방향을 찾을 수 있게 자
신을 인도해주는 내적 목적을 규정하기 위해 노력한다. 그런 대의

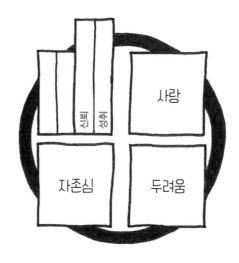

와의 연계를 통해 그들은 시험과 시련 중에도 흔들리지 않는다.

알렉스는 아이들이 안전한 삶을 살게 해주고자 고국의 폭력을 피해서 가족과 함께 오스트레일리아로 왔다. 고향에서 그는 부동산 관리 회사의 고위 임원이었다. 그와 처음 만나 인사를 나눌 때는 이 사실을 전혀 알지 못했다. 그는 영어를 잘하지 못했고 우리가 얼마 전 이사한 아파트 단지의 공용 구역을 청소하느라 바빴기 때문이다.

알렉스가 긍정성과 호의를 가졌고 모든 일에 열정과 주의를 기울인다는 점을 바로 알아차릴 수 있었다. 그는 건물 엘리베이터의 유리를 닦든 나뭇잎을 치우든 바닥에 걸레질을 하든 자기 집을 청소하듯이 했다. 그에게는 그를 꾸준히 인도하는 하나의 목적이 있었다. 무슨 일이 있어도 새로운 나라에서 전문적인 커리어를 되찾고 가족들에게 행복한 삶을 만들어주는 것이었다. 놀랄 만큼 굳은 결심이었다.

세 군데에서 청소 일을 하고 여가는 거의 없었지만 알렉스는 야간학교에 다니며 영어 실력에 빠른 진전을 이루었다. 숫자에 강하다는 그에게 우리는 부기나 회계 쪽 일을 알아보라고 조언해주었다. 그는 회계 교육과정을 찾아낸 뒤, 추천서를 모아서 입학을 했다. 그에게 우리가 힘이 좀 되었을지 모르겠지만 사실 정말 큰 영감을 준 쪽은 알렉스였다.

그는 일을 병행하면서도 기록적으로 짧은 시간 안에 교육과정을 마쳤다. 그는 지치고 힘들 때마다 자신의 목표를 이용해서 스스로를 격려했다.

우리와 만난 지 1년 만에 알렉스는 청소부로 일했던 부동산 관리회사의 회계 부서에 취직했다. 그리고 2년 만에 선임 회계원으로 승진했다. 목표 지향의 힘이란!

명확한 목적의식을 얻는 법

알렉스의 일화는 의욕을 고취시킨다. 근면과 탁월함으로 목표를 이루기 위해 달려간 스토리가 당신에게도 있는가? 어디로 가야 하는지 알면, 즉 명확한 목적의식을 가지고 있고 그 목적을 향해서 꾸준히 달려가기 위해 무엇이 필요한지 알면, 그 안에서 우리는 특별한 유형의 자신감을 발견할 수 있다. 신뢰와 성취가 지표에서 나란히 있는 이유도 그 때문이다. 둘은 결과를 이끌어내고 과제를 완수하는 과정, 즉 건전한 경쟁을 이끄는 행동이다. 또한 인생의 더 큰 그림과 방향 감각을 잡게 하는 행동이기도 하다.

마음유형분석지표를 보면 성취의 행동이 과제를 완수하기 위한 비전·목적·전략에 집중되어 있되 그 목표가 완벽함이 아닌 탁월성에 있음을 알 수 있다. 거기에서 중요한 점은 삶의 방향과 주도적으로 과제를 완수하는 일이다. 10만 명 이상의 마음유형분석지표 결과를 바탕으로 평가하자면, 성취는 많은 사람들이 열망하는 부분이지만 스스로에게 상당히 낮은 점수를 주는 부분이기도 하다. 또한 개인의 효과성, 즉 크건 작건 목표를 달성하는 능력과 가장 밀접하게 연관된 행동이다.

신뢰의 행동은 약속을 지키고 믿을 수 있는 존재가 되는 방식으로 다른 사람을 존중하는 것이다. 신뢰할 수 있는 사람은 일관되게 책임을 이행한다. 그렇게 하는 이유는 그들이 절제와 끈기의 가치를 이해하기 때문이다. 그런 절제력은 필요할 때 '안 돼'라고 말하고, 시간을 효율적으로 사용하고, 다른 사람의 시간을 소중히 여긴다.

성취의 행동은 우리로 하여금 마음에서 우러난 목표를 향해 나아가고, 문제에 대해서 조치를 취하고, 새로운 도전과 적절한 위험을 받아들일 수 있게 한다. 우리에게는 알렉스처럼 자신의 이익보다 큰 어떤 것을 위해 최선을 다하고 싶은 마음이 있다. 우리에게는 목적이 있다. 그리고 그것을 성취하기 위해 노력한다.

누구나 다음의 단계들을 통해서 신뢰와 성취의 사고와 행동을 강화할 수 있다.

1. 방향 찾기를 포기하지 마라

사람들은 인생의 방향이라는 측면에서 세 가지 상태 사이를 오간다.

1. 내가 어디를 향하는지 아는 상태

   인생의 이 단계 또는 이 부분에서 내가 꿈꾸는 것이 무엇인지, 나의 목표가 무엇인지, 내 마음이 바라는 것이 무엇인지 안다. 내가 어떻게 하면 긍정적인 변화를 만들 수 있는지 안다. 꿈을 좇으며 산다. 아니면 최소한 꿈이 무엇인지 알며 거기로 가는 길을 안다.

2. 변화의 계절을 거치는 상태

   이전에는 내가 향하는 곳이 어디인지 알았다(인생의 일부 부분에서는 여전히 알았다). 하지만 변화가 생겼고 나는 방향 감각을 찾기 위해 노력하고 있다.

3. 내가 향하는 곳이 어디인지 알지 못하지만 알고 싶은 상태

   길을 잃거나 막다른 길에 이른 기분이다. 무엇을 해야 할지 확신이 서지 않는다. 선택의 범위가 너무 넓고 어떻게 결정을 해야 할지 모르겠다.

대부분은 한 번 이상 두 번째와 세 번째 상태를 겪어봤을 것이다. 좋은 소식이 있다. 길을 잃었다는 느낌은 절대 영구적일 수 없다. 지금 당장은 방향을 찾지 못해 헤매더라도, 몇 번의 결단만 거치면 우리가 가는 길과 세상에 만드는 변화에 자신감을 느낄 수 있다는 점

을 기억하라.

변화의 계절은 누구에게나 온다

삶에는 여러 계절이 있다. 우리는 사람들이 인생의 새로운 계절을 마주할 때마다 '혼란의 방(confusion room)'에 들어간다는 걸 발견했다. 답을 볼 수 없기 때문에 불안으로 가득한 방 말이다. '혼란의 방'은 '재생의 방'의 도래를 알리는 전조이기도 하다. 그러니 혼란을 받아들이고 그 '방'에서 불안해하지 않고 평화롭게 있을 방법을 찾는다면 앞으로 나아가기 위한 감정적·신체적 에너지를 얻을 수 있다. 혼란의 시기를 새로운 계절의 변화로 보면 많은 스트레스를 덜어내고 '답'이 보이지 않는다고 자신을 다그치는 일을 멈출 수 있다. 아직 답을 찾지 못했더라도 괜찮다. 우리의 삶은 계절과 같아서 끝이 있다. 이 시기에도 감사함을 느낄 수 있는 부분 한 가지를 찾아라. 불편한 상황을 편하게 받아들여라. 계절이 바뀌어도 변하지 않는 사실은 모든 것은 다시 시작된다는 것이다. 따라서 우리는 다음 여정을 준비해야 한다.

다시 시작하기 위해 질문 던지기

다음의 질문에 대해 생각해보라.

1. 당신이 가장 가고 싶은 길에 놓인 가장 큰 장애물은 무엇인

가? 무엇이 당신을 방해하고 있는가?

2. 당신의 길이 지금 정말 막혀 있다면, 그 장애물을 없애기 위해 당신이 최선을 다해 꾸준히 노력할 수 있는 일은 무엇인가? 돈이 문제라면, 돈을 벌기 위해서 할 수 있는 일은 무엇인가? 아니면 돈을 구하기 위해서 희생할 수 있는 부분은 무엇인가?

3. 그 길에서 어떤 지식, 기술, 지혜를 추구해야 하는가?

4. 그 여정 동안 지지를 얻고 평화를 찾기 위해 무엇 또는 누구를 믿을 것인가?

5. 이 길을 좇기 위해서 안전지대를 떠나 감수해야 할 위험은 무엇인가?

2. 성취와 분투를 구별하라

일상에서 느끼는 불만의 주된 원인은 불필요하고, 비효율적이고, 바보 같아 보이는 규칙이나 체제다. 같은 정보를 담고 있는 문서를 세 종류로 작성해야 하고, 질문에 답해줄 부서와 통화하려면 네 번이나 전화를 돌려도 참고 기다려야 한다. 그런 규칙과 체제를 기분 나쁘게 받아들일 때가 있다. 그에 대해 욕을 하거나, 피해가려 한다. 내가 더 잘 알고 있다고 확신하면서 말이다. 그게 사실일 수도 있지만, 당신이 BTL에 갇힌 것일 수도 있다.

소매 체인의 젊은 매니저인 개브리엘은 자신도 모르는 사이에 BTL의 함정에 빠졌다. 몇 개월 전 지역 매니저가 매장의 실적을 개선할 새로운 시스템을 고안했지만 개브리엘은 그 접근법에 동의하지 않았다. 그 방법이 그녀만의 방식대로 일을 처리하는 데 방해가 된다고 생각했다. 지역 매니저가 새로운 방법을 실행하라고 종용하자 개브리엘은 통제받고 있다는 느낌에 반감이 커졌다. 그녀는 그를 피하고 계속해서 이전의 방식을 이어갔다. '이 방법이 더 효과적이란 걸 도대체 왜 모를까?' 그녀는 탄식했다.

개브리엘의 저항과 불만으로 그녀의 팀은 피해를 입고 있었다. 그녀의 스트레스가 팀 분위기에 영향을 미쳤기 때문이다. 팀원들은 대부분 아직 고등학교에 다니는 학생이었다. 그녀의 부정적인 기분은 어린 팀원들의 의욕을 꺾었다. 직원들은 쉴 새 없이 바뀌었고 병가를 내는 사람이 줄을 이었다. 개브리엘은 자신이 이룬 성과와 관리직으로의 빠른 승진에 자부심이 있었다. 하지만 스트레스가 견딜 수 없는 정도로 커졌다. 모두가 자신에게 맞서고 있는 듯한 느낌이었다. 지금의 일자리는 직업적·개인적 성장에 큰 기회들을 제공해줬지만 그럼에도 불구하고 그녀는 이제 사직을 고려하고 있었다.

일이 끝난 후 술자리에서 그녀는 상사의 요구에 대해 불평을 늘어놓았다. 동료는 그녀에게 상황을 다른 시각에서 볼 기회를 줬다. "당신 지역의 대부분 매장들은 최근 실적이 좋지 못했어." 동료가 설명했다. "지역 매니저는 그 상황을 변화시켜야 하는 책임을 맡고 있어. 그는 개브리엘 당신에게 그런 요구를 할 수밖에 없었어. 그 계획은 당신 매장에만 적용되는 게 아니고 모든 매장에 적용되는 거니까. 당신이 지역 매니저를 통제광이라고 생각하는 걸 알아." 동료는 말을 이어갔다. "하지만 당신의 행동 방식이 BTL로 미끄러져 내려갔다는 생각은 안 해봤어?"

잠깐 어리둥절해 있던 개브리엘은 동료가 한 말이 맞다는 걸 깨달았다. 그녀는 동료의 눈을 보면서 솔직한 피드백을 해준 데 고마움을 표했다. 그녀는 S + T = B의 렌즈를 통해서 자신을 솔직하게 바라보기로 결정했다. '내게 정말 무슨 일이 일어나고 있을까?' 그녀는 자문했다. '일을 내 식대로 하고 싶은 마음에 BTL에 빠져들었어.' 상황의 진실과 직면하자 실적을 개선하려는 자신의 계획이 효과적이지 않았음도 인정할 수 있었다. 그녀는 일을 망치고 있었고, 드러내놓고 언급은 하지 않았지만 그녀도 지역 매니저도 그 점을 알고 있었다. 이 점을 스스로 인정하자 책임을 받아들이고 ATL로 옮겨갈 수 있었다.

개브리엘은 오랫동안 높은 성취도를 유지해왔다. 그녀가 젊은 나이에 그런 위치에 오른 것도 그 덕분이었다. 그녀는 신뢰와 성취의 행동을 이용해서 지금의 커리어를 만들었다. 하지만 매장의 실적 저하라는 상황과 이를 바로잡으려는 상사의 노력이, 무의식적으로 그녀를 움직이던 낡은 마음의 틀을 자극했다. 2년 전 그녀가 아직 매니저 자리에 오르기 전, 매장 매니저가 새로운 아이디어를 적용했다. 그러나 효과를 내지 못했고 오히려 심각한 결과를 불러왔다. 개브리엘은 그 경험이 자신에게 부정적인 영향을 미쳤음을 깨달았다. 변화를 일으키기 위해 그녀가 낡은 틀을 내려놓자, 마음속의 황금을 되찾고 상사를 신뢰하고 성취의 방향으로 다시 업그레이드할 수 있는 기회가 왔다.

스트레스, 성취와 분투의 차이점

우리가 이미 ATL로 살고 있다고 믿을 때는 나아지기가 상당히 어렵다. 스스로의 의도를 신뢰하고 그런 의도를 실현하기 위해서 어떤 노력을 하고 있는지에 대해서는 눈을 감기 때문이다. 통제는 신뢰와 비슷한 모습을 하고 있으며 분투는 성취와 매우 비슷한 모습을 하고 있다. 하지만 통제와 분투의 행동은 불필요한 스트레스를 낳는다. 개브리엘은 통제와 분투에 갇혀 있었다. 그녀는 매장의 실적이 자신의 가치를 증명한다고 생각하고 거기에 집착했다. 실적 하락은 누구에게나 생길 수 있는 일인데도, 그녀는 자극을 받았고 자존감에 타격을 입었다. 그녀는 더욱 분투와 통제에 빠져들었고 혼자만의 힘으로 문제를 바로잡을 수 있음을 입증하기 위해 절박하게 매달렸다. 그녀를 이끌려는 지역 매니저의 노력을 '그는 내 의견이나 내 능력을 가치 있게 생각하지 않아'라는 식으로 받아들였다. 그것이 그녀의 진실이 됐다.

분투와 통제 상태에 있을 때면, 무엇을 달성하는 일이 나에 대한 것, 나를 증명하는 것이 된다. 신뢰와 성취의 상태에 있을 때라면, 목적 달성이 우리를 다른 사람보다 돋보이게 만들기보다는 다른 사람들과 협업할 수 있고 다른 사람들을 위해서 기여할 수 있다는 의미가 된다. '이 목적을 달성하면 내가 얼마나 높이 올라갈 수 있을까?'라고 묻는 대신, '이 목적을 달성하면 우리가 우리의 공통된 목적에 얼마나 더 가까워질까?'라고 물을 수 있다. 《사랑이 하는 일 (Love Does)》의 작가 밥 고프(Bob Goff)가 말했듯이, "목적에 사로잡혀 있을 때라면 비교에 정신을 빼앗기지 않는다".

동료의 코칭을 받은 후, 개브리엘은 통제와 분투에서 성취로 업그레이드하기 위한 몇 가지 방법을 적용했다.

- 멈추고, 호흡하고, 생각하고, 행동했다. 그녀의 느낌, 그녀가 다른 사람에게 내보이고 있는 분위기를 인식하는 것은 사고와 마음 자세를 분투에서 벗어나 성취로 변화시키는 중요한 첫걸음이었다. 개브리엘은 멈추고, 호흡하고, 생각하고, 행동하는 전략을 적용해서 자신이 자극을 받고 있을 때나 분투에 의지할 때의 신체적 신호를 인식했다. 그런 분투 전략이 팀에 긴장과 스트레스를 불어넣는 특정한 순간들을 파악하고, 의도적으로 멈추고, 호흡하고, 생각하고, 행동하는 방법을 실천했다.
- 성취의 사고 양식과 마음 자세에서 움직일 때 나의 반응과 행동은 어떤 모습일까? 그녀는 이렇게 자문했다. 그리고 의식적으로 몸을 이완시켰고 강렬한 신체 언어의 사용을 자제했다. 부담을 주거나 비난하는 것처럼 들리지 않도록 어조와 단어(특히 '반드시, …해야만 하는, 필수적인'과 같은)를 바꾸는 연습을 했다. 본연의 넘치는 에너지를 그녀는 물론 주변의 스트레스를 줄이는 데 도움을 주는 데 쏟았다.
- 구축-측정-학습(80퍼센트의 정신) 접근법을 시행했다. 새로운

시스템을 받아들여 실행하기로 한 개브리엘은 지역 매니저에게 도움을 요청했다. 그는 구축-측정-학습 접근법을 제안했다. 시작하기 전에 모든 것이 완벽해야 한다는 집착을 없애주는 이 접근법은 새로운 시스템을 실행할 때 매장 매니저들이 완벽해야 한다는 압박과 분투적인 행동에 빠지지 않게 하는 그만의 노하우였다. 그는 그 방법이 실패의 두려움을 없애고 성취로 나아가는 데 도움을 준다는 걸 알고 있었다. 그는 그것을 '80퍼센트의 정신'이라고 불렀다. 지역 매니저의 코칭 이후, 개브리엘은 팀원들을 소집해서 이렇게 말했다. "우리의 일상적인 운영에 새로운 시스템을 시행하고 결과를 측정해서 그 결과로부터 배움을 얻으려고 합니다. 80퍼센트의 정신에 따를 때, 첫 몇 주간은 실수를 할 수도 있다고 인정하되 그 실수들을 바로잡기 위해 노력합시다. 우리는 높은 성과를 올리는 팀이 될 수 있습니다. 그러니 한번 즐겁게 해봅시다!" 개브리엘은 그날 가벼운 마음과 미소 띤 얼굴로 집에 돌아왔다. 그의 팀이 해냈다! 그날 밤 그녀는 자신의 가치를 증명하기 위해서 모든 것이 100퍼센트 완벽해야 한다는 믿음 때문에 자신이 얼마나 자주 분투의 함정에 빠졌었는지 깨달았다.

이전에 그녀는 계속해서 자신과 팀을 완벽을 향해 밀어붙이면서 압박해왔다. 개브리엘은 신뢰와 성취의 행동이 방향을 전환하고 제 궤도를 찾는 데 도움이 된다는 걸 깨달았다. 지역 매니저는 지원과 격려를 아끼지 않았고 더 큰 발전과 책임의 기회를 주었다. 그녀는 팀원들을 코칭하는 데 더 많은 시간을 할애했다. 그녀의 스트레스 수치는 떨어졌고 직장에서의 인간관계는 개선되었으며, 그녀의 팀은 더 행복하고 더 긍정적이고 더 생산성이 높아졌다. 이는 더 나은 결과로 이어졌다.

분투를 부추기는 사회

현대사회에서는 분투에 보상이 따르는 듯이 보이기도 한다. 우리가 '충분하다'는 것을 세상에 입증해 보이는 방법이 되기도 한다. 하지만 여기에는 대가가 따른다. 엄청난 스트레스, 극도의 피로, 우울증으로 이어질 수 있다. 마라는 분투가 성취의 사악한 자매라고 말한다. 그 자체는 '사악'하지 않지만 분투는 성취인 척 가장하는 데 명수며 그 후에는 성취의 모든 즐거움과 충족감을 앗아간다. 분투할 때의 우리는 자존감과 정체성을 돋우기 위해 일이 얼마나 잘되느냐 또는 일이 얼마나 좋아 보이냐에 집착한다(반듯하게 다려진 시트와 수건이 각이 제대로 잡힌 채 놓여 있는 서랍장을 생각해보라). 이런 일은 우리가 샐러드를 만드는 간단한 일을 할 때에도 일어날 수 있다. 최악인 것은 다른 사람이 샐러드를 만드는 것을 도와줄 때에도 이런 일이 일어날 수 있다는 점이다. 도와주려는 사람 옆에서 계속 "그렇게 하면 안 되지!"라고 잔소리를 함으로써 그 사람의 경험으로부터 모든 즐거움을 빨아들이는 것이다. 현실을 똑바로 보자. 샐러드에 들어갈 토마토를 당신의 생각과 다른 식으로 잘랐다고 해서 점심 식사 전체가 엉망이 될까?

개브리엘은 자신의 마음의 틀이 그녀를 분투와 완벽주의 행동으로 이끌었다는 것을 깨달았다. 개브리엘이 팀원들에게 그랬듯이, 분투와 완벽주의의 손아귀에 있을 때는 스트레스 에너지가 다른 사람에게 영향을 준다. 악순환이 시작되면, 모두가 스트레스를 받고 아무도 그 환경을 즐기지 못한다. 즐기기는커녕 사람들은 거기에서 벗어나기 위해 애를 쓴다. 개브리엘이 그랬고, 그녀의 팀원들도 병가를 내면서 그런 시도를 했다.

분투는 가장 은밀하게 퍼지는 BTL 행동이며 엇갈리는 문화적 메시지들로 인해 악화되는 경우가 많다. 작가, 심리학자, 관리 전문가들은 더 많은 것을 위한 분투가 인생의 즐거움을 모두 죽음으로 몰아넣을 정도의, 심하게는 우리를 죽음에 이르게 할 정도의 스트레스를 유발할 수 있다는 데 뜻을 같이한다. 하지만 우리가 실생활에서 듣는 말은 그 정반대다. '더 많은 일을 하라. 더 다양한 역할을 해라. 더 많은 것을 가져라. 새벽 5시에 일어나라. 빠르게 움직여라. 더 창의적인 사람이 되라. 더 좋은 그림을 포스팅해라. 더 큰 집을 사라. 완벽한 삶을 살아라.' 잠을 충분히 자야 한다는 최신 연구 결과를 밤 12시 30분에 트윗하고, 집중력을 높이는 최신의 방법을 이야기하는 워크숍에 참석했을 때도 휴대 전화의 알림 불빛에 신경을 쓴다. 우선순위니, 필수적인 것에만 주의를 기울이라느니, 과도한 약속을 피하라느니 하는 이야기를 듣지만 다른 한편으로 가장 많이 듣는 불평은 '반드시' 해야 한다고 느끼는 일을 해낼 시간이 충분치 않다는 것이다.

바쁨을 미화하는 일은 이제 그만두자!

분투에 갇혀 있을 때는 스스로와 다른 사람에게 자신의 행동을 정당화하는 일을 아주 쉽게 해낼 수 있다. 많은 것을 달성하기 때문이다. 그렇다면 어떻게 분투 행동을 알아보고 성취를 향해 더 나아갈 수 있을까? 우리는 분투 행동을 하는 사람들에게 인생에서 '진실을 말하는 자'가 필요하다고 말하곤 한다. 외부의 관점이 없을 경우, 분투를 성취와 구별하기가 대단히 어렵기 때문이다. 분투의 공통적인 신호에 빈틈없는 경계 태세를 갖추고, 이 장과 6장에서 설명한 전략들을 이용해서 그에 대응하는 성취 행동으로 옮겨가는 방법도 있다.

가장 큰 성취를 이룬 순간 기억하기

- 당신을 신뢰할 수 있는 사람으로 만들어줄, 용기 있는 겸손과 성품 속의 황금을 활용한 때는 언제인가? 그런 상황의 공통된 맥락은 무엇인가?
- 당신 인생의 어느 부분에서 언제 가장 큰 성취를 이루었는가? 무엇이 특정한 목표를 위해 특별히 노력을 기울이도록 만들었는가?
- 어떤 트리거나 마음의 틀, 공백, 상처가 특정 상황에서 신뢰와 성취의 행동을 방해하는가?

성취도와 신뢰도의 관계

저스틴에게 사람들을 어떻게 대하고 싶냐고 물으면 그는 "존중의 마음으로"라고 답할 것이다. 그는 상냥하고, 느긋하고, 인기가 좋았다. 아니나 다를까, 그는 사랑 중심의 행동에서 높은 점수를 기록했다. 하지만 사람들은 그에게 존중을 받는다고 느끼냐는 물음에 그리 긍정적으로 답하지 않았다.

저스틴은 자신의 마음유형분석지표 결과지에서 말을 그대로 옮긴 피드백 몇 개를 보고는 큰 혼란을 느꼈다. "저스틴은 종종 행방불명 상태입니다." "어떤 결정이 있을 때 그에게 답을 들으려면 정말 오래 기다려야 해요." 사람들은 그에게 회피 행동에서 높은 점수를, 신뢰 행동에서 낮은 점수를 주었다. 그들은 그가 시간을 이기적으로 쓰고, 도움을 필요로 할 때 그에게 의지하기 힘들다고 느꼈다. 그는 믿을 수가 없었다. 그가 추구하는 가치관과 정반대의 결과였다. 하지만 그는 자신이 시간 관리, 우선순위 결정, 일관된 커뮤니케이션 측면에서 상당히 약하다는 걸 알고 있었다. 다만 낮은 신뢰도가 인간관계와 그가 다른 사람에게 주고 싶은 긍정적인 영향을 악화시킨다는 걸 모르고 있었다.

저스틴은 사업으로 늘 바쁜 부모들 밑에서 자랐다. 가족들이 함께하는 시간이 적었고 그마저도 즐거운 시간은 거의 없었다. 그는 자제력이 강한 사람들이 사실은 인간관계를 소홀히 하고, 재미없는 인생을 살며, 가족과 시간을 보내지 않는 성향을 그럴 듯하게 포장하며 살 뿐이라고 생각했다. 직장에서는 그 마음의 틀이 저스틴의 자제력 발휘를 막았고 그 결과 그는 약속을 일관되게 지키는 데 도움이 되는 아주 간단한 전략들조차 사용하지 않았다. 그는 자기 직업에는 융통성이 필요하다며 이를 정당화했다.

저스틴은 규율을 형벌로 보았고 스스로 융통성 없고 지루한 사람이 될까봐 겁을 냈다. 우리는 그에게 자신의 인식 체계를 바꾸고 규율을 자기 삶에 일관성을 구축하는 방법으로 본다면 스스로 한 말을 실천하고 시작한 일을 끝낼 수 있다고 조언했다. 저스틴의 여정은 일관된 확실성의 구축 과정이었다.

사람들은 삶 속에 이미 규율을 두고 있다. 깨닫지는 못하더라도 자신의 책임을 다하기 위한 작은 규모의 체계를 두고 있다. 대부분의 사람들은 알람을 맞춰두고 월요일부터 금요일까지 거의 비슷한 시간에 일어난다. 여러 가지 기기를 동원해서 알람을 설정하고 스케줄을 성실하게 지키기 위해 노력한다. 이러한 일관성이 습관이 될 때까지는 일상의 규율과 구조를 조금씩 강화해나가야 한다.

3. 시간에는 냉정하되 사람에겐 관대하라

S + T = B에 대해서 생각하던 저스틴은 자신이 생활의 특정 측면에서는 절제력이 있음을 깨달았다. 몇 가지 중요한 방식으로 자신을 신뢰할 수 있게 만들어주는 시스템을 갖추고 있었던 것이다. 예를 들어 그는 스케줄북을 이용했기 때문에 회의에 늦는 일이 거의 없었다. 하지만 이후 다른 약속이 없을 경우에는 회의를 지나치게 오래 끌어서 다른 사람들의 일정을 방해하는 경향이 있었다. 그는 자신을 BTL로 자극하는 상황들을 찾기 위해 노력했고 몇 가지 틀과 진실을 발견했다. 자신에게 무슨 일이 일어나고 있는지 깨달은 그

는 자신의 일과를 보다 짜임새 있게 만들어서 반사적인 행동이 아닌 능동적인 행동을 취할 수 있도록 했다.

- 캘린더 미리 알림과 이메일 관리: 저스틴은 이메일이 상당히 큰 문제라는 걸 깨달았다. 그는 이메일을 유용한 비서라기보다는 화가 난 상사처럼 생각했다. 신뢰성을 높이기 위해서 그는 스케줄표에서 아침, 오후, 일과 마지막에 오로지 이메일만을 처리하는 30~40분의 시간을 마련했다. 그 결과 결정을 질질 끌거나 어려운 정보 소통을 망설이는 경우가 줄어들었다. 이메일을 처리하는 시간도 줄었다. 또한 자신의 캘린더 미리 알림 기능을 이용해서 책임을 다하고 중요한 일을 빠짐없이 기억할 수 있게 했다.

- 시간에 냉정하고 사람에 관대하게: 시간의 압박 때문에 효과적이지 못한 행동을 하고 더 나은 자신의 모습에 이르지 못하는 경우가 너무나 많다. 시간을 사용하는 방법에 있어서 냉정하면서(물론 ATL의 방식으로!) 목적에 집중하는 일을 늘 우선한다면 신뢰와 성취의 사고와 행동을 강화할 수 있다. 하지만 이렇게 하면서 사람에게 자애롭지 못하다면 결국 BTL에 이르거나 적어도 BTL처럼 보이게 된다. 머릿속의 시계가 울릴 때, 서두르지 않고 차분함을 유지할 수 있어야 한다.

저스틴은 사람들과의 상호작용에서 자신의 의도를 뚜렷이 드러내는 방식으로 자신의 유효 시간을 일관되게 관리했다. 당장 도움을 줄 시간이 없거나 집중할 형편이 안 될 때는 솔직하게 말하는 것도 괜찮은 방법이었다. "나도 그게 정말 중요한 문제라고 생각해. 그런데 지금은 5분밖에 시간이 없거든. 거기에 주의를 기울이고 싶은데, 그럼 따로 시간을 내는 게 어떨까? 그때 좀 더 자세히 얘기를 나누고 싶어." 이렇게 함으로써 상대의 요구와 시간을 존중하는 마음을 보여줄 수 있다.

시간이 지나면서 이런 새로운 시스템은 저스틴이 새로운 습관을 들이는 데 도움을 주었다. 그런 습관들은 그의 사고와 마음 자세를 변화시켰다. 그의 신뢰도가 높아질수록, 회피 행동에 의존하는 경우가 줄어들었다. 이런 노력 덕에 사람들은 그의 행동을 믿게 되었고 그가 다른 사람의 시간을 존중한다는 것을 느끼게 되었다. 그의 마음이 오랫동안 바라왔던 일이다.

핵심은 당신의 생활에 이미 존재하는 시스템을 살피고, 신뢰의 습관을 강화하는 방법을 적용할 부분을 찾은 뒤, 두 가지를 통합하는 일이다.

타인과의 연결을 이끌다
마음을 무기로 바꾸는 행동 ⑤ 연결 ⑥ 격려

─── 나는 창의적인 사고를 하고 깊이 있는 관계를 맺게 해주는 기업
의 존재를 믿습니다. 기업이 인간 정신의 산물이 아닐 때 우리는
큰 곤경에 처할 것입니다.

아니타 로딕(더바디샵 창립자)

분명히 당신은 더 강하고, 더 깊고, 더 개방적이고, 더 애정 어린 관
계를 갖길 바랄 것이다. 다른 사람과 연결된 느낌을 원하는 건 우
리 존재의 본질이다. 우리는 관계를 지향하도록 만들어졌다. 우리
는 혼자일 수가 없다. 무리를 지어야 하는 본성을 갖고 있지만, 지금
의 '셀카' 시대에는 모바일 기기에 파묻혀 점점 개인주의적으로 변
하고 있다. 소통은 줄어들고 있으며 자존감을 보호하기 위해 다른
사람에게 점점 비판적으로 대하고 있다. 이런 '나' 중심의 세상에서
'우리' 중심의 세상으로 이동할 때, 우리는 마음속의 황금, 사랑에

공명하는 연결의 즐거움을 경험하고 다른 사람과 관계를 맺을 수 있다.

올리비아가 등장하면 모든 사람들의 시선이 집중된다. 이 카리스마 넘치는 노련한 변호사는 아름답고 멋스러운 데다, 최고의 기량까지 갖추고 있다. 예리한 유머 감각은 그녀의 지성을 반영한다. 그리고 그녀가 설정해둔 경계도 드러낸다. 냉소적인 재치는 때로 무서울 때도 있다. 냉소가 지나친 나머지 올리비아의 동료들이 그녀에 대해 평가한 마음유형분석지표 결과에서는 사랑 사분면에 잉크가 거의 필요치 않았다. 사람들은 사랑 행동에 있어서 그녀에게 10점 이하의 점수를 줬다.

 올리비아는 그야말로 어이가 없었다. "요약하면, 제게 의미 있고 중요한 이 사람들이 저와 연결되어 있다고 느끼지 못하고, 저에게 격려와 연민의 마음이 없다고 느낀다는 거죠. 그들은 엄청나게 높은 수준의 냉소와 통제 행동만을 본 거네요. 그리고 저는 이에 대해서 하나도 모르고 있었고요. 저는 제가 친근하고 재미있는 사람이라고 생각했어요. 사람들을 많이 웃게 했고, 사람들과 하이파이브를 했고, 즐거운 시간을 함께했단 말이에요."

처음에 그녀는 몹시 흥분했다. "이 사람들이 누구예요? 어떻게 나에 대해서 이렇게 말할 수가 있지? 저는 그런 사람이 아니에요." 그녀는 남편과 아주 긴 전화 통화를 했다. 남편 역시 저명한 변호사로 당시 외국 출장 중이었다. 이후 올리비아는 결과가 완전히 틀리지 않을 수도 있다는 결론에 도달했다. 90분 후 그녀는 어쩌면 결과 안에 진실이, 발전의 기회가 담겼을지도 모른다는 점을 인정할 준비가 되어 있었다.

올리비아의 마음속에는 다양한 친구들이 있고 가족들의 유대가 긴밀하다는 훌륭한 AND가 존재했다. 동료들의 피드백을 본 그녀는 큰 충격을 받았다. 자신이 생각하는 모습이 아니었기 때문이다. 처음에는 직장 사람들이 왜 그런 특정한 방식으로 자신을 보는지 이해할 수 없었다.

처음의 충격을 소화하고 나서야 올리비아는 무엇이 그녀를 인생의 이 지점까지 이끌어왔는지에 대해 우리와 이야기를 나눌 수 있었다. 처음에 그녀는 깊은 성찰에 저항했다. 이미 자신에 대해 잘 알고 있다고 생각했고 삶에서 따르고 있는 진실이 그녀에게 좋은 영향을 준다고 생각했다. 올리비아는 의사들과 기업 변호사들이 즐비한 상류 가정에서 성장했다. 그녀의 표현대로 집안에 '쉽게 감정을 공유하거나 취약성을 인정하지 못하는(어림도 없지!) 사람들'이 가득했다. "우린 그런 일은 하지 않아요. 우리 가족의 방식대로, 그러니까 정치, 세계 정세, 스포츠 등 논쟁거리가 될 만한 주제에 대해 이야기하면서 가족 간의 애정을 두텁게 해요. 우리는 좋은 유머와 좋은 논쟁을 사랑하죠. 추수감사절이면 함께 모여 즐거운 시간을 보냅니다. 서로의 배우자와도 잘 지내고 사촌들과도 잘 어울리죠. 모두가 친절하고 다정해요. 우리 팀이 나를 그렇게 보지 않는다니 도무지 믿을 수가 없어요."

올리비아는 법 쪽으로 진로를 정함으로써 자연히 감정을 내보이는 행동이 격려를 받지 못하는, 대단히 전투적인 직업을 가지게 됐다. "젊은 변호사가 처음으로 배우는 것은 자신을 보호하는 방법입니다. 논쟁에서, 협상에서 상대편 변호사는 물론이고 자기 팀 내에서도 말입니다." 올리비아는 설명했다. "이후 기업 변호사가 되면 어떤 상황에서도 감정이 의사 결정에 영향을 주는 일을 피하기 위해서 노력해야 합니다. 소송과 연관된 문제에서는 특히 더 그렇죠. 감정을 보이는 건 고위직에 있는 리더의 역할이 아닙니다. 법에 있어서는 말할 것도 없고 영업이나 마케팅에서도 그래요." 그녀는 냉소적으로 말했다. 올리비아는 그녀에게 어떤 대가를 치르더라도 취약성과 감정을 드러내지 않아야 할 책무가 있다고 생각했다.

올리비아는 자신의 진짜 모습을 철저히 가렸다. 그녀는 자신의 인생관을 이렇게 요약했다. '부딪치자. 다양한 경험을 쌓고 세상을 알게 되면, 자신을 보호하는 법을 배우게 될 것이다.' 그것이 그녀 인생의 주제였다. 하지만 그것은 '내가 생각하는 진실' 대 '진짜 진실'의 문제였다. 올리비아가 마음속으로 AND의 힘을 이해하자, '다양한 경험을 쌓고 세상을 앎으로써 자신을 보호하는 법을 배우는' 데에서 '다양한 경험을 쌓고 세상을 앎으로써 때로 취약성을 드러내도 괜찮다는 점을 배우는' 사람으로 변화할 기회를 가질 수 있었다.

결과를 받아들이기 시작하면서, 올리비아는 평가 내용 대부분이 자신이 실제 모습이라는 점을 이해하게 되었다. 그녀는 사람들과 관계를 맺거나 직장에서 인간관계를 적극적으로 구축하는 일을 우선시하지 않았다. 그녀는 업무적인 관계만을 가졌고, 그녀에게는 이것이 일에 있어서 유능함을 의미했다. 그녀가 가장 우선하는 일은 논리적이고 대단히 평가적인 태도로 회사를 보호하는 것이었다. 하지만 그 과정에서 이런 전술은 연결·연민·격려·발전의 행동을 감소시켰고, 분투·통제·냉소의 행동을 강화했다. 그로 인해 사랑 사분면에서 동료들로부터 받는 점수는 0에 가까웠다. 그들은 올리비아가 기능적 전문성에서는 매우 우수한 사람이지만 도무지 그녀와 관계를 맺을 수 없다고 생각했다. 사실 몇몇은 그녀를 노골적으로 두려워했고, 따라서 다가가서 도움, 조언, 의견을 구하지 않았다.

올리비아는 이 피드백을 선물로 받아들이고 조치를 취하기로 결정했다. 단 지금의 자기 모습에는 변화를 주지 않고 동료들이 그녀의 마음속에 뭐가 있는지 그녀의 최선의 의도가 무엇인지 보지 못하게 막았던 행동들을 처리할 생각이었다. 처음에는 조금 어색하겠지만 결국은 연결과 격려의 행동을 보다 많이 하는 법을 배우고 실천할 수 있을 거라고 생각했다. 첫걸음은 그녀가 구축해온 인식 체계를 바꾸는 일이었다. 그녀는 '사람들과 어울려 이야기를 나누고 그들에 대해서 알아가는 건 시간 낭비'라는 생각을 '사람들에 대해 아는 것이 즐겁다'라는 생각으로 변화시키기로 했다. 시간을 계획적으로 사용하는 올리비아는 이런 인식 체계를 변화시키는 데에도 조직적인 접근법을 택했다. 그녀는 캘린더에 일주일에 세 번씩 15분의 시간을 마련해 사람들과 어울리기로 결정했다. 이런 시간을 진정성 있는 욕구로 받아들이고 그 활동을 충분히 자주, 충분히 일관성 있게 실천한다면 그것이 그녀의 일부가 되면서 결국 사람들로부터 신뢰를 얻고 사람들과 관계를 구축할 수 있을 거라고 생각했다.

처음 몇 번 이 활동을 실행에 옮긴 그녀는 그 일이 쉽지 않다는 걸 깨달았다. 사람들의 일상에 대한 질문을 던지면서 관계를 맺기 위해 노력하는 와중에도 다른 사람이 하는 말에 그다지 관심이 가지 않았다. 그녀의 생각은 자꾸 다른 곳을 향했다. 그녀는 생각했다. '다음번에는 시간 제한을 생각하지 말고 이 사람이 하는 말에 정말로 집중할 수 있도록 해야겠다. 그들이 하는 얘기 중에서 내게 중요한 부분을 찾고 질문을 통해서 그런 이야기를 이끌어내는 데 집중하자.' 이렇게 그녀는 각각의 사람에게 좀 더 주의를 기울이기 위해 노력했다. 그러자 사람들의 대화에 진심으로 빠져드는 자신을 발견할 수 있었다.

몇 주가 흐르자 올리비아는 좀 더 자신감을 가지게 되었다. 사람들은 그녀와 좀 더 의미 있는 관계를 맺고 있었다. 하지만 성과가 저조한 주간이 찾아왔다. 전처럼 사람들에게 주의를 집중할 수 없었다. 올리비아는 이전에 배웠던 대로 자신에게 무슨 일이 일어나고 있는지 자문했다. 그녀는 자신이 까다로운 법적 문제를 다루고 있음을 깨달았다. 눈앞에 '시한폭탄'이 있는 상황이었던 것이다. "사람들 이야기를 들으면서도 생각의 초점은 일의 마감 시한에 가 있었고 시간이 없다는 생각을 통제하려고 애썼죠. 그러다 보니 사람들에게 집중할 수가 없었어요." 그녀가 설명했다. 그런 상태로도 실천을 계속 이어갔다. 몇 주가 지나자 그 활동이 점차 쉬워졌다. 아직까지는 이 활동에 노력이 필요하지만 이제 그녀는 이 단순한 과정이 자신에게 상당히 도움이 됨을 깨닫고 있다. 그녀는 다른 사람들과 보다 깊이 있는 관계를 맺었다. 그 자체가 올리비아가 좀 더 자신을 드러내고 ATL 사고와 행동으로 가는 데 도움을 주었다. 결국 그녀는 직장에서 좀 더 즐거운 경험을 갖게 되었다(아마 그녀의 동료들도 그럴 것이다).

올리비아의 이야기는 오랜 시간 자기 주위에 팀과의 관계 구축을 막는 일련의 벽을 쌓아왔던 사람의 모습을 보여준다. 그녀는 여전히 그 벽을 극복하는 여정을 밟고 있다. 냉소에 의존해서 다른 사람들과 관계를 맺으려하기보다는 진정한 관계를 맺는 데 보다 편해지기 위해 노력을 이어가고 있다. 15분간의 대화는 그녀가 즐기는 습관이 되었고 그녀는 이렇게 수긍했다. "냉소로 향하던 바늘을 조금은 옮긴 것 같아요."

올리비아는 개인적으로 무료 법률 상담으로 지역 공동체에 도움을 주고 있다. 이 일을 시작하고 얼마 지나지 않아, 그녀는 '공동체(community)'라는 말이 공통(common)과 결속(unity)이라는 두 단어의 결합이라는 깨달음을 얻었다. 그리고 그 단어들이 모든 관계와 모든 환경에 어떻게 적용되는지 관찰하기 시작했다. 그녀는 차이는 단지 차이일 뿐 차이가 잘못된 건 아니라는 사실을 알게 되었다. 개인 생활과 직장에서 우리는 나와 다른 사람들과, 종종 매우 다른 사람들과 관계를 구축해야 한다. 올리비아는 이런 공동체적 마음과 개인적 가치관을 직장에도 적용하고, 공동체를 아끼듯이 애정 어린 마음으로 팀원들과 더 깊고 의미 있는 관계를 구축하게 되었다.

타인과 연결되는 즐거움

연결과 격려, 이 두 양식은 마음유형분석 모델에서 나란히 있다. 둘 다 타인의 마음과 내적 성품을 북돋우는 일을 하기 때문이다. 연결과 격려는 스티븐 커비(Stephen Covey)가 《성공하는 사람들의 7가지 습관(The 7 Habits of Highly Effective People)》에서 설명했듯이 다른 사람이 가진 감정의 은행 계좌, 즉 성품에 저금을 하는 일이다.

대부분의 사람들은 타인이 자신을 알아주고 자신의 말을 들어주길 바란다. 자신이 중요한 사람임을 느끼고 싶은 것이다. 직장에서는 특히 리더가 자신을 알아주길 바란다. 우리는 매일 아침에 일찍 일어나 일터에 나가 일하면서 그 일이 단지 월급을 받기 위한 일이 아닌, 그보다 가치 있는 일이라고 느끼고 싶어 한다. 리더가 자신에게 주의를 기울이고 있다고, 나를 중요한 사람으로 느끼고 있다고 생각하고 싶어 한다. 지도·관리의 관점에서, 관계를 맺는 것은 상대의 기능성이 아니라 그 사람 자체에 진정한 관심을 보임으로써 그들이 얼마나 중요한 사람이고 가치를 얼마나 인정받는지 알게 하는 일이다.

관리와 지도의 역할이 늘어나고 초점이 과제에서 사람으로 이동함에 따라, 효과적인 시간 활용에 대한 인식 체계도 바뀌어야 하는 이유가 거기에 있다. '과제 모드'에 갇혀 있을 때는 성공할 수 있는 유일한 길이 과제 완수를 위해 할 일 리스트에 체크 표시를 하는 것이며, 따라서 '사람'이 아니라 '해야 할 일'에 집중해야 한다고 생각한다. 올리비아가 그랬다. 경력 초반에는 과제를 가장 중시했고 따라서 그녀는 업무에만 매달렸다. 관계는 그녀의 우선순위에 없었다. 머리로는 그녀도 관계 역시 중요함을 알았지만 행동은 그런 생각을 따라가지 않았다. 그녀에게는 변혁을 위한 통찰이 필요했다.

올리비아는 초점을 관계로 옮기기 위해 의식적인 노력을 하고 그를 위한 구조를 마련해야 함을 깨달았다. 올리비아는 실질적인 실천을 통해 자신의 행동을 바꾸는 데 몰두했고 시간이 가면서 점점 진정성을 더해갔다.

개인별 성장 지침을 보면, 연결의 행동이 실제로 상대를 더 깊이 알고 그를 소중하게 여기는 일에 집중하는 정도를 측정한다는 점을 알 수 있다. 사람들은 당신의 대인관계가 얼마나 견고한지, 사회성 기술이 얼마나 적절한지, 소통이 얼마나 효과적인지 안다. 그들은 당신이 보이는 관심이 진짜인지 아닌지 느낄 수 있다.

격려의 행동은 다른 사람의 가치를 알고, 다른 사람의 성품과 내적 가치의 성장을 돕는 일에 대해 가지는 당신의 진정한 관심을 측정한다. 이는 칭찬하는 일에 편안해짐으로써 가능하다.

상대의 말에 귀를 기울일 줄 아는 사람, 힘과 의욕을 돋우는 사람이 되어야 한다. 말하기보다 듣기에 치중해야 한다. 그러면 사람들은 당신을 진심 어린 칭찬을 해주는 사람으로 보게 될 테고 그에 감사할 것이다.

한 CEO가 이렇게 말한 적이 있다. "직원들을 친절하게 대하고 칭찬을 하면 그들은 나에게 더 많은 돈을 요구할 겁니다." 한편 '그들이 내 자리를 차지할 수도 있어. 자기가 최고라고 생각하게 될 거야. 그건 누구에게도 도움이 안 돼.' 이런 생각으로 격려에 인색한 사람도 있다.

우리와 함께 작업했던 훌륭한 조직에는 인정과 격려의 힘이 문화에 배어들어 있었다. 칭찬은 사람에게 동기를 부여하고, 사람들을 성장시키고, 인재를 놓치지 않는 가장 강력한 방법이다. 칭찬은 자신을 겸허하게 만드는 경험이다. '당신'이 중심이 되는 일이 아닌, '다른 사람을 격려하는 당신'이 중심이 되는 일임을 깨닫기 때문이다. 우리는 자신의 진심을 반드시 살펴야 한다. 다른 것들에 대해서 진심으로 귀를 기울이거나 생각하지 않고, 대화에서 당신이 어디까지 말했는지를 잊고, 쉽게 주의가 흩어지고, 대화를 당신 쪽으로 되돌리고, 다른 사람의 말을 끊거나 대화중에 딴 길로 새는 것은 그 대화가 당신 중심으로 돌아가고 있음을 깨닫게 하는 신호다.

격려의 행동을 성장시키려면 자신이 한 말과 그 말을 하는 방법을 관찰해보라. 격려에 가장 효과적인 어투는 꾸밈없이 솔직한 것이다. 또한 격려를 전하는 사람에게 적절한 어휘와 어조를 선택해야 한다.

진실한 지지와 칭찬을 통해 다른 사람에게 용기를 심어주는 일, 이것이 진정한 격려다. 부모, 상관, 코치에게도 격려를 할 수 있다. 최선의 사람이 되고, 잠재력을 발휘하고, 두려움을 해소하고, 존중과 충성의 마음을 드러내는 일, 이 모두가 격려를 통해 가능해진다. 격려에는 많은 계획이 필요치 않다. 격려는 즉흥적으로도 얼마든지 할 수 있다. 말로도, 글로도 가능하며, 메신저를 통해서도 할 수 있고, 얼굴을 마주보고 직접 할 수도 있다. 포스트잇 한 장에 격려의 말을 적어서 상대의 책상에 붙여두는 방법도 있다. 구식 같지만 손으로 쓴 감사 카드는 동료, 거래처, 고객, 친구와의 관계 증진에 매우 좋은 방법이다. 이메일이나 문자 메시지보다 훨씬 의미 있게 받아들여지기 때문이다. 아날로그가 디지털을 능가하는 경우다.

인정받기 위해 관계 맺지 말 것

얼마 전 우리는 우리 워크숍 촉진팀의 성장을 도울 사람을 찾고 있었고 경력이 있는 트레이너 한 명과 인터뷰를 진행하게 되었다. 스티븐은 처음에 그에게서 깊은 인상을 받았다. 우리 조직에 대해 잘 알려지지 않은 여러 가지 사실과 스티븐의 배경을 파악하고 인터뷰 자리에 나왔기 때문이었다. 사전 조사를 했던 것이다. 그는 열의를 가지고 소통에 임했고 그의 경험은 인상적이었다. 하지만 마라의 관점은 조금 달랐다. 그는 마라에 대해서도 상세한 조사를 해왔지만 그녀는 그의 몸짓 언어와 모든 주제를 자신 쪽으로 끌고 가면서 상대의 인정을 구하려는 태도에 주목했다. 그녀가 어디에 초점을 맞추건 그는 그 범위 안에 자신을 두기 위해서 노력했다. 불편하게 느껴질 정도로 말이다. 물론 우리에게 깊은 인상을 남기려는 그의 좋은 의도는 알았다. 하지만 친절한 접근이 과해서 관계를 맺고자 하는 행동이 인정 추구 행동으로 이어졌다. 우리나 우리 고객들과는 맞지 않는 방법이었다.

'인정(approval)'이라는 단어에는 '증명하다(prove)'라는 의미가 담겨 있다. '인정'이라는 개념은 경쟁과 밀접한 관련이 있지만 훨씬 더 미묘하다. 이를 위해서는 시종 일관 얼마나 더 나은지를 증명하기 위해 노력하는, 즉 확인을 구하는 일이 필요하다. 연결과 인정 추구는 혼동하기가 쉽다. 자신의 행동에서도 그렇고 다른 사람들의 행동에서도 마찬가지다. 이 때문에 우리는 스스로 마음 자세와 사고 양식을 살펴야 한다. 자신의 행동이 다른 사람과 관계를 맺는 데 도움이 되지 않을 때라면 특히 더 그렇다.

연결과 격려가 빛을 발하는 순간

1. 과거에 직장 내에서나 밖에서 당신과 사이가 좋은 다른 사람과 관계를 맺거나 다른 사람을 격려하는 중에 당신 성품 속의 '황금'과 사랑과 존중을 발견한 경우가 있는가?

2. 어떤 상황에서 관계를 맺기 어려운 사람들과의 관계를 좀 더

증진하고 그들을 격려하는 일을 실천할 수 있었는가?

3. 무엇이 연결과 격려를 방해하는 트리거, 마음의 틀, 진실, 공백, 상처, 서약이 될 수 있다고 생각하는가?

인정 추구는 연결의 '사악한 쌍둥이'다!

인정을 추구할 때	연결을 추구할 때
다른 사람의 인정을 받기 위해 어떤 일을 하고, 기대했던 정도의 평가가 나오지 않으면 실망한다.	꼭 필요하지 않아도 다른 사람과 잘 지내며 가까이 하기 쉽다.
사람들을 즐겁게 만드는 사람이다.	사람들을 연결하는 사람이다.
'안 돼'라고 말하지 않는다. 다른 사람으로부터 인정을 받아야 한다는 욕구가 적절한 경계를 설정하는 능력보다 크기 때문이다.	우리는 다른 사람과의 사이에 적절한 경계를 설정하고 그 이유를 설명할 수 있다.
상대의 검증과 확인을 구하는 숨겨진 의도를 갖고 관계를 맺는다. 모두에게 호감을 얻어야 한다.	서로를 알고 관심을 갖고 있기 때문에 관계를 맺는다. 호감 얻기를 좋아하고 다른 사람에게 호감을 느끼지만 모두에게 호감을 얻을 필요는 없다.
어떤 관점에 반대하는 경우가 없다. 반감을 살까 두려워서 모든 것에 동의하거나 아무 말도 하지 않는다.	어떤 관점에 대해서는 정중하게 의견을 달리한다고 말할 수 있다.
지나치게 많은 시간을 평가받고 있다는 느낌 속에서 산다. 그래서 다른 사람들이 자신에 대해서 어떻게 생각할지 걱정하고 대화를 준비하는 데 많은 시간을 할애한다.	내면에 진정한 자신감을 갖고 있기 때문에 다른 사람이 자신에 대해 어떻게 생각하는지를 걱정하지 않는다. 다른 사람들이 자신에 대해서 생각조차 하지 않을 수 있음을 인식하며, 그것이 아무런 문제도 되지 않는다.

유명하거나 흥미롭거나 중요한 사람들과 ('후광의 덕'을 보기 위해서 간접적으로라도) 친해지고 싶어 한다. 자존감과 자긍심을 키우기 위해서 감탄과 찬양을 필요로 한다.	다른 사람을 있는 그대로 받아들인다. 사회적으로 어떤 사람이고 어떤 일을 하느냐로 판단하지 않는다.
사람들과 어울리기 위해서 주변 사람과 비슷하게 행동한다. 자기 행동이 극단적이라고 인식하지 못하고 어조, 형용사, 몸짓 언어에 지나치게 집중한다. 관심과 칭찬을 필요로 한다.	개인적 가치관에 부합하는 방식으로 행동한다. 다른 사람의 가치관을 존중한다.

격려에는 긴 시간이 필요치 않다

사람들과 보내는 시간을 어떻게 마련하는가? 높은 성과를 내는 많은 사람들이 연결과 격려 부분에서 ATL 양식이 가장 낮은 이유는 하나다. 바로 시간 때문이다. 그들의 머릿속에는 시한폭탄이 들어 있다. 끊임없이 무슨 일인가에 매달려 있기 때문이다. 그렇다면 일과 사람들과 함께하는 시간 사이의 균형을 어떻게 달성할 수 있을까? 우리가 시간이 날 때마다 이야기하는 주제다.

우리가 잘 아는 CEO 한 명은 인간관계와 일의 균형을 찾는 데 있어서 달인이라고 불러도 좋을 사람이다. 다국적 대기업의 고위직에 있지만 거의 매일 하루에 한 시간은 사무실 밖으로 나가 돌아다니며 사람들과 이야기를 나눈다. 사람들에게 일상에 대해, 가족들은 잘 지내는지, 어디에 다녀왔는지, 다음 휴가 때 어디에 갈지 묻곤 한다.

서로 알고 지내면서 우리는 그가 이 일을 그렇게 잘 해낼 수 있는 게 사람들과 긴 시간을 보내기 때문이 아님을 알게 되었다. 그는 사람들과 짧은 대화를 나눈다. 단 몇 분이지만 그는 정말로 관심을 가지고 대화하기 때문에 사람들은 그와의 대화에서 자신들이 중요하게 여겨진다는 느낌을 받는다.

시간에 냉정하고, 사람들에게 자애로운 자세를 유지하는 방법이 있다. 우선 스케줄을 확인한다. 한 시간이 걸리는 회의가 있다면 이렇게 생각해보라. 그 회의를 30분으로 줄일 수는 없을까? 만약 가능하다면 당신은 30분의 시간을 만든 것이다.

또 이렇게 자문해보라. '내가 정말 이 회의에 참석해야 할까?' 다른 사람에게 이 일을 위임해야 할 시기일 수도 있다. 꼭 들어가야 하는 회의라면 10~20분 정도 일찍 마치고 사람들을 만날 수 있는 시간을 만들 수 있을지 생각해본다. 회의 과정을 철저히 분석해보면 시간을 좀 더 효율적 활용해서 격려를 위한 시간을 낼 수 있음을 깨닫게 될 것이다.

일주일에 세 번씩 주위에 있는 특정한 사람을 대상으로 10분의 시간을 만든다. 스스로 다짐해보자. '월, 수, 금요일에 10분씩!' 그리고 그 시간을 스케줄에 포함시켜서 반드시 지키도록 한다. 회의 시간에서 조금씩을 빼내서 얻어낸 '여분'의 시간을 누군가의 책상 앞이나 커피 자판기 앞에서 "오늘 하루는 어떤가?", "그 프로젝트를 이끌어줘서 고마워" 같은 2분 정도의 대화를 갖는 데 써보자.

타인과 관계 맺는 방식을 개선하고 싶다면

현실을 직시하자. ATL로 사는 혜택이 우리가 BTL로 살면서 경험하는 혜택보다 크다고 생각하기 전까지는 아무것도 바뀌지 않는다. 다른 사람에게 집중하는 실천법은 항상 효과를 발휘한다. 이론은 그렇지만 정말 실천으로 옮기려면 유익한 일을 하고 있다는 느낌이 필요하다. 다른 사람과 관계를 맺는 방식을 개선하고 싶은 사람들을 위해 다섯 가지 조언을 하고 싶다.

1. 온전히 그 사람에게 집중하라

누군가가 당신 사무실로 걸어 들어와서 뭔가를 묻는다고 생각해보자. 당신은 '그래, 나에게 또 무슨 말을 하려고? 너 때문에 난 짜증이 나. 난 이럴 시간이 없거든'이라고 생각할 수도 있고 인식 체계를 바꾸어서 '아, 내가 뭔가 도울 일이 있나?'라고 생각할 수도 있다. 다른 사람을 중요하고 의미 있게 여기면 관계를 맺으려는 당신의 진심 어린 에너지가 보다 잘 받아들여진다. 마찬가지로 회의에 가거나 파티에 참석하거나 친구를 만나거나 스포츠 경기를 보러 갈 때에도 당신의 에너지가 당신을 향해 있는지 다른 사람을 향해 있는지 생각해보라.

다른 사람에게 주의를 돌릴 때, 당신은 당신의 마음을 겸손과 사랑으로 변화시키고, 현재에 충실하면서, 주변의 분위기를 바꾸고 있는 것이다.

- 상대에게 시선을 맞춘다. 마음속에 그 사람에 대한 사랑, 존중이 있다면 쉽게 주의를 빼앗기지 않을 것이다.
- 적극적으로 귀를 기울인다. 그러면 그들의 말을 가로채거나 끼어드는 일은 생기지 않을 것이다. 당신이 이해한 내용을 확인하기 위해 질문하고 메모한다.
- 사람들과 한 이야기를 기억한다. 다음에 그들을 만났을 때 그에 대해 질문할 수 있도록 한다.
- 경고! 대화 주제를 모두 당신에게로 집중시키지 않도록 주의한다.

2. 나를 위한 시간, 배우자를 위한 시간을 따로 마련하라

배우자와의 관계는 무엇보다 중요하다. 하지만 바쁘고 벅찬 삶을 살다보면 소홀해지기가 쉽다. 아이가 생기면 상황은 더 어려워진다. 모든 것이 회사 일 또는 집안일로 귀결된다. 배우자 그리고 자기 자신과의 접촉은 사라진다. 따라서 나 그리고 우리라는 개념으로 세 가지 관계의 영역으로 다시 초점을 되돌려야 한다.

- 나 = 개인적 성장의 여정: 내가 하는 일, 내가 좋아하는 일, 내가 필요로 하는 일, 내가 한 사람으로서 가치를 두는 일, 사적 공간에 대한 욕구. 활기를 되찾기 위해서 내게 필요한 것.
- 너와 나 = 부부로서 우리의 관계: 처음 우리가 사랑에 빠진 이유는 무엇인가? 오로지 우리 두 사람만의 일, 두 사람의 마음

에 일어나는 일, 서로 공유한 마음속 고난과 즐거움, 서로에게 취약성을 드러내는 데서 오는 친밀감.

- 우리 = 함께할 때의 우리는 누구인가: 부부 관계 외부에서 일어나는 모든 일. 자녀들, 가족, 친구, 일, 스포츠, 관심사, 취미.

매주 오로지 '나만을 위한 시간'을 만든다. 나만의 공간을 확보하고, 재충전하고, 활력을 되찾고, 참된 내 모습과 내 마음과 내 목적에 다시 연결되었다는 느낌을 받게 될 때까지 어떤 방식으로든 혼자만의 시간을 갖는다. 나만을 위한 시간에는 다음의 사항을 고려한다.

- 배우자와 협력해서 그에게도 자기만의 시간을 주고 마찬가지로 그도 당신만을 위한 시간을 마련해주게 한다.
- 그 시간에 각자에게 즐거움과 에너지를 가져다주는 것들에 대해 생각한다.
- 두 사람에게 얼마만큼의 시간이 필요한지 파악한다. 변화하는 환경에 적응이 필요할 때도 있다. 아이가 생기기 전이나 바쁜 출장 스케줄이 있을 때는 토요일마다 나만을 위한 시간에 골프를 칠 수도 있다. 하지만 일주일 내내 당신 얼굴을 제대로 보지 못한 아이가 있다면 대안을 찾아야 한다.

매주 오로지 '너와 나만을 위한 시간', 즉 배우자에게 온전히 충실한 시간을 만든다. 이 시간은 '친밀감'을 중시하는 시간이다. 친밀한 대화로 진실한 마음을 나누며 너와 나만을 위한 시간을 발전시킬 방법을 찾는다.

- 가능한 한 자주 데이트를 한다. 외출을 해도 좋고 집에서 애정 어린 분위기를 만들어도 좋다. 식탁 위를 치우고 사랑스런 분위기를 연출하는 작은 변화만으로도 충분하다. 초와 포장해 온 음식으로도 큰 차이를 만들 수 있다.

- 부부로서 갖는 너와 나만을 위한 시간이 어떤 모습인지 생각해본다. 그런 시간을 얼마나 자주 만들 수 있나? 상황에 맞추어 부부가 합의했다면 어떤 것이든 좋다. 그 일을 우선하고 반드시 지킨다.

- 마음으로 듣는다. 어떤 문제(직장, 아이, 가족, 친구 문제)로 인해 힘든 시간을 보내고 있다면 이 시간에 배우자에게 그 내용을 솔직하게 털어놓는다. 함께 있을 때는 다음과 같은 문구를 사용한다. "당신에게 무슨 일이 있어?" "마음에 담아둔 게 있어?" "내가 도울 일이 없을까?" "내가 어떻게 하면 좋겠어?"

- 대화를 문제 해결 모드로 전환하지 않도록 한다. 이야기를 하지 말라는 게 아니라 서로의 마음과 감정, 생각, 걱정을 말하고 들어주기만 해도 충분하다는 뜻이다. 경계를 넘지 말고 해법에 초점을 둔 대화로 '너와 나'의 친밀한 시간을 방해하지 않도록 한다.

- 일주일에 하루 정도 회사에서 늦게까지 일을 하는 데 부부로서 합의가 필요할 수도 있다. 기대치를 명확히 조정한다. 이렇게 합의한 날 이외의 저녁 시간에는 가정에 집중한다.

우리는 대부분의 시간을 '우리의 시간'에 소비한다. '우리의 시간'은 일, 가족, 친구, 사교, 스포츠, 취미 등 생활에 쓰는 시간이다. 인생 대부분을 우리의 시간에 잡아먹힌 채 우리는 '너와 나만을 위한 시간'이나 '나만을 위한 시간'을 잃어간다.

우리의 시간을 개선할 몇 가지 방안이 있다.

- '우리의 시간'이 다른 사람에 대한 일을 다른 사람과 함께 하는 시간이지 당신의 관계를 만드는 시간이 아님을 이해해야 한다. 부모로서 아이와 시간을 보내는 것이 가장 분명한 예다.
- '우리의 시간'을 특별하게 만들되 거기에 너무 많은 시간을 소모해서 '나만을 위한 시간'이나 '너와 나만을 위한 시간'이 부족하도록 해서는 안 된다.
- '우리의 시간'을 배우자, 친구, 가족과 공동체 안에서 다른 사람들을 위해 무언가를 할 기회로 삼는다.

3. 깊이 있는 대화를 여는 한마디

우리는 관계에 접근할 때 막강한 한마디를 사용할 수 있다. 당신의 관심을 진심으로 보여주고 싶을 때, 더 많은 것을 알고 싶고 관심이 있을 때, 상대의 상황을 더 깊은 수준에서 이해하고 싶을 때, 이렇게 질문하라. "당신한테 무슨 일이 있는 거예요?" 이 질문은 무슨 생각을 하는지, 무슨 느낌을 갖고 있는지 묻는 게 아니다. 이 질문은 중립적이다. 다만 조금 다른 종류의 대화를 시작하게 도와준다. 상대의 솔직한 공유를 격려하는 질문이기 때문이다. 사람들은 보통 "잘 지내?"라고 묻고 "그럼, 잘 지내지"라고 답한다. 이런 질문을 수도 없이 듣는다. 이에 대한 대답은 진정성을 담고 있거나 취약성을 드러내기보다는 미리 프로그램되어 있다. 이런 질문은 진정한 연결을 만들어내지 못한다.

"당신한테 무슨 일이 있는 거예요?"라는 질문에 대해 "모르겠는데요"라는 답이 나올 수도 있다. 습관적인 신피질의 반응이다. 정말로 자신이 거치고 있는 상황을 말하지 못하게 하는 의식적인 차단막, 고통이나 불편함 또는 단순히 자신감의 부족으로부터 자신을 지키려는 무의식적인 차단막이다. 모른다는 대답에 "만약 안다면 어떻게 할 생각이야?"라는 질문을 던져보라. 장담하건대 이 간단한 질문은 그 사람의 무의식적인 차단막을 없애줄 것이다. 단, 10대에게는 효과가 없을 수 있다. 그들은 바로 "모른다고 했잖아요!"라며 내뺄 테니까. 하지만 대부분의 성인에게는 놀라운 질문이 될 것이다. 이 질문은 우리의 감정과 기억이 자리한 변연계로 들어가 깊이 있고 의미 있는 대화의 문을 열어준다.

4. 무엇이 더 우선인지 명료하게 하라

즉흥적인 일은 멋지다. 하지만 사람과의 연결에는 때로 계획이 필요하다. 의도적이어야 하지만 가짜로 꾸며내라는 말은 아니다. 직장의 경우, 인간관계와 일의 완수 사이에 균형을 찾기 위해서 시간 계획이 필요하다.

회의에서는 제한된 시간 안에 의제를 처리해야 하는 경우가 더러 생긴다. 충분히 의제를 검토할 시간이 없음을 알기 때문에 모두가 은근히 긴장을 한다. 예의를 차리며 인사를 나누다 회의 초반이 지나가고 시간이 부족해지면 그 압박감이 우리를 BTL로 끌어내린다. 화가 나서 자리를 뜨는 사람도 생긴다.

이때 의도를 뚜렷이 드러내는 방법을 사용해야 한다. "안녕하세요. 우리 모두가 오늘 시간이 촉박하다는 걸 알고 있죠. 그러니 괜찮으시다면 시간을 절약하기 위해 바로 의제로 들어가는 게 어떨까요?" '준비, 땅!' 이런 방식으로 모든 사람이 처음부터 회의의 목적에 초점을 맞추고 의제를 바로 다룰 수 있다.

인간은 누구나 연결을 원한다. 첨단 기술의 세상은 인터넷과 소셜 미디어를 통해서 쉽게 다른 사람과 연결을 유지하게 해준다. 더 이상은 거리가 관계의 장애가 아니다. 하지만 때로는 휴대 기기 때문에 오히려 연결이 끊어진다. 화면을 보면서 보내는 시간에 대한 통계들은 대단히 충격적인 소식을 전해준다. 휴대 기기에 주의를 기울이느라 너무 바빠서 동료, 친구, 가족, 아이들에게 주의를 집중하지 못하고 있는 건 아닌가? '테크노퍼런스(technoference, 기술 간섭)'는 기술 기기가 우리의 상호작용에 불러오는 사소한 일상적 침해나 간섭을 말한다. 식당에서 어렵지 않게 이 현상을 발견할 수 있다. 친구들 몇 명이 큰 테이블에 둘러 앉아 있다. 각자가 자신의 휴대폰 화면에 눈을 고정하고 있다. 안타깝게도 데이트하는 연인들도 같은 모습이다. 직장에서도 한 동료가 다른 동료에게 말을 하고 있는 와

중에 그 사람의 시선은 휴대폰에 가 있다. 긍정적인 피드백을 받은 '테크로퍼런스' 관리 방법들을 여기에 소개한다.

- 회의 중이나 집에 있는 저녁 시간에 전화와 이메일을 받는 기준을 설정해둔다.
- 회의 중에 중요한 연락이 올 예정이라면 회의 시작 전에 미리 그 사실을 알린다.
- 회의 중, 집에 있을 때, 저녁 데이트 중에는 휴대 기기를 비행기 모드로 설정해둔다. 최소한 식사를 하는 45분간은 기기에서 멀어져 연결에 집중한다.
- 집에 도착해 처음 1시간 동안은 휴대폰을 다른 방에 두고 가정 생활에 충실히 임한다.
- 저녁에 쓴 이메일이 다음 날 아침에 발송되도록 프로그램을 해둠으로써 동료와 저녁 내내 이메일을 주고받는 상황이 생기지 않도록 한다.

휴대 기기는 연결에 대한 우리의 깊은 욕구를 표출할 수 있는 무대다. 하지만 그로 인해 우리가 정작 바라는 일을 멀리하고 있지 않은지 점검해보라. 휴대 기기들이 '주머니 속의 악마'가 되어 관계를 파괴하고, 다른 사람들에 대한 우리의 주의와 우리에 대한 다른 사람들의 주의를 빼앗아가지 않도록 말이다.

5. 'WIFE' 질문으로 관심을 표하라

많은 사람들이 우리에게 이런 이야기를 한다. "어떻게 하면 가볍게 한담을 나눌 수 있는지 모르겠어요. 관심을 보여주고 싶지만 어디서부터 시작해야 할지 모르겠고요." 타인과 대화를 시작해야 할 때를 대비한 기본적인 질문들을 만들어보라. 이 과정이 다른 사람들과의 연결을 도와줄 것이다.

우리는 이 과정을 'WIFE'라는 단어로 표현한다. WIFE에 귀를 기울이자!

- **'W'-일(work)**: 다른 사람에게 관심을 표현하기 가장 쉬운 시작점은 일에 대한 질문이다. '어디에서 일을 하십니까? 거기에서 일하는 건 어떤가요? 그 전에는 무슨 일을 하셨습니까?'와 같은 질문들을 고려해보라. 다만 주의할 점이 있다. 당신의 직업에 따라, 자기 이익을 위해서 하는 질문처럼 보일 수도 있다. 예를 들어 우리가 사람들에게 직장의 문화나 리더십에 대한 질문을 하면 우리 사업을 홍보하는 것처럼 비칠 수 있다. 당신이 소프트웨어를 판매하거나, 인재 채용에 관련된 일을 한다면 주의해서 질문해야 한다. 하지만 일에 대한 이야기는 사람들에게 친숙한 주제이고 이야기를 나누기도 쉽기 때문에 보통은 거기서부터 대화를 시작하는 게 좋다.
- **'I'-관심(interest)**: 관심사가 무엇인가요? 어떤 취미가 있으세요? 시간 여유가 있을 때는 뭘 하시나요? 시간이 좀 더 있다

면 하고 싶은 일이 있으세요? 휴가 때 꼭 가보고 싶은 곳이 있나요? 주말에 무슨 계획이 있으신가요? 당신에게 영감을 주는 것은 무엇/누구인가요?

- **'F'-가족(family)/친구(friend):** 배우자가 있으신가요? 배우자분은 어떤 일을 하시나요? 아이가 있으신가요? 아이가 몇 살인가요? 고향은 어디신가요? 어디에서 어린 시절을 보내셨나요? 학창 시절은 어디에서 보내셨나요? 그곳은 어떤 곳인가요? 형제/자매가 있으신가요? 친구들은 어떤 일을 하시나요? 친구들과 자주 어울리시나요? 외국에 사는 친한 친구나 가족이 있으신가요?

- **'E'-오락(entertainment):** 쉴 때 무엇을 하시나요? 영화를 좋아하시나요? 최근에 본 영화는 무엇인가요? 스포츠를 좋아하시나요? 극장에 자주 가시나요? 최근에 읽은 책은 어떤 것인가요? 가장 좋아하는 영화/책은 뭔가요? 그 이유는 뭔가요?

마지막으로, 누군가를 코칭하거나 그들이 최선의 자신을 찾도록 계발을 돕고 있다면 그들과 연결되고 그들을 격려하면서 믿을 수 있고 안심이 되는 관계를 구축하는 것이 훨씬 효과적이다. 우리의 삶이 반드시 어떤 모습이어야 한다고 떠들어대는 소셜 미디어가 판치는 이 호들갑스러운 세상에서는, 그저 평가하지 않기만 해도 다른 사람과 유대를 형성할 수 있다. 다른 사람에 대한 존중과 수용은 연결과 격려의 핵심이다. 더 많은 '좋아요'를 받으려는 집착을 버리면, 우리는 진정한 연결로 가는 문을 열 수 있다. 대개의 경우 진심 어린 마음을 보여주는 데에는 그리 많은 시간이 필요치 않다. 우리의 마음, 우리의 황금, 우리의 사랑과 존중으로 상대를 대할 때, 상대는 우리가 보여주는 진정한 존중의 마음을 감지할 수 있다.

타인과 함께 성장하다
마음을 무기로 바꾸는 행동 ⑦ 발전 ⑧ 연민

—— 코치는 분노를 자아내지 않고 충고를 해줄 수 있는 사람이다.

존 우든(미국의 전설적인 농구 코치)

좋은 부모, 배우자, 리더, 팀원이 되고 싶지 않은 사람이 있을까? 연민의 마음 자세를 활용하면, 즉 행동 너머를 보고 그 사람의 동기와 마음을 이해하며 관심을 가지고 사람들이 잠재력을 발휘할 수 있게 건설적인 코칭을 제공하면 우리는 그 모든 바람들을 이룰 수 있다.

2004년, 대단히 파괴적인 자연 재해가 인도양을 덮쳤다. 엄청난 강진이 쓰나미로 이어지면서 동남아시아 전역의 해안 마을을 파괴했고 23만 명 이상의 생명을 앗아갔다.

당시 우리는 시드니에 살고 있었지만 그 비극이 남의 일만은 아니었다. 21살 난 딸 태머라가 오스트레일리아 친구 두 명과 태국 해

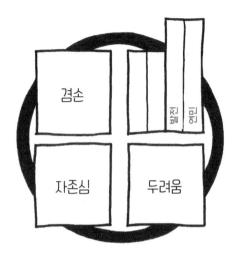

안을 여행하고 있었기 때문이다. 우리는 딸의 행방을 파악하지 못한 24시간 동안 제정신이 아니었다. 이후 스티븐이 이상한 번호로 전화를 받았다. 5초간의 짧은 통화에서 "아빠, 나 살아 있어"라는 딸의 목소리를 들을 수 있었다. 감사하게도 그녀가 묵은 방갈로는 해변에서 꽤 떨어진 곳에 있어서 쓰나미의 첫 공격에 큰 타격을 입지 않았고 그녀와 친구들은 안전할 수 있었다.

얼마 후 마라는 전화를 받았다. 스리랑카로 가서 생존자들과 도움을 주기 위해 그곳에 있는 사람들을 상담해달라는 요청이었다. 마라는 임상신경심리학 박사 학위가 있고 다양한 사람들에게 트라우마 상담을 한 풍부한 경험이 있었기 때문이었다. 그녀가 떠나던 날 밤 우리는 '너와 나만을 위한 시간'으로 외식을 하러 나갔다. 한동안 떨어져 있어야 할 때 하는 우리 나름의 전통이었다.

우리는 자리에 앉아서 와인을 주문하고 그녀의 여행에 대해 이야기하기 시작했다. 그녀가 잠시 멈추었다가 이렇게 말했다. "당신도 알겠지만 도움을 주러 갈 수 있게 돼서 너무 기뻐요. 하지만 당신이 좀 질투가 난 것처럼 느껴져요." 그녀는 왜 그렇게 느꼈을까? 스티븐이 "사람들을 돕는 일에 당신이 선발된 건 정말 대단한 일이에요"라고 말했을 때 어조에 약간 날카로운 기색이 서려 있었는지도 모르겠다. 어쩌면 스티븐이, 저녁 식사 전에 마라의 화려한 이력에 눌리는 듯한 기분일 때마다 꺼내드는 카드 중 하나를 썼기 때문일 수도 있다. "그래, 당신은 심리학자니까"라고 말이다. 하지만 저녁 식사 때 그는 이렇게 말했다. "아니, 아니에요. 질투하지 않아요. 당신이 잘 돼서 나도 정말 기뻐요." 그는 자신이 AND의 손아귀에 있다는 걸 깨닫지 못했다. 그는 마라의 일이 정말로 기뻤다. 그리고 한편으로는… 질투가 났다.

마라의 장점 중 하나는 자신이 옳음을 증명하려 하지 않는다는 점이다. 그녀는 그 문제에 매달리지 않고 아주 좋은 시간을 보냈다. 스티븐의 장점 중 하나는 사람들이 사려 깊은 피드백을 줄 때 진심으로 귀를 기울인다는 점이다. 그는 마라가 떠난 후 24시간 동안 그녀가 했던 말을 곰곰이 생각했다. 그는 어떤 깨달음을 얻었을까? '그래, 마라가 옳았어. 나는 질투가 났어.' 스티븐은 인정했다. 몇 년 전 그들은 오스트레일리아 숲 한가운데에서 동반 자살 현장을 우연히 발견한 후 트라우마 상담에 참여했다. 스티븐은 여러 가지 트라우마 상황에서 마라와 일을 하면서 그녀가 사용하는 과정, 특히 마음의 상처를 치유하는 데 초점을 맞춘 과정을 수년에 걸쳐서 함께 개발했다. 그러니 스티븐 마음속에 '왜 내게는 요청을 하지 않는 거지?'라는 질문이 생겨났던 것이다.

마라는 그날 저녁 모든 일을 적절히 해냈다. 그녀는 '누가 옳은 가?'에 초점을 맞추지 않고 '무엇이 옳은 일인가?'에 집중했다. 그녀는 완벽한 진실의 순간을 찾았다. 그 순간은 짐을 싸거나 택시를 타고 가는 시간이 아니라 그들이 긴장을 풀고 서로에게 집중하고 있는 시간이었다. 그녀는 통제하려고 하지 않고 스티븐에 대한 연민으로 그 주제에 접근했다. 스티븐의 성품을 발전시키는 데 도움을 주고 싶다는 진심 어린 바람을 갖고 있었고 씨앗을 뿌리는 방식으로 주제에 접근했다. 마라는 사랑에 기반해서 행동했고 스티븐은 그녀의 깊은 배려와 관심을 느낄 수 있었다. 그녀의 행동 덕분에 그는 안정감을 느끼고 진실을 인정할 수 있는 자유를 얻었으며 사과할 수 있는 겸손을 찾았다. 그녀는 스티븐이 자신의 성품을 성장시킬 수 있는 기회를 잡도록 도움으로써 관계에 긍정적인 영향을 주었다.

우리는 일을 하는 동안 상사, 코치, 부모가 발전과 연민의 마음 자세를 통해 다른 사람이 변혁을 이루는 데 도움을 주는 모습을 수없이 봐왔다. 4장에서 만난 아버지가 수학에 대한 엄청난 두려움을 갖고 있는 딸을 코칭해서 A를 받는 학생으로 만든 경우가 그랬고, 팀의 리더가 팀원을 코칭해서 품위와 자존감을 지키며, 자신감을 가지고 조직을 떠날 수 있게 한 경우가 그랬다.

인정하자. 누군가를 발전시키기 위해 그 사람을 코칭하거나 그 사람에게 개선을 위한 피드백을 주는 것은 인생에서 우리가 하는 일 중에 가장 어려운 일이다. 우리는 다른 사람의 기분을 상하게 하는 것, 자신감을 꺾는 것, 그들이 처한 상황을 악화시키는 것을 두려워한다. 그들이 장차 보여줄 반응(분노, 눈물, 심지어는 법률적 조치)을 걱정한다. 그런데 아이러니하게도 대부분의 사람들은 코칭을 받고 싶어 한다. 누군가 자신을 믿어주고 자신의 발전을 위한 길을 함께 걸어주길 원한다.

나와 상대를 함께 성장시키는 코칭

발전과 연민, 이 두 행동은 마음유형분석 모델에서 나란히 자리한다. 다른 사람을 발전시키는 가장 효과적인 방법은 연민의 마음을 가지고 그들을 잘 파악하고 그들에게 가장 효과적인 방식으로 관계를 맺어서 그들의 성장을 돕는 것이다.

발전의 행동은 성장형 사고방식과 공통점이 대단히 많다. 성장형 사고방식(growth mindset)이란 스탠퍼드대학의 심리학 교수인 캐럴 드웩(Carol Dweck)이 만든 용어다. 발전의 행동은 다른 사람들이 내면의 지적 능력, 사회적 자질, 성품을 성장시킬 수 있다고 믿도록 격려하는 것이다. 뛰어난 운동선수들은 이미 최고의 기량을 가졌으면서도 여전히 코치를 둔다. 그들은 성장형 사고방식을 갖고 있다. 이를 우리는 '성품 코칭(character coaching)'이라고 부른다. 누군가를 코칭하는 데에도, 코칭을 받는 데에도 성품이 필요하다. 누군가에게 관심이 있고, 그 사람을 사랑하고 믿으며, 최선의 모습이 되는 것을 보고자 한다면, 그들의 발전을 돕고 싶은 생각이 들지 않을 수 없다.

마라가 스티븐에게 그랬듯이 말이다.

연민은 객관적인 사랑이다. 연민은 비효과적이거나 부정적인 행동을 용납하는 것이 아니다. 연민은 그런 행동에 찬성하거나 그런 행동이 괜찮다거나 옳다고 말하는 것을 의미하지 않는다. 진정한 연민의 마음은 사람들의 행동을 판단 없이 관찰하고, 그 후에 그 행동 너머의 마음을 들여다보고, 스스로 '저 사람에게 무슨 일이 일어나고 있는 걸까? 저 사람에게 무슨 일이 일어났던 걸까?'라는 질문을 던지는 일이다. 사람 전체를 보도록 노력해야 하고, 사람들을 볼 때는 그들이 AND임을 이해해야 한다. 연민은 "나는 사람이 근본적으로 선하며, 좋은 의도를 가지고 있고, 그들의 BTL 행동은 그들의 진짜 모습이 아니라고 믿는다. BTL 행동은 무엇인가로부터 자신을 보호하기 위한 대응 전략이다. 그렇다면 그 무엇은 무엇일까?"라고 말할 수 있는 태도다. 연민의 힘을 얻으려면 성품의 힘이 필요하다. 성품의 발전이 부족할수록 비판적 태도가 강해지기 때문이다.

객관적인 사랑을 하고 싶다면 심리학자처럼 생각하는 것이 도움이 된다. 심리학자들이 배우는 것 중 하나는 '발전과 연민의 마음이 함께하는 듣기 기술'을 여과 장치로 사용하는 것이다. 당신이 상담을 하고 있다고 생각해보자. 내담자가 들어와 사건의 특정한 상태에 대해서 이야기한다. 이 첫 대화에서 당신은 그 사람이 누구인지 감지하기 위해 노력하는 한편으로 큰 그림을 그리는 데 도움이 되는 실마리들을 들으려고 귀를 기울인다. 그 사람이 말하지 않은 부분, 일들 사이의 간극을 가능한 한 많이 채우려 할 것이다. 심리학자인 마라는 이를 퍼즐처럼 생각한다. 머릿속에서 그녀는 일련의 퍼즐 조각들을 보고 있다. 큰 그림을 완성하기 위해서는 실마리를 잘 끼워 맞춰야 한다.

당신도 자리에 앉아서 객관적인 듣기를 하라. 상대의 문제에 공감할 뿐 아니라 다른 조각들이 사안에 대한 그들의 인식에 어떤 기여를 했는지, 따라서 어떤 정보를 모아서 이 사람에 대한 전체적인 그림을 그릴 수 있을지 알아내기 위해 노력하라. 객관적 듣기란 객관적인 진실을 찾아서 그들의 (주관적인) 진실 안에 객관적인 진실이 어떻게 존재하는지 이해하고, 간극이 어디에 있는지 파악해서 연민과 관심으로 그 간극들을 메우는 데 도움을 주는 일이다.

'연민'이라는 단어는 '함께 고통을 느끼는'이라는 의미의 라틴어 'com pati'에서 유래했다. 감정을 연구하는 사람들은 연민을 다른 사람의 괴로움을 직면할 때 생기는 감정이자 그 괴로움을 덜어주려는 의욕을 느낄 때 생기는 감정으로 정의한다. 괴로움을 덜어주려는 이런 의욕 덕분에 연민은 단순히 따뜻하고 친절한 감정을 넘어서서 돕기 위해서 실제로 무언가 조치를 취하는 일로 이어진다.

진실하고 현명하게 성장을 돕는 법

코칭과 개발이 효과를 보려면 진실성과 지혜라는 두 가지 열쇠를 기억해야 한다. 진실성 없는 방법을 사용하거나, 코칭하는 장소와 시점이 현명하지 못하면, 코칭은 효과를 발휘하지 못한다. 진실하고 동시에 현명해야만 사람들이 당신을 직접적이고 도전적이지만 지원을 아끼지 않는, 효과적이고 정성스러운 코치로 신뢰하게 될 것이다. 이런 정도의 신뢰를 얻기 위해서는 시간이 필요하다. 9장에서 설명했듯이 상대와 연결되고 상대를 격려하면서 '감정이라는 은행 계좌에 많은 예금'을 해야만 한다.

사람들을 계발하는 일에는 모두에게 맞는 단일한 과정이 존재하지 않는다. 작고 일상적인 즉각적 피드백, 당면한 상황에 몰두하는 코칭, 한 달에 한 번씩 갖는 점검 시간, '극적인' 코칭의 순간에 이르기까지 대단히 다양한 맥락에서 코칭이 이루어진다. 정해진 규칙이나 지름길은 없다. 필요에 따라 어떤 사고방식을 선택하느냐는 전적으로 당신의 몫이다.

여기 성품 코칭을 익히는 데 도움이 되는 다섯 가지 조언이 있다.

1. 상대가 진실해질 수 있을 때를 기다려라

설익은 녹색 호두를 깨뜨려서 열어보려 한 적이 있는가? 단단한 겉껍질이 꼼짝도 하지 않는다. 그렇다고 망치를 사용하면 자칫 호두를 완전히 으깨버릴 수도 있다. 하지만 익었을 때는 손으로 쉽게 열어서 알맹이를 얻을 수 있다. 연민이 있더라도 진실의 순간에 이를 때까지는, 즉 그 사람의 마음이 숙성되어서 당신의 말을 받아들이기 전에는 그를 발전시킬 수 없다. 이는 이 장을 시작하면서 이야기했던, 질투로 씨름하던 우리 두 사람의 모습을 통해서도 알 수 있다. 때로는 연결과 격려의 행동으로 의미 있는 연결을 만들면서 '진실의 순간(moment of truth, MOT)'을 구축해야 한다. 하지만 일단 그렇게 했더라도 최고의 MOT을 찾는 데에는 생각이 필요하다.

상대를 발전시킨다는 것은 기회를 찾고, 용기를 내고, 그 사람과 MOT를 만들어내는 일이다. 여기에는 자기 인식, 상대에 대한 인식, 행동 너머를 보는 일, 상대에게 일어나고 있는 어떤 일이 현재의 상황을 유발했는지 이해하려고 노력하는 일, 즉 $S + T = B$라는 막강한 조합과 연민을 그들에게 적용하는 일이 필요하다.

MOT에 이르는 가장 확실한 방법은 ETA, 즉 환경(environment), 타이밍(timing), 접근법(approach)을 이용하는 것이다. 한마디로, 주제를 꺼낼 적절한 때를 아는 지혜를 갖추라는 말이다.

환경

- 논의에 적합한 물리적 환경에 대해 생각해본다.
- 상대가 편안하고 안정적으로 느끼도록 하기 위해 필요한 것은 무엇일까? 다른 사람이 없는 곳이나, 방해받지 않는 조용한 개인 공간, 카페, 안락의자가 있는 방이나 술집일 수도 있다.
- 다른 사람의 요구를 감안해서 그들을 편안하게 만들기 위해 최선을 다해야 한다.

타이밍

- 피드백을 주는 데 가장 적절한 때는 언제인가? 지금 당장? 아니면 조금 기다려도 될까? 기다려야 한다면 그 이유는 무엇인가?

- 상대의 스케줄을 파악해서 적절한 시간을 찾는다. 회의들 사이나 마감이 가까웠을 때 끼어들어가지 않도록 한다.
- 마찬가지로 당신 역시 여유가 있어야 한다. 당신이 스케줄 때문에 서두르지 않아도 될 때가 언제인지 생각해본다.

접근법

- 상대에게 가장 적합한 첫 접근법은 무엇일까? 편하게 "시간 좀 있어?"라고 말하는 게 좋을지 아니면 좀 더 직접적으로 "내가 피드백을 좀 줘도 될까?/내 생각을 좀 말해줘도 될까?"라고 말하는 게 좋을지 생각해본다.
- 어떤 접근법을 선택하든 상대가 어떤 사람인지, 그들이 편하게 느끼는 가장 적절한 방법이 무엇인지 생각하는 연민의 마음이 바탕이 되어야 한다.
- 어조에 유념한다. 불만이 가득한 목소리는 두려움을 자아낸다.

2. 상대가 하는 행동의 의도를 찾아라

맥스를 처음 만났을 때, 그는 대단히 냉소적이고 매우 배타적이었다. 그의 조직에서 그는 매 단계의 모든 아이디어에 맞서는 사람으로 인식되고 있었다. 리더십팀의 동료들조차 그의 날카로운 냉소를 몹시 두려워했다. 맥스의 행동은 부정적으로 해석하지 않기가 매우 힘들었다. 우리와 함께한 프로그램에서 맥스에게 "그런 행동을 하는 목적은 무엇입니까?"라고 질문하기 전에는 말이다. 맥스는 그와 동료들의 관계에서 모든 것을 변화시킬 엄청난 말을 했다. "제가 냉소적인 건 애정을 갖고 있기 때문입니다. 저는 우리 회사에 나쁜 일이 일어나지 않기를 바랍니다." 그는 사업에 뭔가 해로운 면이 있을 경우를 대비해서 모든 것을 비판적으로 평가하자는 의도를 갖고 있었다. 그렇게 말하자 사람들은 그를 매우 다른 시각에서 보게 되었다. 그의 진짜 의도는 강한 충성심과 보호 욕구였다. 다만 그 의도가 두려움에 묶여 있었기 때문에 BTL로 나타났을 뿐이다.

BTL 행동의 목적과 의도를 찾아내면 어느 정도 서로 공유하는 의미를 찾을 수 있다. 이 경우, 공유하는 의미는 팀 전체가 열정적으로 회사에 헌신하고 있고 모두가 그에 대해 관심을 갖고 있다는 것이었다. 다른 팀원들이 맥스의 의도를 깨닫고 그의 BTL 행동을 이해하자, 상황은 극적으로 바뀌었다. 맥스는 냉소적이고 지배적인 어조를 바꾸고 다른 사람들의 피드백을 받아들이는 데 전념했다. 그는 "내가 긍정적으로 말할 수 있게 도와줘"라는 메시지에 의존했다. 요즘 그는 아주 다른 사람이 되었다. 자신의 노력으로 효과적인 CEO가 된 것이다. 인식은 그 어떤 것보다 중요하다!

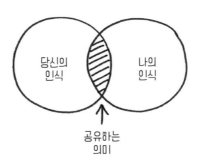

사람을 발전시키고 피드백을 활용하고자 할 때 가장 강력한 단어는 '인식'이다. 인식이 판단을 없애기 때문이다. 사람들과 모인 자리에서 "이 문제에 대한 우리의 인식을 공유해봅시다. 이 부분에서 당신의 의도는 무엇인가요? 당신이 왜 그렇게 생각하는지 이해할 수 있도록 도와주실 수 있나요? 의견을 일치시켜서 한마음으로 노력해봅시다. 당신의 관점을 설명해주시면 저도 제 관점을 말씀드리겠습니다. 한번 우리가 공유하는 의미를 찾아보도록 합시다"라고 말해보자.

인식을 이용하면 피드백의 효과를 높일 수 있다. 본보기를 제시함으로써 주제를 구체화시키고 "제 생각에는…"이라는 말을 사용해서 상대가 편안히 피드백을 받아들이고 자신의 의도를 얘기하도록 해준다. 그렇게 하면 어떤 일이 일어날까? 인식의 층을 벗겨내고 그 안의 공유하는 의미에 이를 수 있다.

처음에 부정적으로 본 상황이나 사람으로부터 긍정적인 진실을 찾아내는 건 대단한 일이다. 당신이 매달렸던 판단을 버리고 연민쪽으로 더 나아가기로 선택했기 때문이다. 당신은 자신의 관점을 내려놓을 기회를 잡았다. 상대에게 공감하기 위해서 판단을 포기한 것이다.

지금은 상대가 보여주는 행동에 대해서 생각하기를 멈추고 대신그의 의도가 무엇일까 생각해봐야 하는 순간이다. 직장에서 공동 프로젝트에 열정적으로 임하고 있는 두 사람의 경우라면, 늘 뾰족했던 서로의 사이에 변화를 줘야 한다는 이야기다. 이때 공동 프로젝트는 두 사람이 공유하는 의미다. 두 사람이 함께 노력하고 있는 공통의 사실을 토대로 삼아 효과적인 결과를 얻어내보자.

가정에서라면 집안을 깨끗이 하기 위해 각자가 얼마나 노력했는지를 두고 언쟁을 벌이는 데에서 한발 물러서보자. 당신이 한 일과 내가 한 일보다 집과 두 사람의 관계에 더 관심이 있다면, 누가 무엇을 했고 하지 않았는지에 대한 의견 충돌을 그만두고 당신들이 공유하는 의미인 집과 관계로 돌아갈 수 있다. 이것은 ATL로 가는 중요한 단계다.

3. 사람을 행동으로부터 분리하라

이 원리는 《인생을 단순화하라(The One Minute Manager)》라는 책에 처음 등장했다. 오래전에 나온 이야기지만 여기에서 다시 언급할 만한 큰 가치를 지녔다. 연민을 효과적으로 이용하려면 사람을 행동으로부터 분리하고 두 사람이 공유하는 의미를 찾는 일이 중요하다. 이렇게 대화를 시작해보라. "난 팀원으로서의 자네와 자네가 하는 일을 소중하게 생각하네, 그런데…", "우리 아들 사랑해. 정말 멋진 게임이었어. 그런데…", "여보, 당신이 어떤 일을 하든 사랑해요. 그런데…."

의학연구소의 선임연구원인 네이트는 직장 내 충돌을 해결할 때마다 떠올리는 조언이 있다. 고등학교 시절 축구 코치로부터 들었던 단 네 개의 단어로 이루어진 조언이다. "사람이 아니라 공을 차라." 축구에서 밀치거나 차는 식으로 상대 선수를 공격하면 페널티를 받는다. 어쩌면 사람을 다치게 할 수도 있으니까. 공을 뒤쫓아라. 공이 당신의 진짜 표적이다. 동료가 마감 시한을 넘기거나 다른 팀원의 공을 가로채거나 이의 제기가 필요한 행동을 할 때면, 네이트는 이 조언을 생각했다. 그들이 어떤 사람인지에 대해서가 아니라 그들이 하는 일(행동)에 대해 이야기하며 코칭을 해야 한다. "자네는 항상 마감을 지키지 못하는군"이 아니라 "이 보고서는 정시에 제출해야 합니다"라고 말해야 하는 것이다.

다른 사람의 기분을 상하게 하고 싶은 사람은 없다. 다들 알다시피, 사람들이 어떤 일에 열의를 가지고 있을 때는 피드백을 기분 나쁘게 받아들일 수 있다. 코칭을 기쁘게 받아들이게 만들기란 대단히 힘든 일이다. 상대를 존중하고 상대를 위해서 코칭을 한다고 아무리 강조해도 상황은 크게 달라지지 않는다. 누군가를 코칭할 때는 그들에게 생각해볼 시간을 주는 게 좋다. 하룻밤이나 이틀 밤(때로는 1주일이나 2주일) 동안 그 피드백에 대해 숙고하게 한 뒤에 연민 어린 후속 코칭을 이어가는 것이다.

　계발에 있어서 효과적이라는 말은 이의를 제기하는 일을 불편하거나 어색하게 받아들이지 않는 것, 그리고 이의를 제기할 때는 사람이 아닌 사안에 집중하는 것을 의미한다. 이는 사람들이 어떤 일을 해낼 능력이 있는지 파악하고 그들이 최선의 자기 모습을 향해서 나아가는 데 도움을 주는 사람이 되어주는 것을 의미한다. 차이와 충돌을 건설적인 방식으로 다루는 일을 편안하게 받아들이고 잘할 수 있어야 진정성 있는 격려와 피드백을 적절히 제공할 수 있다.

이는 사려 깊고 현명한 태도를 갖는 일, 효과적인 피드백을 제공하기 전에 '진실의 순간'이 오기를 기다리는 일이다. 또한 학습의 매 단계가 축하받아 마땅한 가치를 지니며 실수는 개선을 위한 기회일 뿐임을 상대에게 일깨워주는 일이다.

4. 코칭을 위해 '5C'를 체크하라

우리는 마음 + 양식, 두 가지 면에서 계발 영역들을 구분하는 데 도움을 주는 코칭의 5C 체크리스트를 고안했다. 이 리스트를 처음에는 월별로, 다음에는 분기별로, 다음에는 반년마다 이용하고 이후 관계가 정말로 견고해지면 이 과정을 생략해도 좋다. 팀원들에게 이 서류를 작성하게 한 뒤 사랑과 연민의 마음으로 그에 대해 논의하자.

1. 성품(Character): 성품의 성장

   마음유형분석지표와 행동으로 판단했을 때 이 사람에게는 무슨 일이 일어나고 있는가? 그는 ATL 성품을 키우고, 마음속의 황금을 성장시키기 위해 적극적으로 노력하고 있는가? 어떻게 하면 그가 자신감을 키우는 데 도움을 줄 수 있을까?

2. 명확성(Clarity): 역할의 명확성

   이 사람은 자신의 역할, 책임, 기대에 대해 명확히 알고 있는가? 그는 자신의 역할을 효과적으로 수행하는 데 필요한 관련 정보를 갖고 있는가? 어떻게 하면 보다 명확하게 정의하는 데 도움을 줄 수 있을까?

3. 역량(Competency): 기술 구축

이 사람은 자신의 역할을 효과적으로 수행하는 데 필요한 기술을 갖추고 있는가? 그에게 필요한 교육은 어떤 것인가? 이 사람이 필요한 노하우를 얻는 데 어떤 도움을 줄 수 있을까?

4. 연결(Connection): 팀 플레이어

이 사람은 다른 사람들과 연결되어 있는가? 팀의 일원인가? 사람들을 존중하는가? 실적을 관리하고 있는가? 그는 고객과 연결되어 있는가? 그렇게 하기 위해 전력을 다하는가? 그가 다른 사람들과의 관계가 가져다주는 혜택을 이해하도록 하는 데 어떤 도움을 줄 수 있을까?

5. 헌신(Commitment): 열의

자신이 하는 일, 회사, 브랜드에 대한 참여도는 어느 정도인가? 어떻게 하면 일에 더 집중하고 열의를 갖도록 도울 수 있을까?

5. 'COACH' 과정을 믿고 의지하라

인생에는 리더, 부모, 배우자, 친구로서 상대와 마주 앉아서 마음을 터놓아야 할 때가 있다.

영국에서는 축구가 대단히 인기 있는 스포츠다. 7살 때 대니얼은 지역 내에서 상당히 경쟁력이 있는 축구팀에서 뛰게 되었다. 훈련을 받지 않았는데도 타고난 재능이 확연히 눈에 띄었다. 함께 뛰어본 적도 없었던 팀인데 첫 시즌에 21게임 모두에서 승리를 차지했다. 대니얼은 많은 득점을 올렸다. 이제 우승은 당연한 일이 되었다. 결승전까지 이런 상황이 이어졌다.

결승전에서 그들은 실력이 뛰어난 팀과 만났다. 상대팀은 오랫동안 함께 운동을 해온 데다 지난 2년 연속으로 우승컵을 얻어낸 전적을 갖고 있었다. 대니얼의 팀은 그 팀에 7:1로 패했다. 팀의 첫 패배였고, 대니얼로서도 승리하지 못한 첫 경험이었다. 그는 그런 감정에 익숙하지 못했고 대응할 능력이 없었다. 그는 물병을 내던지며 같은 팀 선수들에게 소리를 쳤고 엄마에게 가서 자신의 재킷을 내던졌다. 엄마 하이디를 가장 화나게 한 것은 대니얼이 악수를 나누러 온 자기 팀과 상대팀 선수, 상대팀 코치를 외면한 일이었다.

하이디는 이렇게 말했다. "아이 때문에 큰 충격을 받았고 실망도 했죠. 하지만 지금이 대니얼에게 자신의 성품을 개발할 기회일 뿐 아니라 우리 부모들도 그의 성품 개발을 어떻게 도와야 할지 배울 기회임을 깨닫게 되었습니다." 하이디는 회상했다. "제 마음속에도 오랫동안 숨겨두었던 마음의 틀이 있다는 게 갑자기 떠올랐습니다. 중학교 1학년 때의 일이었습니다. 저는 네트볼 팀 주장이었어요. 우리 팀은 실력이 출중했고 대회에서 다른 학교를 모두 물리쳤습니다. 그해의 마지막 게임을 앞두고 우리 팀은 우승컵을 얻어낼 것이란 기대를 받고 있었죠. 모든 것이 그 게임에 달려 있었습니다. 상황은 1 : 0이 되었다가 다음에는 2 : 0이 되었어요. 최종 점수는 기억이 나지 않지만 점점 화가 나고 당황했던 것이 생각납니다. 경기에서 지고 코트에서 나온 저는 엄마에게 소리를 질렀어요. 팀원들을 탓했고 형편없는 모습을 보여주었습니다. 그리고 다시는 네트볼을 하지 않겠다고 다짐했습니다."

하이디는 이제 36살이 되었다. 그녀는 이렇게 말했다. "정원에서 아들과 공을 차면서 경기장에서의 아이 행동에 대해 이야기할 때까지 저는 그 기억을 완전히 잊고 있었어요. 저는 대니얼에게 둘 중 하나를 선택하라고 말했죠. 첫째, 이런 감정에 어떻게 대처하는지를 배워서 네가 운동을 더 잘하는 데 이용한다. 둘째, 이런 좌절과 분노의 감정들이 게임에 영향을 주도록 놓아둔다." 우리는 대니얼이 화가 나고 좌절감을 느낄 때에도 S + T = B를 쉽게 기억할 수 있도록 간단한 문장을 만들었다. "냉정을 잃으면 경기도 잃는다. 냉정을 지키면 게임도 지킨다."

최근 그는 결승전에서 우승컵을 내주었던 바로 그 팀과 다시 경기를 하게 되었다. 1:1 무승부였다. 대니얼의 차이는 확연히 드러났다. 그는 "엄마! 우리가 훨씬 나아진 거 보셨죠?"라고 말했다. 그리고 모든 선수들과 악수를 나눴다. 하이디에게도 대니얼에게도 매우 특별한 순간이었다.

하이디는 아들을 솔직하게 대했으며 그가 어떤 상황에 있고, 그의 BTL 행동을 이끈 것은 무엇인지 연민의 마음으로 이해했기 때문에 적절히 코칭할 수 있었다. 자신의 경험과 행동을 떠올린 그녀는 MOT를 선택해서 자신의 경험과 그 결과를 아들에게 들려주고 그에게 어떻게 행동하고 싶은지를 물었다. 또한 그녀는 부정적인 감정들이 생길 때 떠올릴 수 있는 문장을 아이가 쉽게 이해할 수 있도록 만드는 데 도움을 주었다. 대니얼은 어린 소년인데도 경쟁적인 승리 대신에 개인의 가장 좋은 모습에 집중하고 그 부분을 발전시키는 선택을 했다.

COACH 과정

연결한다 (Connect)	당신이 맺고 있는 관계에 집중한다. 당신이 그들에게 원하는 것을 말하면서 사랑과 존중의 마음으로 연결을 시도한다. 이 시점에 MOT와 ETA를 찾으면 안정적인 환경을 만드는 데 도움이 된다. • 잠깐 얘기 좀 할 수 있을까요? 피드백을 좀 드려도 될까요? 당신에게 도움이 될 수 있는 몇 가지 일을 알아냈습니다. 그에 대해 이야기를 할 수 있을까요? • 당신의 개인 성장 계획을 검토해봅시다. • 마음유형분석지표의 개인별 성장 지침을 검토해봅시다.
마음을 연다 (Open Up)	상대의 관점을 파악하기 위한 질문을 하고 그 상황에 대한 사실들을 모은다. 행동을 보지 말고 그 문제의 핵심을 봐야 한다는 점을 기억한다. • 오늘 무엇을 얻어 가고 싶습니까? • 당신에게 지금 무슨 일이 일어나고 있습니까? …에 대한 당신의 인식은 어떤 것입니까? 제가 이해할 수 있도록 도와주세요. 이 상황의 배경에 대해 좀 더 알고 싶습니다. • 어떤 상황 또는 트리거가 당신으로 하여금 …하게 합니까?(ATL과 BTL 탐구) • 마음유형분석지표 개인별 성장 지침을 통한 코칭일 경우: 해당 지침을 보고 놀란 점이 있다면 무엇입니까? 동의한 부분이 있다면 무엇입니까? 당신의 의견과 다른 부분이 있다면 무엇입니까?

가치를 더한다 **(Add Value)**	당신의 인식을 밝힌다. 정직하고, 진정성 있는 연민의 태도로 사실에 근거한다. • 완전히 빗나간 추측일지 모르겠지만/제 관점일 뿐인데, 저는 그 일을 이렇게 보고 있습니다. 그 일이 일어날 때 저는 …라는 걸 알아차렸습니다. 그 일은 제게 …한 느낌을 갖게 했습니다. 그 일은 다른 사람들로 하여금 …한 느낌을 갖게 했습니다. 팀은 그 일은 …로 받아들입니다. 그 일은 팀으로 하여금 …한 느낌을 갖게 했습니다. 고객에 대한 영향은 …입니다. • 제가 보기에는 …같습니다. 당신에게도 그렇습니까? 이것은 진실입니까 아니면 당신의 진실입니까? • 당신은 지치고, 피곤하고, 불만스럽고, 진이 빠졌습니까? 당신은 어떤 대가를 치르고 있습니까?
이해를 확인한다 **(Check Under-** **standing)**	공유하는 의미, 뜻을 같이하는 부분을 찾는다. • 당신은 어떻게 이해했습니까? • 저는 …라고 이해했습니다. • 우리가 공유하는 의미를 어디에서 찾을 수 있습니까?
앞을 향한다 **(Head Forward)**	두 사람이 함께, 특정한 조치나 지원을 통해 진전할 방법을 결정한다. 필요하다면, 코치로서 그들의 발전을 위한 명확한 제안/해법을 내놓는다. • 우리가 논의한 내용을 기반으로 함께 해법을 만들어봅시다. 당신은 어떤 아이디어를 갖고 있습니까? 중단하거나 시작하거나 계속할 수 있는 것은 무엇입니까? 당신이 제 입장에 있다면 무엇을 하겠습니까? 어떻게 하면 같은 결과를 ATL 방식으로 얻을 수 있을까요? • 당신의 진전을 제가 어떻게 도울 수 있을까요? 성공을 위해서 다른 사람이 해줬으면 하는 지원이 있다면 무엇입니까? 아마도 …를 고려해볼 수 있을 것입니다. • 당신이 성공했는지 어떻게 판단할 생각입니까? 제가 당신에게 책임을 묻고 후속 조치를 취하기를 바랍니까? 그렇다면 어떤 방식을 원합니까?

중요한 성품 코칭 상황에서는 COACH 과정을 믿고 의지하도록 하라. COACH는 겸손과 사랑의 마음을 가지고 관계 안에서 실행해야 한다. 앞 쪽에 작업 체계를 만들어줄 개념적 지침을 소개했다.

COACH는 이성적인 취조가 아니라 주고받는 대화의 흐름(마음을 통한 연결)이다. 자녀나 배우자에게 COACH를 이용할 때에는 어떻게 해야 적절히 연결을 형성할 수 있을까? 확실히 해둘 부분이 있다. 우리가 말한 그대로를 따르라는 게 아니다. 그 원리를 이용하라고 말하고 있는 것이다! 직장에서 사용하는 단어나 말투와 집에서 사용하는 단어나 말투는 어떻게 다른가? "잠깐 얘기 좀 나눌까?"라는 접근법은 직장 동료에게는 효과가 있을지 몰라도 13살인 자녀에게는 통하지 않을 것이다. 여기에서 환경 · 타이밍 · 접근법을 고려하는 ETA가 도움이 된다.

때로는 놓아주는 게 성장시키는 일이다

연민은 누군가를 지키는 일만이 아니라 누군가를 놓아주는 일이 될수도 있다. 잘못된 직분을 맡고 있을 때면 사람들은 역기능을 일으키기도 한다. 어떤 일을 맡았으나 그 일을 할 준비가 되어 있지 않거나 일에 변화가 생기는 경우, 사람들이 자신의 역량을 넘어서는 자리로 승진되는 경우가 그렇다. 이를 피터의 원리(Peter Principle)라고 한다. 사람들은 승진을 원하고 우리는 기회를 주지만 기회가 그들에게 너무 과분할 때가 있다. 성과를 관리하기 위해서 누군가를 회사 밖으로 내보내야 하는 경우라면 연민을 어떤 식으로 발전시켜야 할까? 어떻게 하면 누군가를 효과적으로 해고하고 그들이 다음 인생을 원만하게 이어가도록 해줄 수 있을까?

우리는 이 일을 잘 해내는 기술이 근본적으로 존중과 사랑에 뿌리를 두고 있다고 믿는다. 당신이 상대에게 어떤 게 가장 이로울지 마음에 두고 있을 때라면 상대도 이를 감지한다. 당신이 그를 해고할 때라도 말이다.

우리는 문자 메시지나 이메일을 통해서 또는 직접 대면을 통해서이긴 하지만 전혀 적절치 못한 방식으로 해고를 당한 많은 사람의 이야기를 접했다. 무엇이 그 일을 효과적으로 하지 못하게 막았을까? 두려움이다. 거부에 대한 두려움, 누군가를 거부하는 데 대한 두려움, 누군가에게 상처를 주는 일의 두려움, 사업에 미칠 영향에 대한 두려움이다. 이 때문에 우리는 질질 끌면서 기다린다. 때로는 이런 지연이 예상보다 더 큰 대가(감정적 에너지, 금전적 비용, 문화적 비용)를 치르게 한다.

캐서린은 온라인 실내장식용품 업체의 CEO로 새롭게 임명되었다. 업계 내 경력이 전무한 상태로 CEO 자리에 앉았지만, 첫 6개월 동안 그녀는 가파른 학습 곡선을 그리며 일을 배워나갔다. 그러나 캐서린은 핵심 경영진인 앨버트와 끊임없이 불화를 빚었다. 앨버트는 그 회사에 오랫동안 몸담은 사람이었다. 그녀는 그들이 단순히 잘 맞지 않는 게 아니란 느낌을 받았다. 그리고 그의 작업 방식이 그다지 효과적이지 않음을 발견했다. 결국 앨버트를 발전시키거나 회사에서 내보낼 절차를 거칠 의도로 CPO와의 만남을 청했다. CPO는 현명하게도 상황을 철저히 조사하고 캐서린과 앨버트 두 사람을 모두 만나 그들의 관점을 파악했다. CPO는 캐서린이 서로 맞지 않는다는 이유로 앨버트와의 상호작용을 피했으며 앨버트의 팀에서 잘못된 일이 발견되기만 하면 불같이 화를 냈음을 발견했다. 앨버트는 온라인 소매업계에서 오랜 경력을 쌓았고 그 분야에서 상당한 전문 지식을 갖추고 있었다. 이에 캐서린은 자신의 기술적 지식에 대해 불안을 느꼈고 두려움의 반응을 이끌어냈다. 반면 앨버트는 캐서린에게서 위협을 느꼈다. 이전 조직에서 쌓은 그녀의 광범위한 경험과 뛰어난 조건, '원하는 것은 반드시 얻어낸다'는 리더십 스타일에 열등감을 느꼈기 때문이다.

CPO는 캐서린에게 일련의 계획을 코칭했다. 앨버트와 함께 두 사람의 관계와 그의 기능적 역량에 대해 건설적으로 소통할 수 있도록 하기 위해서였다. 이 간단한 계획은 우선 두 사람 사이에 공유하는 의미를 찾고, 함께 자신들의 관점을 공유하면서 좀 더 나은 단계의 커뮤니케이션에 이르고, 이를 기반으로 관계를 구축해 사안을 해결해나가도록 구성되어 있었다.

캐서린은 앨버트와 가진 첫 만남에서 그와 괄목할 만한 대화를 가졌다. 두 사람은 자신들이 공유하는 의미가 회사에 대한 열정이라는 데 뜻을 같이했다. 각자가 다른 관점으로, 즉 앨버트는 다년간의 경험을 통해서, 캐서린은 일련의 새로운 시점과 다른 업계에서의 아이디어를 통해서 일에 임하고 있음을 인정했다. 함께 공유하는 의미가 둘 사이의 부정적인 분위기를 완화시키면서, 앨버트는 자신이 해고될까봐 겁을 먹었다고 털어놓았다. 일자리를 잃는다는 두려움에 사로잡혀 캐서린을 피했고 집에서는 부인과도 문제가 있었다. 그는 집안 문제 때문에 정신을 빼앗겨서 최선의 모습을 보이지 못했음을 인정했다. 캐서린은 그를 마음 졸이게 만드는 건 자신의 의도가 아니라고 말해주었다. 그녀는 단지 회사에서 무슨 일이 일어나고 있는지 알고 싶었고 그가 좋은 결정을 하도록 도울 수 있기를 바랐다고 이야기했다.

이 만남 덕에 앨버트에 대한 캐서린의 마음은 풀어졌고 그에게 지속되던 문제를 다룰 때에도 연민을 갖고 그를 대할 수 있었다. 캐서린은 CPO에게 말했다. "나는 누구도 나를 두려워하기를 원치 않아요. 매일 직장을 잃을까봐 겁을 내는 것도 원치 않고요." 앨버트역시 가정 문제가 그에게 맡겨진 유일한 문제가 아님을 깨달았다. 사실 새로운 기술 시스템의 도입이 몹시 늦어지고 있었고 그로 인한 스트레스를 집으로 가져가서 아내에게 풀고 있었다.

상황의 진전을 위해 두 사람은 일주일에 한 번씩 반드시 얼굴을 보고 지난 한 주의 일을 검토한 뒤 다음 주의 계획을 세우기로 결정했다. 그들은 잘되고 있는 일은 무엇인지, 어떤 문제에 주의해야 하는지, 한 주 동안 어떤 식으로 협력해서 문제를 해결할 것인지를 논의했다. 앨버트가 의제를 감독하기로 정했다. 이렇게 함으로써 캐서린은 무슨 문제를 다루어야 할지 파악해야 한다는 부담을 덜 수 있었고 앨버트는 두 사람의 상호작용에서 리더 역할을 맡을 수 있었다. 둘째, 어떤 문제가 생겼을 경우, 캐서린은 조치를 취하기 전에 우선 앨버트에게 연락을 취해서 그와 문제에 대해 알아보기로 했다. 그녀는 이런 방식을 통해 상황을 명확하게 파악하고 있다는 확신을 얻은 후에야 앨버트에게 질문을 했다. "당신에게 무슨 일이 생기고 있는 겁니까? 이 상황의 뿌리에 무엇이 있다고 생각하십니까?"

결국 앨버트는 회사를 나갔다. 그와 캐서린은 서로에 대한 존중을 키웠다. 두 사람은 서로 마음속에만 담아둬 둘 사이에서 큰 문제를 일으키고 있던 몇몇 사안들에 대해서 인식하게 되었다. 더 중요한 것은 그들이 서로를 피하고 싶은 욕구를 극복하면서 나름의 체제를 만들고 협력 관계를 구축하기 위해 노력했다는 점이다. 앨버트는 효과적인 인수인계 계획을 세우고 캐서린이 자신의 자리를 잇도록 도우면서 회사 일을 잘 마무리할 수 있었다. 캐서린은 단순히 상대에게 반응하기보다 공유하는 의미를 찾고 그 사람 행동의 핵심을 파악하는 일이 얼마나 중요하지 배웠다. 이 직장을 떠나면서 앨버트의 삶은 더 나아졌다. 그는 자신의 역량에 잘 맞는 역할을 찾아냈다. 덕분에 스트레스가 줄어들었으며 결혼 생활에도 긍정적인 영향을 미쳤다.

타인을 함부로 판단하지 않는 힘

연민은 때로 오해를 받는다. 연민을 "나는 모두를 사랑해요"라는 식의 약하고 줏대 없는 태도로 생각하는 것이다. ATL 양식을 마음유형분석의 모델 안에서 다시 살펴보자. 맨 왼쪽에는 진정성이 있고 맨 오른쪽에는 연민이 있다. 이 두 양식은 다른 ATL 행동들이 제자리를 지킬 수 있게 지지해주는 ATL의 '북엔드'다. 진정성과 연민이 한 쌍으로 일할 때 우리는 적절한 경계를 설정하고, 판단하지 않고 주요한 진실을 이야기하는 겸손과 용기를 가질 수 있다.

표면적으로는 진정성과 연민의 공통점이 많지 않아 보일 수 있다. 그렇지만 다른 사람을 판단하지 않는다는 점에서 둘은 밀접한 연관이 있다. 자신에 대해 알고 자신을 내보이는 데 거리낌이 없고 진정성이 있는 사람들은 다른 사람들을 판단함으로써 자신의 자존감을 높이는 일을 하지 않는다. 연민이 있는 사람들은 다른 사람들의 표면적 행동을 보기보다는 무엇이 그들의 삶을 형성했는지 파악하려 한다. 힘든 진실을 상대에게 이야기할 수 있으려면 진정성이 있어야 하고, 정보를 객관적으로 분별하고 상대를 멋대로 판단하지 않으려면 연민이 있어야 한다.

마라는 사회생활을 하면서 이 점을 알게 되었다. 그녀는 18년 동안 호주에서 살인 사건 재판의 법의학 신경심리학자이자 전문가 증인으로 일했다. 그녀가 하는 일은 공판 절차의 일환으로 심리를 기다리고 있는 피의자에 대한 신경심리학적 분석·평가를 하는 것이었다. 그녀는 상담 시간마다 엄청난 테스트 키트를 가지고 가야 했다. 두뇌를 분석하기 위해서는 퍼즐을 맞출 때처럼 '만약 이것이라면 저것. 저것이 아니라면 이것'이라는 판단 절차를 거쳐야 하기 때문이다. 매우 다양한 테스트를 구비해두고 대상자의 반응을 지켜봐야 한다. 그 사람의 반응에 따라 어떤 테스트가 필요한지 결정해야 하기 때문이다.

신경심리학적 분석·평가와 함께 그 사람을 임상적으로도 관찰해야 한다. '이 사람은 세 사람을 죽인 혐의를 받고 있어'라는 생각을 갖고 임해서는 안 된다. 명확성과 객관성에 영향을 주기 때문이다. 그런 생각에 사로잡혀 있다면 부정확한 결론을 끌어내거나 성급한 가정을 할 위험이 있다.

마라는 이렇게 말한다. "분석·평가는 연민의 일부입니다. 배경, 정상 참작 요인 등의 측면에서 이 사람의 전체적인 그림이 어떤 것인지 알아내려 노력하는 일입니다. 대상자에게 과도하게 동조하는 것과는 다릅니다. 그가 왜 이 지점에 이르렀는지, 그의 이력 때문인지 대뇌의 장애 때문인지 심리학적 문제 때문인지 파악해야 한다는 의미입니다. 하지만 그렇다고 해서 그를 가엾게 여긴다는 뜻은 아닙니다. 그런 식으로 일을 진행하지는 않습니다."

이것은 극단적인 예지만, 우리가 일상적으로 하는 일에도 비슷한 원리가 적용된다. 행동을 꼭 용납하지 않아도 그 사람을 용서할 수 있는 이유가 여기에 있다. 연민을 바탕으로 움직일 때, 거기에는 자신에 대해, 이 사람과의 관계에서 자신에 대해, 그들 인생의 큰 배경에서 이 사람에 대해 객관성을 부여하는 진정성의 조각이 있다. 그런 식으로 당신은 이 사람과 어떻게 가장 효과적인 상호작용을 가질지 파악할 수 있다. 그들과의 지나친 동일시를 의미하지는 않는다. 배경을 알기 때문에 관점을 누그러뜨릴 수는 있겠지만 그조차도 의식적인 선택이다. 마라가 말하듯이, "감옥에는 행복한 어린 시절을 보낸 사람들이 많지 않다".

우리가 정말 누구인지 자기 정체성을 가지고, 그에 대해 자신감을 갖고, 그와 동시에 다른 사람도 존중하는 것은 충족감을 가져다주는 종류의 균형이다. 경계에 대한 의식 역시 진정성과 깊은 관련이 있다. 진정성이 부족하고 연민이 과다한 사람들은 경계가 거의 또는 전혀 없고 경계가 있어도 이를 무시하기 십상이다.

함께 선 위를 향하여

'동기부여(motivation)'라는 말은 '동기(motive)'와 '조치(action)'라는 말로 이루어져 있다. 이제 8가지 ATL 행동과 그들이 자신의 행동과 주변 사람들의 행동에서 어떤 모습으로 나타나는지 확실하게 파악했을 것이다. 이제는 자기 마음의 동기를 진단하고 ATL로 살고 지도하는 방향으로의 조치를 취할 차례다. 몇 분간 시간을 내서 어떻게 하면 자신의 삶에 이런 양식을 늘릴 수 있을지, 특정 영역에서 어떤 트리거, 마음의 틀, 진실이 당신을 가로막고 있는지 일지에 적어보길 바란다.

당신의 영혼이 판단이 아닌 연민과 분별력 안에 있고 진정성을 가진다면, 당신이 성장 중심의 사랑과 만날 확률은 훨씬 높아진다. 다시 말하지만 발전이 연민 옆에 자리하는 것은 우연이 아니다. 이곳이 발전이 연민과 짝을 이루는 부분이기 때문이다. 진정성과 연민이 함

	효과를 높이기 위해 내가 취할 수 있는 조치는 무엇인가?	이 영역에서 나를 방해하고 있는 트리거, 틀, 진실이 있는가?
7장 내가 누구인지 알다	1. 2. 3.	트리거: 틀: 진실:
8장 내가 어디로 향하는지 알다	1. 2. 3.	트리거: 틀: 진실:
9장 타인과의 연결을 이끌다	1. 2. 3.	트리거: 틀: 진실:
10장 타인과 함께 성장하다	1. 2. 3.	트리거: 틀: 진실:

께할 때 우리는 적절한 경계를 설정하고, 판단 없이 중요한 진실을 이야기하는 겸손과 용기를 가질 수 있다. 마라가 표현했듯이, "진정성 있는 사람이 될수록, 나는 더 견고하게 내 성품을 구축하고, 때로 정말 낯설게 느껴지는 이 세상에 연민을 더 가질 수 있다".

눈물마저 나눌 용기

눈물은 마음의 아름다운 표현이다. 행복한 눈물도 있고 슬픈 눈물도 있다. 인생의 여정을 거치는 동안 우리는 두 가지 모두를 경험한다. 하지만 우리는 자주 눈물을 두려워한다. 남자 아이들은 "남자는 우는 거 아냐"라는 가르침을 들으면서 자란다. 여자는 눈물을 보이면 지나치게 감정적이라는 비난을 받는다. 눈물은 우리가 공통적으로 가진 가장 아름다운 언어인데 말이다.

눈물은 마음이라는 깊은 우물에서 나온다. 즐거움을 표현할 수 있으며, 사람들을 억눌러왔던 것을 드러낼 수 있는 목소리를 가졌다.

노력을 통해 무언가를 이뤘을 때, 금메달을 땄을 때, 자신의 성취에 대해서 인정이나 칭찬을 받았을 때 사람들은 감정에 북받쳐서 눈물을 보인다. 이런 눈물은 성취의 눈물, 인정의 눈물, 행복의 눈물, 안도의 눈물, 해방의 눈물이다. 물론 슬픔의 눈물, 상처의 눈물, 거부의 눈물, 실망의 눈물, 충분하지 않음의 눈물, 피로의 눈물도 있다. 그렇다면 눈물 뒤에는 무엇이 있을까?

우리와 진심으로 연결된 누군가(동료, 친구, 가족, 자녀)가 눈물을 보일 때, 연민이 담긴 현명한 반응은 '그 눈물은 어떤 종류의 눈물인가? 행복의 눈물인가, 아니면 슬픔의 눈물인가?'를 묻는 것이다. 이런 질문을 통해 단순한 추측 대신 그들의 마음을, 그들에게 정말로 어떤 일이 일어나고 있는지를 공유하는 반응을 시작할 수 있다. 스티븐은 25년 전 깨달음의 순간을 회상한다. 코칭을 받던 사람들이 눈물을 터뜨리면서 이렇게 말했다. "그 피드백에 너무 감사드려요.

정말 안심이 되네요!" 그는 그때 다른 종류의 눈물이 있음을 깨달았다.

용기 있게 다른 사람을 코칭하고 용기 있게 서로를 아끼고 보살피자. 그 과정에서 삶이 가져다주는 다양한 감정들도 받아들이고 이용하자. 사람들의 눈물과 마음을 나누는 때가 훌륭한 MOT가 될 수 있다. 그런 행동은 진정한 관심이자 배려이며 사람들이 성장의 여정에서 자신에게 어떤 일이 일어나고 있는지 명확히 파악하는 데 도움을 줄 수 있다. 사람들과 마음 깊은 곳에 있는 것까지, 눈물까지도 공유할 수 있다면 당신은 그들과 진정한 연결을 이룬 것이다.

마음으로 이끄는 리더

휴와 한 시간 정도를 함께 있어도, 그가 사람들을 결집시키고, 앞장서서 사람들을 이끌고, 전 세계에 있는 8,000여 명의 직원들에게 동기를 부여하고 의욕을 고취시키는 사람이라는 것을 알아보기는 힘들다. 그는 내성적이고 다른 사람 앞에 나서기를 좋아하지 않는다. 이 때문에 10년간 하향세를 보이던 레스토랑 브랜드의 반전을 꾀할 인물로 그가 고용되었을 때 많은 사람들이 놀라워했다. 하지만 지난 몇 년간 그와 그의 팀은 사업의 상황을 역전시켰다. 그가 아니었다면 지금은 사라졌을지도 모를 브랜드를 회생시킨 것이다. 제품, 메뉴, 인테리어와 같은 눈에 보이는 요소의 변화를 통해 브랜드의 이미지가 되살아나면서 회사의 시장점유율이 높아졌다. 하지만 그게 이야기의 전부는 아니다.

어떤 일이 일어났던 것일까?

휴는 CEO 자리에 앉자마자 우선 유해한 문화를 반전시켜야 함을 깨달았다. 문화는 선 아래로 가 있고 심하게 폐쇄적이며, 너무나 '치명적'이었다. 급격한 변혁이 필요했다. 누군가는 그 변화에 따른 위험을 책임져야 했다. 휴는 그 책임을 맡았다.

그는 일자리를 잃을 가능성 등 더 많은 금전적 손실에 대한 두려움과 저조한 실적에 대한 책임을 지고 싶지 않은 자존심이 역기능적 행동으로 이어지고 있음을 알아냈다. 직원 행동의 모든 측면을 통제하고 싶어 하는 관리자들, 비난과 회피의 사무실 역학, 모든 일에 필요한 시간의 두 배를 소요시키는 비효과적인 의사 결정, 흥분해서 적절한 위기관리를 하지 못한 채 헤매는 리더들. 많은 사람들이 월급만 바라보고 그저 튀지 않고 자리만 보전하려 했다. 대부분의 직원들은 회사가 조만간 무너질 거라고 생각했다. 성과가 높은 인재들은 스카우트되어서 회사를 빠져나간 상태였다.

이 얌전하고 조용한 리더는 조직 문화의 부정적 측면들을 어떻게 극복했을까? 휴는 좋은 면을 많이 가진 사람이었다. 좋은 교육을 받고 대단히 박식할 뿐만 아니라 겸손과 사랑에 기반한 가치관을 가지고 행동했다. 우리는 그가 이 어려운 역할을 받아들이기 얼마 전에 그를 만났고 곧 그런 면모를 알아봤다. 그런 면들은 그가 주목받는 데 대한 두려움과 불편함을 극복하고 성장과 성취를 이뤄내도록 도움을 주었다.

겸손을 통해서 휴는 회사가 당면한 금전적 문제에도 불구하고 옳다고 생각하는 일에 헌신하는 내적 힘과 용기를 가질 수 있었다. 자신이 누구이며 회사를 어떤 방향으로 이끌고 싶은지 알았고 그 일을 다른 사람들과 함께 하기를 원했다. 그는 개방적이고 진실한 영혼, 자신감, 특히 개인적 성장에 대한 강한 욕구를 갖고 있었다. 휴는 이런 진정성과 진실성, 배우고 나아지고자 하는 욕구를 발산해서 회사 내에 새롭고 긍정적인 분위기를 창조하는 데 사용했다.

구체적으로 휴는 어떤 일을 했을까? 일주일에 한 번씩 리더들과 만나 훌륭한 고객 서비스 사례나 실적을 반전시킨 레스토랑의 이야기를 나누고 현재의 재무 상황을 투명하게 밝히는 회의를 가졌다. 그는 진정성이 있는 지지자였고 그의 침착한 지휘와 고무적인 메시지는 사람들에게 희망을 주었다. 1년간 매주 수요일 밤이면 300개 레스토랑 중 하나를 찾아 직접 서버로 일했다. 직원들의 일이 어떤지, 그들에게 가장 힘든 점이 무엇인지, 고객과의 상호작용이 어떤지, 어떤 시스템과 절차가 방해가 되고 있거나 잘못되었는지 이해하려 했다. 그는 서버들을 만났고, 회사가 지향하는 행동의 본보기가 되었으며, 자신의 경험을 다른 리더들과 공유했다.

휴는 성과를 얻기 위해서 제품, 서비스, 인테리어, 메뉴, 시스템, 직원 교육과정에 이르는 사업 관행을 모두 수정해야 한다고 판단했다. 직원들로부터 진심 어린 참여를 이끄는 방법은 훌륭한 리더십과 훌륭한 문화를 통해야 함을 알고 있었고, 따라서 거기서부터 시작했다.

그는 사람들이 실패의 두려움에서 자유로워지도록 의사 결정과 조치의 속도를 높였다. 그는 농담조로 말했다. "새로운 걸 해봅시다. 그게 효과가 없다면 이전의 효과 없던 일로 다시 돌아가면 되니까요!" 그리고는 진지하게 이렇게 덧붙였다. "그게 효과가 없다면 다른 아이디어를 만들어내면 됩니다." 일이 잘못되는 경우에도 실무

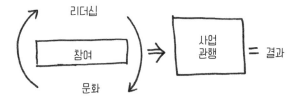

자의 행실이나 언어를 책망하지 않았다. 그에게는 연민이 있었다. 대신 그는 문제를 해결하고 더 나은 것을 빠르게 성취하는 데 초점을 맞췄다. "무슨 일이 있었는지 자세히 이야기해봅시다." 그리고 그경험에서 자신이 배울 수 있는 게 없는지 주의를 기울였다. 그는 사람들 앞에 서는 데 대한 자신의 두려움을 극복해야 했지만, 진정성과 진실성 덕분에 누구보다 강력하고 고무적인 연설을 했다. 회사와 직원들에 대한 진실한 믿음은 그가 다른 사람들과 깊은 유대를 형성하게 했고, 그들의 진짜 재능, 아이디어, 비전을 끌어내게 했다.

선 위의 문화를 이끄는 리더십

리더로서 당신이 어떤 에너지와 정신을 만들어내고 있는지 생각해본 적이 있는가? 아니, 한 인간으로서 당신이 어떤 에너지와 정신을 만들어내고 있는지 생각해본 적이 있는가? 2000년 멜버른프레스클럽(Melbourne Press Club)에서 높이 평가하는 21세기의 리더가 어떤 사람이냐는 질문을 받은 넬슨 만델라는 단호한 답을 내놓았다. "그것은 리더의 문제가 아닙니다. 평범한 사람이 '나는 인간이다. 나에게는 미래가 있다. 나는 강인하다는 느낌과 벅찬 희망을 안고 잠자리에 들 수 있다'라고 생각하게 만드는 일을 하는 인간의 문제입니다." 우리는 모두 리더가 될 수 있는 역량을 갖고 있다. 이렇게 우리의 형제, 자매, 자녀, 이웃, 테니스 친구, 동네 상점 주인, 버스 운전사에게 스스로의 힘을 느끼고 벅찬 희망을 갖도록 돕는 일에 자신의 마음과 정신을 투자하는 리더가 될 수 있다.

우리 조부모 세대에게 좋은 직장 문화란 사람들이 조용히 자기일에 집중하고 과제를 완수하고 규칙을 준수하고 정해진 시간에 집으로 돌아가는 것이었다. 구식 리더십은 자존심과 두려움의 계층 관계에 기반했다. 하지만 우리가 살아가는 지금 세상에서는 겸손과 사랑의 동반자 관계가 가치의 기반이다.

산업혁명은 '나는 상사고 너는 부하직원이다/나는 계획하고 너는 일을 한다/나는 평가하고 너는 복종한다'라는 식의 전제를 가진 계층 관계 모델에 기반했다. 이 모델에서 직원은 일하러 왔을 때 일련의 과제 달성만을 생각해야 한다. 이것이 생산라인(production line) 사고방식이다. 이는 우리가 부모-자녀 문화라고 부르는 것에서 비롯되었다. 하지만 이제 우리 사회는 성숙해졌다. 베이비붐 세대는 통제를 원하지만 밀레니얼 세대는 공동체를 원한다. 최근의 갤럽 보고서는 이런 세태를 다음과 같이 요약했다. "밀레니얼 세대는 이전 세대들과 마찬가지로 일주일에 30시간 이상 일하는 좋은 직장, 고용주로부터의 월급이 있는 유복한 생활을 원한다. 하지만 그들은 감정적·지적·행동적 참여 역시 원한다. 높은 수준의 행복, 목적의식이 있는 삶, 활동적인 공동체, 사회적 유대를 원한다."

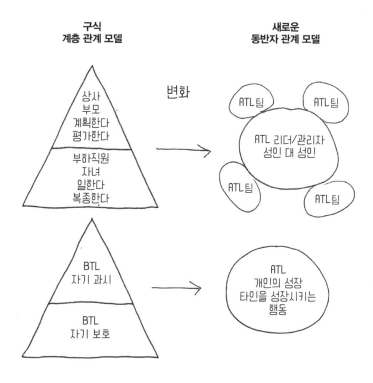

이제 전반적으로 교육 수준이 높아졌고 따라서 우리와 그들 사이의 격차는 사라졌다. 사실 어린 사람들이 특정한 주제에 대해서 리더인 당신보다 훨씬 많은 것을 알고 있는 경우도 생길 것이다(새로운 소프트웨어 사용에 대해 알고 싶은가? 가까이에 있는 10대에게 물어보라!). 계층 간의 격차가 없어졌는데도 여전히 과거와 같은 방식으로 조직을 운영해서는 안 된다. 함께 계획하고 일하고 평가하는 순환적 관계를 통한 동반자 관계 모델로 전환할 때, 우리는 젊은이들의 에너지와 아이디어, 인식, 지식을 온전히 이용할 수 있다.

사실 ATL 문화는 세대 간 격차에 대한 걱정을 없앤다. 개별 세대가 ATL를 해석하고 이해하는 방식은 조금씩 다를 수 있다. 하지만 우리는 그런 사소한 차이 외에 세대 간의 실질적인 차이를 발견하지 못했다. 모든 세대가 연결, 격려, 발전, 연민의 행동을 보여주고 진정성, 변혁, 신뢰, 성취의 행동을 하는 사람을 원한다. 이제 조직은 더 이상 각 세대의 요구를 고려할 필요가 없다. ATL로 향한다는 것은 곧 인간의 기본적인 요구에 몰두하는 일이기 때문이다.

오늘날의 효과적인 리더는 환경을 안전한 곳으로 만들어서 사람들이 자신의 아이디어를 자신 있게 표현하게 한다. 또 비난에 대한 두려움 없이 논쟁에서 자신의 의견을 내세울 수 있게 함으로써 환경에 새로운 기운을 불어넣는다. 건전한 문화 속의 ATL 리더는 잘못된 결정을 빨리 인정하고 팀과 함께 평가하고 배의 방향을 빠르게 전환할 수 있는 겸손함을 가진다. 결국 혁신은 조직이 아닌 사람들이 이뤄낸다. 사업의 방향을 바꾸는 건 조직이 아닌 사람들이며 문화를 이끄는 건 조직이 아닌 리더다.

건강한 조직 문화가 성장을 낳는다

한 가지 분명한 사실이 있다. 문화는 어디에나 존재한다. 방 안에, 팀 내에, 회사 내에, 가족 내에, 스포츠 팀 안에도 문화가 있다. 세 사람만 모여도 집단 역학이 생기기 때문이다. 아주 간단하게 말하면 문화는 무언가가 성장하는 곳이다. 건강한 문화에서는 성장이 잘 이루어진다. 건전하지 못한 문화 속에서는 잠재력만큼의 성장을 하지 못한다. 약하고 지속 가능성이 없고 유해해진다. 문화는 인간의 신체만큼이나 복잡하고 동시에 불가해서 수없이 많은 내부적·외부적 요인들에 의해 만들어지고 발전하고 영향을 받는다.

행동이 곧 문화

아래 그림에는 문화의 많은 측면이 등장한다. 우리는 행동에 초점을 맞추자. 지난 몇 년 동안 당신은 아마도 조직들이 사무실 단장, 보너스, 회식, 공동체 정신 함양 프로그램, 당구대, 각종 편의시설을 통해서 매력적인 문화를 구축하는 일에 엄청난 시간과 에너지를 쏟아붓는 모습을 목격했을 것이다. 다 훌륭한 것들이지만 조직 전체의 행동이 주로 ATL에 있지 않다면 이런 미끼들은 금방 빛을 잃는

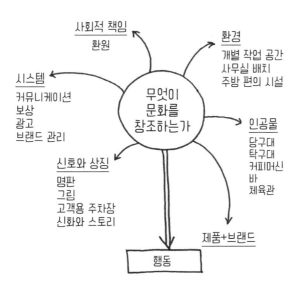

다. 지금 세대는 그 어느 세대보다 영리하면서 냉소적이다. 그들은 물질로 회유하려는 시도를 꿰뚫어 보는 동시에 직장에서 더 많은 의미와 진정한 연결을 갈망한다.

요즘의 리더와 관리자들은 어디에 있든 문화 개발을 핵심성과지표(key performance indicator, KPI)로 본다. 하지만 많은 사람들은 문화를 이질적인 영역으로 느낀다. 문화를 주도하는 책임을 맡아야 한다고 하면 관리할 일이 더 늘어났다고 받아들일 수도 있다. 그도 그럴 것이 몇 년 전만 해도 문화는 우리가 처리할 문제가 아니었다. 혹 그런 책임이 있었더라도 그저 금요일 해피아워에 대비해 냉장고에 맥주가 채워졌는지 확인하는 정도의 일이었다. 일부 기업들은 문화 개혁의 희망을 안고 자신들이 일하는 방식을 계속 변화시키고 있다. 하지만 장기적인 비전과 용기와 존중을 기반으로 하는 문화를 창조하겠다는 의도가 없다면 그것은 단순히 허둥대는 몸부림이나 혼돈일 뿐이다.

그들은 어떻게 마음으로 조직을 이끌었나

여기에서 100만 달러짜리 질문이 제기된다. 조직은 왜 문화와 인재 개발에 투자해야 하는가? 좋은 아이디어처럼 보이기는 하지만 실제로 어떤 종류의 영향이 있을까? 긍정적 효과를 얻으려면 어떻게 시작해야 할까?

우리는 휴와 고객 다섯 사람(글로벌 기업의 CEO 한 명, 전국적인 기업의 CEO 두 명, 명성이 높은 성공적 기업의 CPO 두 명)에게 질문을 했다. 문화와 인재 개발에 투자한 자신들의 경험을 기반으로 이 세 가지 질문에 답을 달라고 요청했다. 이들은 ATL 원리를 이용한 변혁 과정을 통해 각자의 회사를 이끌어왔다. 각자 이직률, 수익, 고객 만족도에서 구체적인 성과를 냈다. 우리는 그들로부터 애초에 왜 이 여정을 시작했는지, 어떻게 여정에 착수했는지, 어떤 결과를 보았는지, 그 과정에서 어떤 가르침을 얻었는지(또는 난관에 부딪혔는지) 듣고 싶었다. 비밀 유지를 위해서 가명을 사용했다.

문화와 인재 개발에 투자해야 하는 이유

고객들 모두는 절차의 건전성도 중요하지만 그 실행은 전적으로 사람들, 즉 그들의 사고방식, 태도, 팀워크, 지지에 달렸다는 데 뜻을 같이했다. 여섯 명 모두가 사람들이 지지받고 있으며 주도권을 갖고 있고 목소리를 낼 수 있다고 느끼는 문화를 원했다고 말했다. 동기 부여가 된 사람들은 일반적으로 보다 생산적이고 감독이나 지시가 덜 필요하기 때문이다. "'무엇'이 이루어질지를 결정하는 것은 기술 역량이지만, '어떻게' 이루어질지 정하는 것, 즉 회사 전체에 걸쳐 동기를 부여하고 영감을 부여하는 방식으로 일어나도록 해주는 것은 성품입니다." 루시의 설명이다.

휴는 이렇게 덧붙였다. "우리는 일련의 가치관이나 사명 선언이 정말로 고위 리더의 개인적인 신념과 일치하는지에 늘 회의적이었습니다. 우리는 가치관이 일 이외에 직원들의 삶에도 도움을 주는 문화를 구축하기를 원했습니다. 우리 업계는 임금 수준이 낮습니다. 이 때문에 우리에게는 사람들이 스스로의 가치를 느끼고, 개인적·직업적 성장을 위한 충분한 기회를 얻을 수 있으며, 인생의 어려운 시기에 지원을 받을 수 있는 근무 환경을 만들 임무가 있습니다. 또한 우리는 인재 쟁탈전에서 승리할 수 있는 강력한 문화를 원했습니다. 강력한 문화는 직원들의 이직률을 낮추고 최고의 인재를 끌어들이는 일을 더 쉽게 만듭니다."

셰인은 20년 이상 CEO 자리에서 경험한 자신의 이야기를 공유했다.

"우리의 경우 대단히 구체적인 순간에 문화의 변화가 유도되었습니다. 사업을 붕괴시킬 만한 몇 가지 사건을 겪었고 그 이후 저는 문화를 측정하기로 결정했죠. 그 즈음에 저는 직원들의 이직률이 크게 높아지는 것을 보았고, 심각한 소문과 속임수를 발견했으며, 아이디어들에 대한 반발을 비롯해 낮은 팀 참여도를 보여주는 여러 징후들을 찾아냈습니다. 저는 우리 브랜드가 가정용품 업계를 대표하는 이름이 되기를 원했습니다. 따라서 문화에 대한 조사를 수행했고 형편없는 결과에 충격을 받았습니다. 결과적으로 우리는 회사에 변화를 일으켰습니다. 일부는 확연하게 드러나는 단점을 고치는 중요하고 즉각적인 일이었고, 일부는 보다 깊이 있는 진단과 숙고가 필요한 일이었습니다. 변화에는 몇 년이 필요했습니다. 우리는 계속해서 시스템과 관행을 수정해나갔습니다. 매년 계속해서 문화 조사를 실시했습니다. 문화 조사는 최근 들어 20년을 맞았습니다. 우리는 매년 손익과 문화를 측정합니다. 매년 문화에 대한 평가를 계속하기로 한 결정에는 유명한 가정용품 브랜드가 되겠다는 우리의 포부가 담겨 있습니다."

변화를 일으키다

셰인의 이야기는 그 구체적인 결과로서 깊은 인상을 남겼다. "수치는 부인할 수가 없습니다. 첫 문화 조사 이후 몇 년간, 직원들의 이직률은 20퍼센트 아래로 떨어졌습니다(이전에는 50퍼센트가 넘을 때도 있었습니다). 변화를 구현하기가 점점 쉬워졌습니다. 매출과 수익에서 강한 성장세가 나타나고 있습니다. 우리는 수백만 달러에 최대 경쟁 업체를 인수했습니다. 흥미로운 경험이었죠. 새로운 건설적 문화는 경쟁 업체의 인정사정없는 공격적 문화와 충돌했습니다. 그들로서는 치열하게 싸우던 적이 주인이 된 상황이었으니까요. 경쟁 업체의 성공은 '어떤 대가를 치르더라도 이긴다'(회사 내의 다른 지점과의 대결에서조차), '리더나 감독자에게 질문을 하지 않는다'(휴가 때 서로의 역할을 대신할 때조차)는 식의 사고방식에 따라 추진된 것이었습니다. 우리에겐 완전히 이질적이었죠. 문화 합병은 잘 이루어지지 않았습니다. 다음 해에는 우리 문화에 명백한 후퇴가 나타났습니다. 대가를 치렀던 거죠. 분위기는 좋지 못했고 이직률이 급등했습니다. 하지만 시간이 지나면서 신뢰가 성장하고, 우리 조직의 방식이 회사의 새로운 부분에 뿌리를 내렸습니다. 2년 뒤에는 문화 조사의 결과가 회복되었습니다. 이 인수는 크게 성공했고 게임의 판도를 바꾸는 중요한 사건임이 드러났습니다."

루시도 비슷한 경험을 공유했다. "우리 회사 역시 힘든 시간을 겪었습니다. 가장 눈에 띄는 결과는 그 시간 동안 인재들의 참여를 이끌고 이직을 막았다는 것입니다. 리더십의 큰 변화를 경험했습니다. 우리가 구축한 문화 덕분에 인재들은 동기와 영감을 잃지 않을 수 있었습니다. 시장점유율이 떨어졌지만 이내 회복되었습니다. 분명 뜻을 같이하는 사람들과 문화가 있었기에 가능했던 일이었죠. 우리가 도입한 다양한 유형의 학습 프로그램이 문화를 구축하는 방식에 대한 측정 가능성, 구조와 공유하는 언어를 제공해줬습니다. 우리는 참여를 이끌어냈고 곧 매출의 확대로 전환되었습니다. 이는 다시 낮은 이직률로 이어졌습니다."

"공통의 목표, 어떤 상황에도 변함없이 효과적으로 협력하는 일, 일선 직원들의 열의를 높은 수준으로 유지하는 일, 이 모든 것들이 매우 중요했습니다." 휴가 말했다. "수많은 동료들이 입을 모읍니다. 우리가 도입한 다양한 프로그램들이 직장에서 행동하는 방식만 바꾼 것이 아니라 가족과 친구 관계를 비롯한 인생 전반에 영향을 주었다고 말입니다. 개인적·직업적 양면의 이런 결과는 우리가 고위 리더십팀으로서 공유하는 목표에 부합합니다. 공유하는 목표는 상업적으로 성공하는 회사를 만듦과 동시에 모든 계층의 동료들에게 존중과 배려를 받고 있다는 느낌을 주는, 성장과 개발을 가능케 하는 환경을 제공하는 것입니다."

하이든이 덧붙였다. "우리 역시 직원들의 이직률이 낮아졌습니다. 그 결과 내부적인 성장이 가능해졌죠. 회사 내부 인원의 승진으로 인력을 채움으로써 구인과 교육비용을 아낄 수 있었습니다. 또한 직원들의 참여도, 순추천고객지수(net promoter score)를 통해 측정한 고객 만족도, 조직 구조, 최고급 라인의 매출 증가, 순이익, 재무제표 등의 측면에서도 대단히 긍정적인 결과를 보고 있습니다."

앤서니는 회사 내 역학에서 흥미로운 점을 발견했다고 말했다. "모순처럼 들릴지 모르겠지만, 우리의 경우 강력한 문화를 갖고 있기 때문에 사람들이 서로에게 더 많은 것을 요구하는 상황을 마주하고 있습니다. 누군가의 기분을 상하게 하거나, 누군가가 그들을 오해할지도 모른다는 생각에 쓸데없는 짓을 할 필요가 없으니 사람들이 문제 자체에 집중합니다. 방안에 있는 코끼리에 대해 격의 없는 논의를 하니 소문은 발붙일 곳이 없습니다. 서로가 편법으로 점수를 올리거나 그들을 해하거나 부적절하게 인정을 받으려 하지 않음을 알기 때문에 불필요하게 먼 길을 돌아가는 일 없이 당면한 문제에 집중해서 지름길을 찾아갈 수 있습니다. 사람들이 다른 사람들이 한 일에 대해 진실을 이야기하고, 필요할 때는 비판적이 될 수 있습니다. 서로에게 악의가 없으며 최선의 결과를 얻겠다는 순수한 욕구를 가졌음을 알기 때문입니다. 다른 사람의 성공을 무시하거나 비방하지 않고 그것을 자기 노력의 기반으로 삼습니다. 회의는 더 효율적이고 효과적이며 활력이 넘칩니다. 의사 결정은 논의를 통해 이루어지고, 실수가 있으면 빨리 인정하고 고칩니다. 우리는 더 혁신적이고 기민해졌습니다."

선 위의 문화 창조를 시작하는 법

우리의 마지막 질문은 아마도 지금 당신 머릿속에 있는 의문과 같을 것이다. 그래서 어떻게 그렇게 했다는 거지?

셰인은 귀중한 가르침을 공유했다. "우리는 거울을 전체 리더십팀 쪽으로 돌리는 일부터 시작했습니다. 리더십팀이야말로 무엇이 용인되고 무엇이 보상을 받는지 확실히 보여주는 본보기가 될 수 있습니다. 우리는 문화 속의 위기를 다루고 있었기 때문에 보다 급진적인 접근법을 택했습니다. 우선, 원래의 리더십팀을 해체했습니다. 각자에게 그대로 과거의 역할을 맡길지, 다른 팀을 맡길지, 떠날지를 선택하게 했습니다. 과거의 리더십팀에서 원래의 자리로 돌아오기를 원한 사람은 없었습니다. 돌이켜보면 과거 리더십팀에 있었던 사람들은 좋은 의도를 갖고는 있었으나 팀을 이끌 역량은 없는 사람들이었습니다. 기술적인 면이나 재임 기간 때문에 그 자리에 있었지만 문화나 사람들을 이끄는 기술에 있어서는 뒤처진 인물들이었죠. 그들이 아닌 제 잘못이었습니다. 그들은 사람들을 지도하고 새로운 문화를 받아들이기보다는 지도받는 것을 훨씬 편안하게 생각했습니다. 저는 문화를 염두에 두고 사람을 채용하면서 새로운 리더십팀을 꾸리고 새롭게 시작했습니다."

"리더십의 변화와 동시에 설문 결과를 회사 전체에 공개했습니다. 결과에 대해서 모든 사람과 토론을 가졌습니다. 스스로도 제 역할과 단점을 솔직히 드러냈습니다. 본사의 윗선이 모든 의제를 독점하고 있으며 비밀을 갖고 있다는 의식을 변화시켜야 했습니다.

우리는 솔직해져야 했고 그 시작점은 저여야 했습니다."

"그 외에도 우리는 잘못된 결과를 조장하는 시스템을 제거하기 위해 많은 일들을 했습니다. 우리의 방향과 맞지 않는 정책과 관행을 없앴습니다. 기존의 관행들에 의문을 제기했습니다. 우리에게 도움이 되지 않는 경우에는 제거하거나 변경했습니다."

"급여와 보상 시스템을 승패를 가르는 방향에서 원원을 추구하는 방향으로 바꾸었습니다. 2등은 받지 못하고 1등만 받는 보너스는 없어졌습니다. 우리는 금·은·동의 성취도에 따라 보상하는 KPI 보상 체계를 만들었습니다. 우리가 원하는 것은 모두가 금의 성취도로 보상을 받는 상황입니다. 덕분에 팀들 간의 아이디어 공유가 활발해지기 시작했습니다."

"고객 대응 관행에서도 냉철하게 다뤄야 할 문제를 발견했습니다. 실질적인 가치가 거의 없는 여러 수수료를 없애고 직원들이 고객과 문제에 대해 토론하게 했습니다. 이런 사업 관행은 직원들에게 자신이 어떤 유형의 회사에 다니고 있는지 확실히 말해주는 효과가 있습니다."

"이렇게 쉽게 달성할 수 있는 목표들 외에도 우리를 방해하고 있는 요인들을 찾기 위해 사업을 철저히 분석했습니다. 여러 가지 사업이 체계 없이 섞여 있었고 서로 다른 접근법을 적용하고 있었습니다. 순회 홍보팀을 운영했습니다. 우리는 서면 조사를 진행했고 몇 년에 걸쳐 문화에 대해서 함께 고민하는 컨퍼런스를 열었습니다. 이 컨퍼런스들을 직원들이 직접 계획하고 이끌었습니다."

루시는 자신들의 접근법을 이렇게 요약했다. "보다 큰 범위의 문화적 여정에서 리더 개발 요소에 추진력을 더한 것은 사업 총책임자와의 파트너십이었습니다. 우리는 내부에서 외부로 향하는 접근법을 택했습니다. 효과적인 리더십은 우리가 사람들의 마음과 연결될 때만이 가능하다고 믿었기 때문입니다. 결과를 이끌어내고자 개인적 성장에 투자하는 형태를 취했습니다. 사람들이 일에 최선의 자기 모습을 끌어들이도록 하기 위해서 말입니다."

"성품을 갖춘 리더들은 불확실하고 애매한 상황에서도 옳은 일을 할 수 있는 자신감을 갖고 있습니다. 제가 책임지고 있는 분야 중 가장 중요한 아프리카 영업에서도 마찬가지입니다. 리더십 계발 프로그램을 통해 리더들이 성품과 성품이 행동으로 나타나는 방식에 대해서 숙고할 만한 충분한 시간을 만들면 그런 성품을 오랜 시간에 걸쳐 지속적으로 드러내게 됩니다. 하급자들로부터 신뢰와 존중을 이끌어내는 것은 바로 이런 일관성입니다. 결과적으로 직원들은 어려운 시기에도 기꺼이 리더들을 따르게 되었습니다."

"가장 큰 교훈은 그런 언어가 회사 DNA의 일부가 되도록 해야 한다는 점이었습니다. 단순히 일회성 프로그램으로는 회사의 장기적인 성공을 이끌 수 없습니다. 현재 성품 개발을 위한 대화는 자기 계발 대화, 성과 검토, 인재 계획 등 직원 역량 사이클의 모든 측면에 자리 잡았습니다."

휴는 자신의 경험을 이야기했다. "우리 리더십팀에서는 '책임을 묻지 말고 교육하라'라는 방식을 채택했습니다. 이 말은 작업의 시작점이 되었습니다. 내부 직원들을 선정해 자기 계발 프로그램의 촉진자로서의 자격을 갖추게 했습니다. 그 프로그램이 평가가 아닌 계발을 위한 것이라는 신뢰가 커지면서 추진력을 얻기 시작했습니다. 열의, 에너지, 긍정성이 입소문을 탔고 관리자들은 메시지를 포착해 일선에 전달했습니다."

"일단 원리를 중심으로 추진력과 배움, 선 아래의 행동과 그에 대한 공통의 언어, 16개 행동에 대한 이해를 얻고 난 후 우리는 첫째, 우리의 문화를 선 위의 행동에 고정하고, 둘째, 레스토랑 매니저를 비롯한 회사의 상위 500명에게 매년 마음유형분석지표 검사를 거치도록 함으로써 문화를 측정해서 지속적인 자기 계발과 코칭의 토대로 삼으며, 셋째, 회사 전체의 축적된 마음유형분석지표 자료에서 개선을 성과의 주된 측정 기준으로 이용해 문화를 측정 가능하고 보다 적극적으로 관리할 수 있는 대상으로 만드는 급진적인 접근법을 채용했습니다."

앤서니의 경우에도 작업은 리더십팀부터 시작했다. "360도 다면 평가 도구를 고위 리더들에게 적용해 자기 인식을 구축하는 일부터 시작했습니다. 리더들이 직원들에게 다가가고, 취약성을 인정할 준비를 마치고, 보다 건설적으로 행동하기 위해 노력하는 데 집중하게 되었습니다. 고위 리더들이 자신의 여정을 이야기하고 일반 직원들도 이야기를 공유할 수 있게 하면 취약성을 인정하는 일이 전혀 문제가 되지 않는다는 확신이 생깁니다. 이는 모두가 인간이며 고위 리더들 역시 그 여정에 있음을 보여줍니다."

"그다음으로 보다 많은 사람들을 평가 도구에 노출시켰습니다. 그 도구들을 통해서 자기 인식을 키우고 자신의 행동이 다른 사람에게 주는 영향을 올바로 이해하게 됩니다. 더 많은 사람의 자기 인식이 가능해지면, 건설적인 행동을 하는 사람들이 더 좋은 성과를 올리고 성공하는 것을 보게 되고 공통의 언어도 발전됩니다. 리더들은 누가 옳고, 누가 상급자인가보다 결과가 훨씬 중요함을 보여주고, 팀에 기여하고 적극적으로 협력하는 사람들에게도 처음부터 훌륭한 아이디어를 내놓는 사람만큼의 보상을 합니다."

"이는 성장해서 더 효과적인 ATL 리더가 되고, 또 더 광범위한 조직 문화에 긍정적인 기여를 하고자 하는 의욕을 높입니다. 계층을 넘나드는 건설적인 상호작용이 조직의 모든 측면에 걸쳐 몇 배의 혜택을 낳는 모습을 목격하기 때문입니다."

조직을 변화시키는 다섯 가지 방법

전 세계 여러 나라를 아우르는 이들 CEO의 경험을 토대로 판단하면, 문화는 인재와 고객 유치를 위한 경쟁의 미개척지다. 비즈니스 분야에서 다음에 일어날 혁명은 마음 혁명(Heart Revolution)일 것이다! 이 혁명의 일부가 되려면 비즈니스 리더들은 문화 중심의 사고와 마음 중심의 도구들을 갖추어야 한다. 그 열쇠는 팀 내에 위기가 부정적인 변화의 촉매가 되기 전에 혁신을 제안하고 현상에 이의를 제기하는 와해적인 사고를 하는 사람들을 두는 것이다.

문화 전략을 개발하라

셰인과 그의 팀은 회사의 변화를 막는 게 무엇인지 발견했다. 대부분의 조직이 긍정적인 방향으로 변화시키기에는 너무 늦었다며 문화를 내팽개치고 있었다. 자신의 조직은 물론 경쟁 조직도 마찬가지였다. 셰인의 이야기는 유해한 문화도 용기와 사랑의 리더십을 통해 변혁할 수 있으며 사업적 결과가 눈에 띄게 달라질 수 있음을 보여준다.

AI 기술이 이미 나타나서 빠른 성장을 보이고 있다. 온라인 세상은 빠르게 변화하고 있으며 모든 업계가 와해되고 있다. 마셜 골드스미스(Marshall Goldsmith)의 말대로 "우리를 여기까지 데려다준 것이 우리를 그곳으로 데려다주지는 못할 것이다". 우리가 기업의 문화 전략 개발이 모든 리더십이 책임져야 할 임무의 일부라고 말하는 까닭이 여기에 있다.

그 전략의 첫 단계는 당신의 문화에 이름을 붙이는 것이다. 당신들의 문화는 혁신과 존중을 말하는가? 활기를 되찾고 새롭게 거듭나기 위한 역량은 어느 정도인가? 진보적이고 민첩한가? 조직 문화의 핵심 요소를 명확히 설명할 수 있어야만 직원들의 지향점이 될 목표를 제공하고 잘 안내할 수 있다.

이제 수집한 정보를 한데 모아 본보기를 만들 수 있다.

- 조직이 상징하는 것: 비전, 사명, 목표
- 조직 문화, 가치관, 행동에 대한 기대

- 조직이 학습과 교육을 통해 어떻게 사람들을 개발할 것인가에 대한 계획

당신의 리더십팀은 상업적으로 성공적인 회사를 만드는 동시에 모든 계층의 직원들에게 존중받고 배려받고 있다고 느끼며 성장과 개발에 집중할 수 있는 환경을 제공하는 일에 신중하게 임하고 있는가? 많은 조직의 일선 직원들이 이런 수준의 코칭과 지원에 접근해보지 못했음을 고려하면 조직의 모든 계층을 통합하는 문화 개발의 본보기를 만드는 일은 인재를 끌어들이고 놓치지 않는 데에서 시장에서 우위를 점하는 확실한 방법이 될 것이다.

선 조직에 왜 당신들 모두가 문화를 발전시켜야 하는지 설명하면서 일선 직원들에게 어떤 영향을 줄 지 소통해야 한다. 보편적인 가치관을 기반으로 문화를 정의할 수 있게 만들고, 회사 내의 모두에게 매우 개인적인 수준에서 문화가 관련성이 있고 실행 가능한 것이 되도록 해야 한다. 이야말로 성장을 위한 진정한 주인의식을 만들어주는 일이다.

마음유형분석지표로 조직의 효과성을 측정하라

측정할 수 있다면 관리할 수 있다. 사업 결과 측정이 대단히 중요하듯이 문화적 행동이 '어디에서 비롯되는지', 문화의 핵심을 측정하는 일 역시 중요하다. 사람들은 마음유형분석 설문에서 결과를 얻기까지 75개의 질문을 받고 이후 결과와 관련된 8개의 질문을 더

업무에서의 효과성

참가자에게 매우 낮은 점수에서
중간 점수를 준 응답자
(21,117명, 17%)

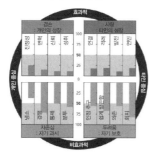

참가자에게 높은 점수를 준
응답자
(54,332명, 45%)

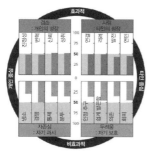

참가자에게 매우 높은 점수를 준
응답자
(45,474명, 38%)

자기 계발의 효과성

참가자에게 매우 낮은 점수에서
중간 점수를 준 응답자
(22,858명, 19%)

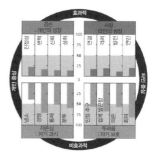

참가자에게 높은 점수를 준
응답자
(61,254명, 51%)

참가자에게 매우 높은 점수를 준
응답자
(36,811명, 30%)

인간관계의 질

참가자에게 매우 낮은 점수에서
중간 점수를 준 응답자
(26,525명, 22%)

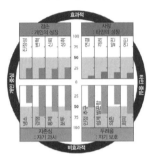

참가자에게 높은 점수를 준
응답자
(54,845명, 45%)

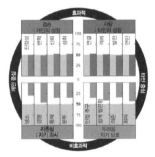

참가자에게 매우 높은 점수를 준
응답자
(39,553명, 33%)

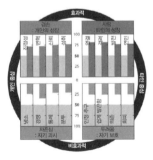

시간 관리의 효과성

참가자에게 매우 낮은 점수에서
중간 점수를 준 응답자
(34,964명, 29%)

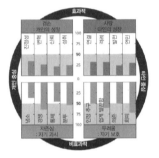

참가자에게 높은 점수를 준
응답자
(51,061명, 42%)

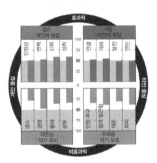

참가자에게 매우 높은 점수를 준
응답자
(34,898명, 29%)

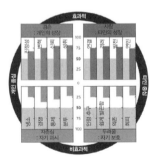

받는다. 모든 결과는 참가자의 개인별 성장 지침에서 확인할 수 있다. 응답자의 자료를 종합해 ATL와 BTL 행동과 8가지 결과 관련 질문들 사이에 상관관계가 있는지 (참가자의 인식에 근거해) 확인한다. 앞의 그래프들은 그 결과 중 네 가지의 사례다.

1. 업무에서의 효과성
2. 자기 계발의 효과성
3. 인간관계의 질
4. 시간 관리의 효과성

앞의 사례들은 ATL 행동 수준이 높은 경우 높은 점수를 주었음을 보여준다. 반대로 BTL 행동 수준이 높은 경우에는 낮거나 보통의 점수로 연결됐다.

선 위의 문화를 구성원의 삶에도 전파하라

고객사 CEO나 CFO로부터 이런 말을 들어본 적이 있다. "교육을 받은 직원이 회사를 떠나면 어떻게 하죠?" "교육을 받지 않은 직원이 회사에 남으면 어떻게 하죠?"

ATL 행동을 조직의 DNA에 끌어들이기 위해서는 리더십만이 아니라 CEO부터 일선 근로자까지 모두가 함께하는 접근법이 필요하다. 여기에 힘을 주는 것은 '어차피 해야 하는 일이라면, 내가 하기에 달려 있지'라는 태도다. 고위 관리팀이 자신들의 자기 계발 여정에 대해서 이야기하고 발전 기회에 대해서 터놓고 취약성을 인정할 때 비로소 신뢰가 싹트고, 이런 신뢰가 하나의 팀, 같은 곳을 지향하는 문화를 낳는다. 우리가 봐왔듯이 이런 종류의 겸손은 약점이 아니다. 패트릭 렌시오니(Patrick Lencioni)가 잘 포착했듯이 "취약성을 인정하는 일의 핵심에는 팀의 공동선을 위해서 자신의 자존심과 두려움을 버리고, 자아를 기꺼이 희생하는 마음이 있다".

지금의 세대들에게 조직이 자기 계발과 기술 개발 프로그램을 제공해야 한다는 욕구와 기대가 있다는 것은 이제 상식이다. 1987년에 사업을 시작한 이래, 우리 프로그램의 중심은 자기 계발 프로그램이었다. 우리는 조직이 자기 계발에 대해 가진 강한 의지가 경영진에서부터 일선 직원들에 이르기까지 사람들에게서 브랜드와 문화에 대한 충성심, 존중, 참여를 이끌어내는 모습을 지켜봐왔다.

우리는 행동이 어떻게 문화를 구축하는지, 또는 파괴하는지 지켜봤다. 이에 개인의 참여를 이끌어내는 일에 대해 간단한 방정식을 만들었다.

마음(자기 계발) + 양식(기능적 기술 개발) = 참여

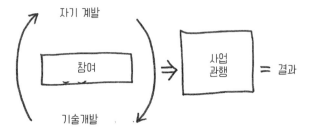

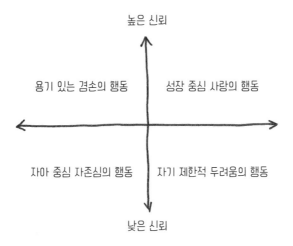

높은 신뢰

용기 있는 겸손의 행동　　　성장 중심 사랑의 행동

자아 중심 자존심의 행동　　자기 제한적 두려움의 행동

낮은 신뢰

참여하는 사람들은 비즈니스 관행을 만들어내며, 그에 따라 결과를 만들어낸다.

신뢰가 낮은 곳에서 사람들은 자기를 보호하고 과시하게 되며 이것은 당연하게도 결국 BTL 문화로 귀결된다. 회사 생활의 역학은 문화를 표현하고 주도하며, 교육 프로그램만으로는 이런 영향을 극복할 수 없다. ATL 행동으로의 변화가 있을 때 신뢰가 자라고, 신뢰가 자랄 때 ATL 행동의 변화가 나타난다. 필수 요소는 일관성, 주인의식과 헌신을 낳는 지속 가능한 종류의 신뢰다(휴의 사례에서 이미 보았다).

사람들에게 삶의 나침반을 제공하는 일은 삶을 항해하는 그들의 능력을 향상시키는 투자이기도 하다. 지금의 일의 세계에서는 정신건강, 행복, 회복력이 우선 사항으로 자리를 잡았다. 물론 삶을 적극적으로 꾸려나가지 않는 직원들도 일에 몰두할 수는 있을 것이다. 하지만 기복을 효과적으로 다루고 어려운 문제를 풀어내고 회복하는 능력은 생산성 향상에 대단히 중요하다. 일의 부담부터 불만스러운 동료들까지 다양한 문제를 다루는 직원의 능력에도 영향을 미친다. 회복력이 큰 사람들은 스트레스를 잘 관리할 수 있다고들 한다. 스트레스는 불안과 우울증으로 발전할 수 있는 위험 요인이다. 회복력이 있는 사람들은 유연하고, 새롭고 다른 상황에 잘 적응할 수 있으며, 경험으로부터 배움을 얻고, 낙천적이며, 필요할 때는 도움을 구할 줄 안다. 이는 모두 사람을 삶의 모든 영역에서 보다 멋진 인간으로 만드는 ATL 행동이다.

시스템과 관행을 전면 재검토하라

휴는 ATL을 촉진하기 위해 여러 시스템과 절차를 변경했다. 레스토랑의 '실적 일람표'를 폐지했고, 운영 관행에서는 리더십팀 앞에서 천편일률적인 파워포인트 프레젠테이션을 하는 통제 중심적이고 '인정 추구'적인 면을 완화했으며, 사실에 근거한 한 페이지짜리 보고서가 그 자리를 대신했다. 새로운 문화에서는 인정 프로그램이 ATL 행동을 찾아내 보상한다.

보상 시스템, IT 시스템, 채용 시스템, 커뮤니케이션 시스템은 문화에 부정적인 영향을 미칠 가능성을 안고 있다. 눈에 띄는 영향도 있지만 어떤 부분은 대단히 미묘하다. 자아 중심의 경쟁 문화를 부추기는 전형적인 보상 시스템에 대한 셰인의 지적이 그 좋은 예다. 그들은 보상 시스템 전체를 세밀히 검토하고, 경쟁적 BTL 사고방식이 아닌 성취적 ATL 사고방식으로 동기를 가지도록 하기 위해 체제를 재편성했다. 진실하고 지속 가능한 문화를 개발하기 위해서는 조직 시스템의 작동 방식에 대해 이런 세밀한 검토가 꼭 필요하다.

크리스티나가 발견했듯이 새로운 시스템은 새로운 문제를 불러올 수 있다. "아직 발전 중인 조직은 활기를 얻어 성취로 나아가기 전에, 도전을 거부로 인식하고 인정을 추구하고 분투하고 쉽게 발끈하는 시기를 거치곤 합니다. 또한 상부의 지시를 원하는 대단히 회피적 문화가 조성될 수도 있죠. 예를 들어 깊이 뿌리를 내린 기존 시스템을 제거할 경우 단기적으로는 그 일이 추진력이 약해지고 성과가 낮아지는 데 대한 변명으로 이용될 수 있습니다." 크리스티나의 팀은 하락세를 지켜보면서 조치를 취했다. "우리는 압력이 커지고 사람들이 BTL로 가기 시작할 때 일어날 수 있는 문제를 최소화하기 위해 보다 효과적인 새 시스템을 만들었습니다."

서로의 스토리를 공유하라

스토리텔링은 문화를 살아 있게 한다. 스토리텔링은 역사가 전해지고 관습이 공유되고 전통이 집단의 일상으로 자리 잡는 방식이다. 모두들 자기만의 스토리를 가진다. 성공 경험, 인정을 받았던 경험, 과거의 재미있는 일, 힘들었던 일, 돌파구에 대한 스토리. 영업과 고객의 스토리, 자기 계발의 스토리와 가족의 스토리. 신경과학 정보들을 생각해보면 우리 두뇌가 스토리텔링에 얼마나 강한 반응을 보이는지 알 수 있다. 영화는 그 전형적인 사례다(우리는 영화가 가상의 스토리임을 알면서도 얼마나 심도 높은 반응을 보이는가?). 그렇다면 우리 조직의 공통된 역사의 일부가 될 수 있는 서로의 진짜 이야기를 공유하고 들을 때는 얼마나 강한 반응이 나오겠는가?

개인적으로나 직업적으로 의미 있는 사건들을 공유할 시간을 따로 마련해두는 건 좋은 관행이다. 우리 팀은 이를 관계지수(relationship quotient, RQ)라고 부른다. RQ는 팀이 점심 식사를 함께하며 각자가 스토리를 공유하는 식으로 진행할 수 있다. 우리에게는 진실한 모습이 되어도 좋다는 허가가 필요하다. 하지만 과거의 지배적인 직장 문화는 우리가 겸손하고 취약성을 인정하고 다른 사람들을 사랑하는 진실한 모습을 보이는 것을 허용하지 않았다. 그러나 이런 스토리텔링 상황에서 당신은 진짜 모습을 찾을 수 있다. CEO와 고위 리더들 모두가 스스로와 주위의 모든 사람들에게 목표를 가지고 결과를 추구하는 동시에 진실성과 연민을 가진 모습을 보이는 것을 허용할 때, 문화는 변화할 수 있고 개인은 진정한 자신을 찾을 수 있다. 계층과 상관없이 스토리텔링은 정말로 큰 힘을 가진다.

우리가 이 책을 마무리할 때 쯤, 수백만 달러 가치의 조직을 20년 넘게 이끌며 우리와 작업을 했던 CEO 한 명도 자신의 경력을 마무리할 준비를 하고 있었다. 축하해주려고 만난 자리에서 그는 의미 있는 스토리를 공유해줬다. "우리는 본사에서 큰 규모로 송별회를 했습니다. 이 자리에서 많은 사람들이 무대에 올라 감사 인사를 해줬습니다. 하지만 내가 조직에 벌어준 돈이나 내가 참여한 훌륭한 전략적 결정에 대해서 감사를 전한 사람은 아무도 없었습니다. 모두가 내가 참여해서 구축한 훌륭한 문화와 내가 맺은 관계에 대해서, 고위 리더십팀에서부터 현장의 15살 직원까지 조직 내의 모든 사람에게 기울인 애정과 관심에 대해서 내게 감사를 표했습니다."

얼마나 멋진 스토리인가. 이 이야기를 듣고 우리는 마야 안젤루의 말을 떠올렸다. "사람들은 당신이 무슨 말을 했는지 기억하지 못할 것이다. 당신이 어떤 일을 했는지도 기억하지 못할 것이다. 하지만 당신이 그들에게 어떤 느낌을 주었는지를 절대 잊지 않을 것이다."

훌륭한 문화와 조직을 구축한 훌륭한 리더들은 비즈니스의 언어가 돈이라는 걸 알고 있었다. 돈이 없으면 사업도 없다. 그들은 전략, 구조, 시스템, 결과가 극히 중요함을 이해했다. 하지만 그들은 자신의 역할이 그런 과제, 돈을 넘어서는 데 있다는 것 역시 알고 있다. 지속 가능한 결과를 뒷받침하는 버팀목이 무엇인지 잘 알고 있다. 바로 문화다.

리더십에는 에너지를 소통시키며, 거기에 직장의 분위기를 바꾸는 능력이 있다. 리더들은 자신들의 의도가 다른 사람들에게 ATL로 받아들여지도록 하는 일에 초점을 맞추어서 주위의 세상이 자신들로부터 긍정적인 영향을 받도록 만든다. 그들은 자신들이 안심하고 진실한 모습을 내보일 수 있는 환경을 만들 수 있으며, 그렇게 되면 사람들이 거기에 속하기를 원하고, 자연히 문화에 가치를 부가하는 방식을 믿고 마찬가지로 행동할 수 있게 됨을 알고 있다. 이 리더들은 자주 자신에게 '왜 이렇게 하지? 다르게 하면 어떨까?'라는 질문, 즉 '왜 이런 일을 하고 있을까? 이 상태를 유지하면 어떻게 될까?

변화하면 어떻게 될까?'라는 질문을 던진다. 그들은 '헬리콥터 리더십(helicopter leadership)'을 실천한다. 일상적인 관점에서 벗어나서 회사를 굽어보면서 그들이 착지해서 도움을 줘야 할 곳을 끊임없이 찾아다닌다. '헬리콥터를 모는 시간'에도 그들에게는 해결이 필요한 다른 여러 가지 문제들이 있을 수 있다. 하지만 그들은 짐이 너무 크고 무거울 경우 사고가 일어날 수 있다는 점도 알고 있기에 효과적인 위임을 통해서 짐을 줄인다.

이런 리더들은 '그 너머에 있는 것'을 이해한다. 사업을 하다 보면 목적을 수익과 맞바꾸고 싶은 유혹과 자주 마주하게 된다. 하지만 용기 있는 리더들은 그 유혹을 넘어 마음의 소리를 듣는다. 수익 너머의 목적, 돈 너머의 용기, 편익 너머의 약속, 일상 너머의 운명, 월급 너머의 열정을 이끌어내는 일과 자기 너머의 봉사, 개인주의 너머의 정체성을 말이다.

훌륭한 문화의 주인공은 훌륭한 리더다.

결론

선 위의 삶

—— 삶의 가장 큰 영예는 실패하지 않는 데 있는 것이 아니라 실패할
때마다 일어서는 데 있다.

넬슨 만델라

이 등반을 마무리하면서 우리는 다시 한 번 만델라의 지혜에 의지
한다. 때로 우리는 '자기 계발이라는 산'에서 굴러 떨어진다. 자기
인식이라는 봉우리가 너무 가파르고 어려워 보일 때도 있다. 또 다
른 오르막이 우리 앞에 나타나고 '다시는 하고 싶지 않아. 과거에도
이런 일을 했잖아' 하는 생각이 드는 순간을 맞이한다.

　새로운 기술을 배울 때 늘 그렇듯이, ATL 사고와 행동으로 성장
해가는 일 역시 처음에는 어색하게 느껴진다. 시간과 집중력이 필
요하다. 도입부에서 말했듯이, 자비와 친절의 마음을 일으켜야 한
다. 다른 사람뿐만 아니라 자신에게도 자비롭고 친절해야 한다. 자

신에게 시간, 공간, 인내를 베풀어라. 우리는 그것을 베이스캠프로 돌아간다고 말한다. 에베레스트산과 같은 높은 산을 등반할 때 등반가들은 여러 개의 캠프를 만들어둔다. 그리고 정상에 도전하기 전 휴식을 취하고 활력을 되찾기 위해 베이스캠프로 돌아간다.

당신의 베이스캠프를 찾아서 활기를 찾고 짐을 가볍게 하는 시간을 가져라. 오늘의 싸움이 힘들다면, 가던 길을 멈추고 뒤를 돌아 당신이 얼마나 먼 길을 왔는지 보라! 시간이 흐르면 상황을 당신에게 주어진 잠재적 트리거나 구체적인 ATL 사고와 행동을 실행할 기회로 볼 수 있다(매일은 그런 기회들로 가득하다). 그리고 자신과 다른 사람에 대한 더 깊은 인식을 발전시키고 있는, 등반 자체보다 더 가치 있는 일을 하고 있는 자신을 발견하게 된다.

선 위의 마음만 무기로 남겨라

새로운 것을 가지게 되었을 때 이런 현상을 경험해봤는가? 특정한 종의 개나 고양이를 기르기 시작했거나 자동차, 선글라스, 컴퓨터 등을 가지게 된 후로 이웃이나 직장에서 똑같은 것이 갑자기 눈에 자주 띄는 현상 말이다. 이런 일은 당신 두뇌의 여과 장치가 익숙한 것을 찾아내기 때문에 발생한다(또 그 변연계다!). 마음유형분석 여정을 시작한 많은 사람들은 정신과 마음에 새로운 여과 장치가 생긴 것 같다고 이야기한다. 그들은 주변에서 (그리고 내면에서도) 진정성과 신뢰의 행동, 통제와 회피 행동의 경우들을 발견하기 시작한다.

마음유형분석 여과 장치를 통해서 삶을 보는 시간이 늘어나면서 사람들은 자신과 다른 사람을 더 잘 이해하게 된다. BTL와 ATL 행동을 가려내고 자신의 삶과 주변 사람들의 삶을 바꾸기 위한 새로운 선택의 기회를 알아보게 되는 것이다. 여과 장치가 가동되어서 그 일을 더 쉽게 할 수 있게 해준다.

세밀한 여과 장치를 개발하는 데에는 시간(그리고 그보다 더 많은 인내)이 필요하다. 한 발 한 발 꾸준히 내딛으면서 과정을 신뢰해야 한다(TTP!). 차질·실수·실망·현실에 부딪히더라도 과정을 신뢰하고, 자신을 신뢰하고, 잠재력을 신뢰한다면, 우리는 최선의 자신과 내가 지향해야 할 곳과 내 안에 숨겨져 있던 믿을 수 없을 만큼 훌륭한 사람들을 더 많이 발견하게 될 것이다.

—— 성공은 최종적인 것이 아니고, 실패는 치명적인 것이 아니다. 중요한 것은 계속 나아가는 용기다.

윈스턴 처칠

단련, 또 단련하는 마음

등반의 세계에는 가짜 정상이라는 게 있다. 멀리서 보면 그 산의 정점처럼 보이는데 다가가면 사실은 작은 봉우리일 뿐 목표로 한 진정한 정상이 아님을 알게 된다. 실망한 당신은 계속 산을 오를 의지와 욕구조차 사라져버릴지도 모른다.

꿈, 목표, 욕망, 포부는 겸손과 사랑을 바탕으로 할 때 당신에게 훨씬 많은 즐거움과 충족감, 만족감을 가져다준다. 그들의 뿌리가 두려움과 자존심에 있을 때, 그들은 만족을 모른다. 계속해서 당신을 유인하고 잠깐의 충족감 속에서 당신은 영원히 갈증을 느낀다.

'도대체 난 뭘 위해 이러고 있는 거야?'라는 생각이 든다면 당신의 마음을 진정한 정상으로 생각해야 한다. 우리는 사랑으로, 또 사랑을 위해 창조되었다. 이것이 우리의 마음속에 선물, 재능, 황금이 숨겨져 있는 이유다. 우리는 세상을 더 나은 곳으로 만들기 위해 존재한다. 우리는 해법이 되는 존재지 문제가 되는 존재가 아니다. 지혜를 추구함으로써 긍정적인 영향을 주고 유산을 남길 수 있다.

많은 숙련된 산악인들이 뛰어난 기술과 지식에도 불구하고 산에서 목숨을 잃고 영원히 산에 남는다. 사고로 인해 그렇게 된 사람들도 있고 자아 중심의 자존심에 장악돼서 지혜가 부족해져서 그렇게 되는 사람도 있다.

귀를 기울이도록 당신의 마음을 단련하라. 수용하도록, 상처받지 않도록, 지혜를 추구해서 내적 성품의 힘을 키우도록 당신의 마음을 단련하라.

우리의 마음에 겸손과 사랑이 있을 때라면 지혜가 답을 줄 것이다. 지혜의 노래는 지성주의자에겐 들리지 않는다. 지성주의는 정신을 자극하지만 마음을 움직이지는 못하니까. 지혜가 당신의 마음을 얻고 계시가 찾아들 때, 진정한 즐거움이 당신의 영혼에 들어오고 당신은 번창할 수 있다. 계시(revelation)는 reveal(드러나다)과 action(조치)이 합쳐진 단어다. 지혜는 리더인 당신에게 힘을 부여할 것이다. 뛰어난 전략을 통해 다른 사람들(조직, 가족, 공동체)을 성장시키고 해방시키고 사랑함으로써 그들이 운명에 도달할 수 있게 해주는 힘을 말이다.

마음의 계절이 바뀌어도 흔들림 없이

삶이란 부침, 영고, 기복으로 가득하다. 대부분의 경우에 지혜는 그 안에서 좋은 것, 우리에게 가르침이 되는 것을 찾아내게 해준다. 당신이 얼마나 아는지, 얼마나 나이를 먹었는지, 얼마나 부유하거나 성공했는지, 얼마나 행복한지와 상관없이 누구나 이런 인생의 사계절을 거친다. 자연에 사계절을 순환이 있듯이 인생도 그렇게 순환한다.

여름은 일이 잘 진행되는 인생의 밝은 시기다. 태양이 우리를 비춰주는 그 순간에는 마치 빛이 영원할 것 같다. 하지만 알다시피 삶은 변화한다. 직장을 옮기고, 결혼을 하고, 아이를 갖고, 다른 지역

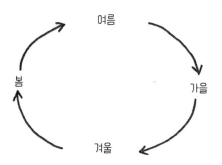

또는 다른 나라로 이주하기도 한다. 일에서 더 성공해서 더 많은 출장을 다니고, 가정과 인간관계가 거기에 영향을 받기도 한다. 승진, 구조 조정… 인생에서는 우리가 계획하지 않은 일들이 일어난다. 때로는 계절이 변하는데도 그 사실을 인정하고 싶지 않아 한다. 여름에만 머물고 싶지만 가을이 다가오고 있다.

가을은 모든 것이 블랙홀로 빨려 들어가는 듯한 느낌을 준다. 얼마 전만 해도 모든 일이 잘되어가고 있었는데! 사실 삶은 언제나 변화한다. 어느 날 런던의 하이드파크를 걷다가 걸음을 멈추고 붉고 노란 나뭇잎의 장관을 사진에 담는 사람들이 실은 죽어가는 것들에 감탄하고 있다는 생각이 들었다. 하지만 자연의 이 죽음은 놀라운 아름다움을 만들어낸다. 인생 속의 계절 변화도 마찬가지다. 모든 것은 언젠가 죽는다. 태도도 변화한다. 기회, 프로젝트, 관계… 모든 것에는 끝이 있다. 인간인 우리는 그 안에 담긴 아름다움을 깨닫지 못하고 산다. 오히려 그것을 고통이나 좌절로 받아들인다. 하지만 노력한다면 이런 계절의 변화를 아름답고 은혜롭게, 사진에 담을 만하고 일기에 적을 만한 가치가 있는 것으로 볼 수 있다.

겨울은 고치에 쌓여 있는 시기다. 어둡고 우울하게 느껴질 수 있다. 겨울 동안 우리는 내면으로 들어간다. 변화를 겪고 있기 때문이다. 애벌레에서 나비가 되기까지의 시간, 이런 변혁의 시간은 어두울 수 있다. 하지만 그 변화와 발전의 과정을 신뢰하면 겨울을 좀더 평화롭게 보낼 수 있다. 그러니 자신에게 관대하라. 이 시간이 하나의 계절일 뿐이고 이를 거치면서 더 강해진다고 스스로에게 상기시켜라. 은행에 20달러 지폐 두 장을 가져간다고 생각해보라. 하나는 빳빳한 새 지폐고 하나는 낡고 꾸깃꾸깃한 지폐다. 하지만 두 지폐의 가치는 같다. 그런 변치 않는 가치가 당신에게 있음을 기억하라. 이제 봄과 여름이 오고 있다!

봄은 갖가지 좋은 일의 시작을 볼 수 있는 계절이다. 다만 아주 작은 일들이다. 너무 어두워서 코앞에 있는 손도 분간이 되지 않는 동굴에 있을 때는 성냥이나 손전등의 아주 작은 불빛도 어둠을 걷어내는 힘을 가진다. 그러니 작은 희망, 작은 불빛, 새로운 작은 성장을 찾아보라. 계시란 어느 곳에서도 발견될 수 있다. 지난주만 해도 한겨울 추위에 떨던 당신에게 샤워를 하다가 떠오른 생각, 꿈을 꾸다가 얻은 아이디어, 친구의 친절한 말 한마디, 제안이나 시작이 따뜻한 희망을 가져다 줄 수 있다. 놀랍지 않은가!

그리고 다음 계절이 온다. 다시 여름이 찾아오는 것이다.

선을 넘어 신념으로

— 돈을 잃은 것은 많은 것을 잃은 것이고, 친구를 잃은 것은 더 많은 것을 잃은 것이고, 신념을 잃은 것은 전부를 잃은 것이다. 누군가, 무엇인가에 대한 신념을 잃지 말고 간직하라.

엘리너 루스벨트

두려움을 신념으로 바꾼다면 자신을 넘어서는 힘을 얻을 수 있다. 선 아래에서도 맨 밑에 있는 게 신념의 상실이다. 신념을 잃는다는 건 더 높은 힘에 우리를 내맡기지 않고, 세상, 우주, 우리 마음을 자아라는 작은 공간으로 밀어 넣어버리는 일이다.

> ─── 우리는 영적 경험을 하는 인간적 존재가 아니라 인간적 경험을 하는 영적 존재다.
>
> 피에르 테야르 드 샤르댕

우리 마음에 선을 넘어 신념으로 가는 기회가 주어질 때가 있다. 겸손과 사랑에 대한 신념, 제품과 서비스에 대한 신념, 사람에 대한 신념, 팀에 대한 신념, 든든한 가족과 친구들에 대한 신념. 우리는 당신이 영적 신념도 추구하고 찾기를 바란다. 당신의 마음을 내주는 더 높은 힘에 대한 신념을 말이다. 이런 궁극의 투항이 이루어지는 곳이 지식을 넘어서는 궁극의 평화가 있는 곳이다.

당신과 마찬가지로 우리 두 사람은 인생을 살아왔고 또 살고 있다. 따라서 실수를 하기도 하고 그곳에서 배움도 얻는다. 우리 두 사람은 신념을 발견하고, 신념에 따라 살고, 매일 신념에 우리를 내맡기는 행운을 누리고 있다. 무엇보다 우리의 인간적인 BTL의 두려움과 자존심이 우리를 속이고 사로잡으려 할 때 우리는 선 위로 심지어는 선 너머로 갈 수 있다(우리도 사람이기 때문에 때로는 시작하기 위해 이를 악물어야 할 때가 있다!).

기억하라. 우리의 수준은 우리가 만드는 ATL 순간에 의해 결정된다. 그러니 팔을 활짝 펴고 그 순간을 향해 달려가자. 지금 우리의 모습과 무언가가 되어가는 우리의 여정을 받아들이자.

마음으로 살고, 선 위로 걸어가라

우리 친구 중 한 명은 마음유형분석 개발 초기에 우리를 돕는 데 많은 시간을 투자했다. 그는 52세에 췌장암으로 세상을 떠났다. 이 책을 마무리하면서 그가 세상을 떠난 지 정확히 10년이 되는 날을 맞이했다. 친구가 숨을 거두기 전, 우리가 간직할 수 있도록 삶의 가르침들을 적어달라고 부탁했다. 그를 기리고, 이 책에 그 자취가 숨 쉬고 있는 한 사람의 지혜를 당신에게도 전하기 위해 그가 남긴 목록을 공유하려 한다. 고마워요, 필.

1. 우리가 매순간 들이쉬는 숨은 삶의 자유로운 숨이다.
2. 좋은 것은 길게 가져가고 나쁜 것은 순간에 남기도록 노력하라. 나쁜 것을 길게 가져가기에 인생은 너무 짧다.
3. 의견 충돌은 길게 끌지 말라. 그것을 바로 잡을 시간이 얼마나 있을지 알 수 없기 때문이다.
4. 아끼는 사람들에게 귀를 기울여라. 그들의 여정은 당신의 것만큼이나 중요하기 때문이다.
5. 아끼는 사람들과 공유하라. 그들은 당신의 마음속에 무엇이 있는지 알아야 한다.
6. 다른 사람이 당신에게 하는 격려의 말에 부응하라.
7. 어떤 상황에서든 하찮은 많은 일 대신 중요한 몇 가지 일에 집중하라.
8. 아끼는 사람들에게 감사를 잊지 말라.

9. 장미 향기를 맡고, 떠오르는 해와 지는 해를 바라보는 시간을 가져라. 매일 볼 수 있지만 매일 다르다.

10. 아내, 남편, 가족, 친구들이 당신을 위해 기도해주기를 바라는 방식으로 그들을 위해 기도하라.

11. 어떤 상황에서든 마음을 목표로 삼아라. 사람들은 당신이 얼마나 관심이 있는지 알기 전까지는 당신이 얼마나 아는지에 관심을 갖지 않기 때문이다.

12. 하루 동안 상대의 입장이 되어보라. 자신의 입장으로 돌아왔을 때 그들이 훨씬 더 편안하게 느껴질 것이다.

13. 문제를 해결하려 할 때는 다른 차원의 생각으로 해법에 접근하라.

14. 치유는 잊는다는 의미가 아니다. 치유는 더 이상 상처를 받지 않는다는 의미다.

15. 다른 사람의 갑옷을 입고 전투에 나서지 말라. 자신만의 경험을 하라.

16. '잘못된 사고'의 궤도를 따르기는 쉽다. 하지만 그 궤도를 얼마나 오래 걸었든 신은 언제나 당신과 걷고 있음을 기억하라.

17. 내가 나의 미래를 변화시키게 도와서 과거를 반복하지 않게 하라.

18. 싸움에서 지고 있는 이유는 우리가 지고 있다고 생각하기 때문이다. 잠시 멈추고 승리란 어떤 것인지 생각해보라.

19. 감사는 절대 충분할 수 없다. 하지만 마음 깊은 곳에서 나올 때, 말로 설명할 수 없는 것을 전달해준다.

20. 생각하지 말고 실행하라. 생각을 행동에 옮길 때까지 되돌릴 수 없는 시간이 이미 지나가기 때문이다.

마음으로 살고 지도하며, 선 위로 향하고 또 선을 넘어서 주위의 세상을 변화시켜라. 한 번에 마음 하나씩.

모두의 평화를 기원한다.

토미 스폴딩, 우리의 작업을 책으로 옮기겠다는 바람을 갖고 우리를 당신의 에이전트인 마이클 팔곤에게 소개해준 데 감사드립니다. 서문을 써준 데에도 감사드리고 싶습니다. 무엇보다 당신의 책《마음으로 이끄는 리더》를 통해 우리를 이끌어준 데 감사드립니다.

용감무쌍한 에이전트 마이클 팔곤, 책을 쓰고 출판하는 이 새로운 등반길에서 연민을 통한 진정성 있는 코칭으로 우리 두 초심자를 인도해준 데 감사드립니다.

대필 작가인 라리 비숍과 샐리 콜링스, 두 분이 없었다면 이 일을 해낼 수 없었을 것입니다. 두 분은 이 큰 개념을 주제로 삼아 방향을 잡아줬습니다. 두 분이 보여준 인내에 깊은 감사를 드립니다! 우리가 하는 일에 믿음을 가지고 긴밀한 관계를 맺으며 작업에 임해준 데에도 감사드립니다.

홀리스 헤임보크, 우리의 메시지를 믿어주고, 이것으로 사람들에게 도움을 줄 방법을 찾아주고, 하퍼 콜린스와 함께 경험이 없는 저자들을 택해준 데 감사드립니다. 런던에 사는 오스트레일리아인과의 작업을 결심하기란 미국에 사는 사람을 택하기보다 쉽지 않은 일이었을 것입니다. 그런데도 당신은 우리의 메시지가 세계적이라는 것을 믿어줬습니다. 감사합니다.

스테파니 히치콕, 편집하고, 구성 방식을 제안하고, 이 꿈을 현실로 만드는 일에 큰 도움을 주면서 열정적으로 이 일에 참여해줘서 감사합니다.

지난 30년 동안 우리와 작업했고 작업하고 있는 고객사들에도 감사드립니다. 새로운 콘셉트로 사업(요즘에는 스타트업이라고 부르는)을 개척할 때에는 얼리 어답터들이 필요한 법입니다. 1987년 첫 고객이었던 사이크스이큅먼트파이낸스(Sykes Equipment Finance), 1989년부터 고객인 케너즈셀프스토리지(Kennards Self Storage), 1992년부터 고객인 얌!브랜즈(Yum! Brands. KFC, 피자헛, 타코벨), 이 세 조직에 진심으로 영광을 돌리고 싶습니다. 이들은 우리의 이전 브랜드였던 어치브먼트콘셉트(Achievement Concepts)와 일을 시작해서 지금까지 조직 내 문화와 사람들을 개발하는 일을 계속하고 있습니다. 하트인비즈니스(Heart in Business)를 믿어주고, 마음유형분석의 세계적인 얼리 어답터가 되어 우리의 작업을 25개 언어로 번역해준 얌!브랜즈에게 특히 깊은 감사를 드립니다.

우리 고객인 CEO와 고위 리더들, 훌륭한 문화를 구축하고 사람들을 성장시키기를 원한 여러분의 마음, 스스로 마음유형분석 여정을 시작하고 자신의 취약성을 인정함으로써 본보기가 되어 직원들을 이끌어준 여러분의 용기에 감사드립니다. 그야말로 마음으로 이끄는 리더십입니다. 안전지대에서 벗어나라고 도전을 권한 우리를 믿어줘서 감사합니다. 그 후로 여러분이 성취해낸 것들을, 당신들의 유산들을 보십시오! 영국피자헛레스토랑(Pizza Hut Restaurants UK)의 CEO 옌스 호프마(Jens Hofma)를 언급하지 않을 수 없습니다. 기업 부문에 이 철학을 통합하는 일에서 얼리 어답터가 되어주신 데 감사드립니다. 당신의 열정적인 리더십과 모든 사람에게 개발의 기회를 얻을 자격이 있다는 당신의 믿음에 감사드립니다.

참가자들, 마음과 삶을 통해 우리에게 신뢰를 보내주고 우리가 이 지혜를 공유하고 다시 여러분으로부터 배울 수 있게 해준 수많은 참가자에게 감사를 전합니다. 이 책을 위한 스토리 요청에 용기 있게 적극적으로 답해준 모든 분들에게 감사드립니다. 여러분의 이야기를 우리에게 들려주고 그것들이 책으로 엮여 다른 사람들이 그 변혁 여정에 도움을 받을 수 있도록 관대함을 베풀어줬습니다. 감사합니다.

대부분 30년 넘게 우리와 함께해주고, 특히 이 책을 준비하는 동안 마음유형분석 사업의 일상적인 운영을 맡아 우리가 글을 쓸 시간을 갖게 해준 경영진, 이 대의에 공감해 열정적으로 일해준 과거와 현재의 우리 팀들에게 감사드립니다. 우리의 '차세대' 팀은 헌신과 열정으로 이 메시지를 공유하면서 뛰어난 강연자와 퍼실리테이터가 되었습니다. 우리는 여러분이 이것을 우리보다 더 잘 받아들이고 있으며, 우리의 비전과 브랜드가 여러분 덕분에 안전하다는 것을 알고 있습니다. 아프리카 전역의 촌장과 리더들에게 이 메시지를 전하는 데 수년을 보낸 앤디 리드(Andy Read)는 이 메시지가 민족과 문화를 초월함을 보여주었습니다.

저 스티븐은 때때로 BTL에 의지하는 리더이자 가르치기 위해서 배워야 하는 리더로서 우리 팀이 제게 베풀어준 호의, 사랑, 용서, 신념, 기도, 존중에 깊은 감사를 드립니다.

제휴자들과 공인 치료사들, 마음유형분석의 핵심을 일상생활과 당신의 퍼실리테이션 활동에 적용하는 여러분의 열정에 감사드립

니다. 여러분을 통해 수백만의 사람들과 접할 수 있었고 그들의 이
야기를 책에 담을 수 있었습니다.

마라의 작고한 부모님 로라와 로렌조, 스티븐의 작고한 부모님
오스카와 조이스에게 감사드립니다. 네이선과 태머라, 온 마음을 다
해 너희들을 사랑한다. 평생 우리를 사랑해주고 선 위의 삶에 대해
많은 가르침을 줘서 고맙다. 친지 여러분의 삶이 늘 행복하기를 기
원합니다. 우리의 '영적' 아들과 딸들에게 사랑을 전합니다. 하늘나
라에 있는 가족과 친구들, 여러분은 늘 우리 마음속에 있습니다. 여
러분의 부재는 우리에게 할 수 있는 동안 이 세상에 변화를 일으키
고 삶을 잘 마무리하라는 더 큰 격려입니다.

일일이 나열하기에는 너무나 많은 친구들, 스스로가 알고 있겠
죠. 친구라는 이유로 많은 부침을 거치며 우리와 함께 걸어준 데 감
사드립니다.

우리에게 가르침을 준 작가, 이론가, 철학자, 목회자들에게 감사
드립니다. 하늘 아래 새로운 것은 없습니다!

우리 삶에서 가장 신성한 사실은 신이 우리를 사랑한다는 것입니
다. 신은 무조건적인 사랑이기 때문입니다. 두려움 속에서도 이 사

랑에 우리의 마음을 두고 가장 깊은 마음의 안식을 얻을 수 있었습니다. 사랑합시다.

스티븐의 말

말 그대로 나와 온 세상의 산을 올라준 사랑하는 아내에게 감사의 마음을 전합니다. 우리는 로프에 함께 매달려 함께 인생을 걸었습니다. 그렇지만 이 산, 마음유형분석 산을 오르면서 감수한 위험은 다른 어떤 위험보다 컸습니다. 20년 넘게 꿈에 생명을 불어넣는 데에는 굳은 신념이 필요했으니까요. 마라, 당신은 당신의 시간, 에너지, 지식, 놀라운 재능, 평생 모아온 재산을 이 꿈에 투자했습니다. 오랫동안 이 꿈이 무엇이 될지도 모르는 채로 말입니다. 또 25개 언어로 번역하는 작업을 이끌었고, 수많은 시간을 투자했습니다. 이제 우리는 비전의 정상에 도착했습니다. 정상에서 함께 세상을 보고 있죠. 당신은 하늘이 내게 보낸 천사입니다. 사랑합니다.

마라의 말

스티븐, 당신은 내 삶을 바꾸어놓았습니다. 당신은 내게 가족을 만들어줬고, 나를 지지해주고 이끌어줬으며 때로는 발전의 과정으로 밀어 넣어준 '자극제'가 되어줬습니다(선 위의 방식으로!). 당신이 나를 사랑해준 방식에, 이 어지러운 세상에서 나의 바위가 되어주고 나의 사랑이 되어주고 나의 동반자가 되어준 데 감사드립니다. 사람들이 용기를 향해 한 발을 내딛어서 자신을 자유롭게 하고 더 나은 사람이 되는 모습을 지켜볼 수 있는 것보다 큰 영광은 없습니다. 그런 기회를 내게 줘서 감사합니다. *Ti amo per sempre*(당신을 영원히 사랑합니다).

자신에 대해 배우고, 자신에게 도전해서 가장 좋은 버전의 당신이 되는 여정에 합류해준 독자 여러분께 감사드립니다. 이 일을 조금씩 해나갈 수 있다면, 한 번에 하나의 마음씩 바꿔갈 수 있다면, 우리는 세상을 바꿀 수 있을 것입니다.

부록

우리가 운영하는 '하트스타일(HeartStyles)' 웹 페이지에 접속하면, 스스로 마음유형분석 테스트를 해볼 수 있고 추가적인 자료를 얻을 수 있다.

www.heartstyles.com/book

무너지지 않는 멘탈을 소유하는 8가지 방법

마음이 무기가 될 때

제1판 1쇄 발행 | 2020년 12월 10일
제1판 7쇄 발행 | 2021년 2월 5일

지은이 | 스티븐 클레미치, 마라 클레미치
옮긴이 | 이영래
펴낸이 | 손희식
펴낸곳 | 한국경제신문 한경BP
책임편집 | 김정희
교정교열 | 박서운
저작권 | 백상아
홍보 | 서은실 · 이여진 · 박도현
마케팅 | 배한일 · 김규형
디자인 | 지소영
본문디자인 | 디자인 현

주소 | 서울특별시 중구 청파로 463
기획출판팀 | 02-3604-590, 584
영업마케팅팀 | 02-3604-595, 583 FAX | 02-3604-599
H | http://bp.hankyung.com E | bp@hankyung.com
F | www.facebook.com/hankyungbp
등록 | 제 2-315(1967. 5. 15)

ISBN 978-89-475-4664-5 03320